Linneweh, Heufelder, Flasnoecker
Balance statt Burn-out

Linneweh
Heufelder
Flasnoecker

Balance statt Burn-out

Der erfolgreiche Umgang
mit Stress und Belastungssituationen

2., überarbeitete Auflage

W. Zuckschwerdt Verlag
München · Wien · New York

Bibliografische Information der Deutschen Bibliothek:
Die Deutsche Bibliothek verzeichnet diese Publikation in der Deutschen Nationalbibliografie;
detaillierte bibliografische Daten sind im Internet über http://dnb.ddb.de abrufbar.

Geschützte Warennamen (Warenzeichen) werden nicht immer kenntlich gemacht. Aus dem Fehlen eines solchen Hinweises kann nicht geschlossen werden, dass es sich um einen freien Warennamen handelt.
Alle Rechte, insbesondere das Recht zur Vervielfältigung und Verbreitung sowie der Übersetzung, vorbehalten. Kein Teil des Werkes darf in irgendeiner Form (durch Fotokopie, Mikrofilm oder ein anderes Verfahren) ohne schriftliche Genehmigung des Verlages reproduziert werden.

© 2010 by W. Zuckschwerdt Verlag GmbH, Industriestraße 1, D-82110 Germering/München.
Printed in Germany by grafik und druck GmbH, München
ISBN 978-3-88603-981-4

Inhalt

Vorwort IX

Kapitel 1: Alle reden vom Burn-out 1
1.1 Die „Entdeckung" des Burn-out. 1
1.2 Wechselnde Bezeichnungen – ähnliche Symptome 4
1.3 Lässt sich Burn-out messen? 6
1.4 130 Burn-out-Symptome?. 8
1.5 Burn-out und Stress 9
1.6 Die volkswirtschaftliche Bedeutung. 12

Kapitel 2: Erlebte Symptome 15
2.1 Definitionsversuche 15
2.2 Die Stufen der Burn-out-Spirale 18
2.3 Psychisch-emotionale Erschöpfung. 24
2.4 Geistige Erschöpfung 26
2.5 Soziale Erschöpfung 28
  ☐ Test: Sind Sie Burn-out gefährdet?. 31

Kapitel 3: Burn-out aus medizinischer Sicht 35
3.1 Eine Neurotransmittererkrankung 35
3.2 Neurostress 37
3.3 Neuroendokrine Regulationsstörungen 39
3.4 Die physiologische Stressreaktion 41
3.5 Die individuelle Disposition. 44
3.6 Die Diagnostik 46
3.7 Die Therapie: Spezifische Behandlung des Burn-out-Syndroms . . . 48

Kapitel 4: Wege in die Balance 53
4.1 Re-Balancing-Konzepte. 53
4.2 Das Führen der eigenen Person 55
4.3 Strategien zur Bewältigung negativer Erschöpfung 58
  ☐ Test: Strategien zur Bewältigung negativer Erschöpfung 58
4.4 Die ganzheitliche Balance. 61
4.5 Lernziel Gesundheit. 63

Kapitel 5: Körperliche Balance ... 67
- 5.1 Balance durch Bewegung ... 67
  - ☐ Test: Wie fit sind Sie ... 74
- 5.2 Balance durch Ernährung ... 75
  - ☐ Empfehlungen zur Ernährung (Professor Heufelder) ... 83
- 5.3 Muße, Maß und Meditation ... 85
  - ☐ Test: Welche Entspannungsmethode passt zu mir? ... 91
  - ☐ Übungen zur Meditation ... 100
- 5.4 Urlaub – Zeit für Muße ... 104

Kapitel 6: Psychische Balance – Einstellungsveränderung ... 109
- 6.1 Risikofaktoren im Lebens- und Arbeitsstil ... 109
- 6.2 Arbeitssucht ... 111
- 6.3 Gefährdete Persönlichkeitstypen ... 116
- 6.4 Ärgermentalität ... 119
  - ☐ Empfehlungen: Die „richtige" Einstellung ... 121
- 6.5 Eu- und Distress ... 122
- 6.6 Steigerung der Stresstoleranz ... 125
- 6.7 Positive Gelassenheit ... 128
  - ☐ Test: Analyse stresshafter Lebensstile ... 134

Kapitel 7: Berufliche Balance ... 137
- 7.1 Das „gesunde" Unternehmen ... 137
- 7.2 Die „neue" Berufsrealität – zunehmende Fremdbestimmtheit ... 141
  - ☐ Test: Beruflicher Stress ... 144
- 7.3 Lernen und Reifen: Ressourcen und Kompetenzen ... 145
- 7.4 Selbstkompetenz in der Führungsrolle ... 149
- 7.5 Stärkende Netzwerke ... 152
- 7.6 Zeitmanagement und Arbeitsorganisation ... 155
  - ☐ Empfehlungen: Mehr Zufriedenheit am Arbeitsplatz ... 157
- 7.7 Thesen zur Zeit ... 161

Kapitel 8: Geistige Balance ... 163
- 8.1 Life-Balance: Beruf, Familie und Freizeit ... 163
  - ☐ Test: Der persönliche Energie-Index ... 166
- 8.2 Familie und Partnerschaft – der soziale Rückhalt ... 168
  - ☐ Übung: Analyse des soziales Umfeldes ... 173
- 8.3 Lebensprioritäten ... 174
- 8.4 Werte ... 177

8.5	Lebensphasen	179
	☐ Übung: Lebensphasen	183
8.6	Lebenssinn	183
	☐ Übung: Sinnfragen	185

	Kapitel 9: Konsequenzen und Neubeginn	**187**
9.1	Inventur des bisherigen Lebens	187
9.2	Die Formulierung eines realistischen Zielkatalogs	192
9.3	Leitfaden zur Lebensplanung	195
	☐ Übung: Lebensplanung	196
9.4	Umsetzung der geplanten Veränderungen	205

	Kapitel 10: Persönliche Gesundheitsförderung	**211**
10.1	Bewältigungsstrategien	211
10.2	Coaching	215
10.3	Burn-out-Kompetenz	217
10.4	Gesundheitscheck – Neurostressprofile	219
10.5	Behandlungs- und Coachingbeispiele	223
10.6	Kurz zusammengefasst	231

	Literatur	237
	Das Autorenteam	240

Erklärung der verwendeten Symbole:

 Test

 Übungen

 Empfehlungen

 Wichtiges

VIII

Vorwort

Burn-out ist ein komplexes Syndrom der inneren Leere, des Ausgebrannt- und Ausgepowert-Seins, der allgemeinen physischen und psychischen Erschöpfung. Leistungsträger, die sich pflichtbewusst für ihren Arbeitgeber oder ihre Familie aufopfern, die über lange Zeit alle an sie gestellten Anforderungen durch Kompromisse in ihrem Privatleben kompensieren, die ihre eigenen überzogenen Erwartungen irgendwann nicht mehr erfüllen können, sind besonders gefährdet. Burn-out ist Folge eines übermäßig hohen Engagements, einer chronischen Überforderung von Körper und Psyche, die den gesamten Organismus schleichend aus dem Gleichgewicht bringt und ihn nachhaltig schädigt. Die Konsequenzen von Burn-out können für den Körper schwerwiegend sein, seine Funktions- und Leistungsfähigkeit drastisch verringern oder sogar zum Zusammenbruch führen.

Gravierend sind auch die psychischen Folgen: der Verlust von Lebensfreude, der Rückzug von Mitmenschen, Konflikte mit Lebenspartnern und Familienangehörigen, Gefühle der Wertlosigkeit, das Eintauchen in eine immer enger werdende Welt ohne Sinn und Hoffnung. Nicht selten entwickelt sich aus dem Burn-out eine unmittelbare persönliche Bedrohung: Wenn der Arbeitsplatz verloren geht und es in der Beziehung mehr als kriselt, dann sind Selbstmordgedanken oft nicht mehr fern.

Obwohl Burn-out in der Bevölkerung rapide zunimmt und enorme Kosten im Gesundheitssystem verursacht, wird das Syndrom bislang von der Schulmedizin nicht als eigenständiges Krankheitsbild anerkannt. Burn-out-Erkrankte müssen sich nicht selten trotz typischer Beschwerden monatelang von Arztpraxis zu Arztpraxis quälen und dort mit unangenehmen Erlebnissen rechnen. Nur allzu oft werden sie als Simulanten verunglimpft. Die ärztliche Reaktion auf Burn-out-Patienten reicht von massiver Überdiagnostik bis zum Unterlassen jeglicher Diagnostik, vom Überweisungsschein zum Psychiater bis zum Sofortrezept für ein Antidepressivum.

Dabei ist Burn-out ein von Psychologen, Neuroendokrinologen, Immunologen und Neurobiologen zunehmend genauer verstandenes und dementsprechend besser behandelbares Phänomen. Wissenschaftliche Erkenntnisse aus jüngster Zeit weisen den Weg zu interdisziplinären, ganzheitlichen Behandlungsstrategien, die mittlerweile hohe Erfolgsraten aufweisen. Wie sich Burn-out frühzeitig erkennen und präventiv angehen lässt und wie Menschen sich aus der Abwärtsspirale eines Burn-out-Syndroms befreien können, zeigt dieses Buch. Beschrieben werden nicht nur Symptome, sondern auch die individuellen Ursachen von Stress und Burn-out.

Das Buch bietet ganzheitliche, medizinisch und psychologisch aufeinander abgestimmte Empfehlungen zur Änderung des Verhaltens. Die gesamte Lebenssituation – Beruf, Familie, Partnerschaft, Freizeit – wird reflektiert und in ein Gleichgewicht (Life-Balance) gebracht. Im Buch werden Beispiele von Neurostressprofilen durch den Einsatz innovativer Diagnostik und die daraus abzuleitenden therapeutischen Optionen beschrieben.

Unser Schwerpunkt liegt neben der Beschreibung möglicher Therapieansätze bei einem akuten Burn-out-Geschehen auf der Gesunderhaltung des Organismus durch individuelle Prävention und der Wiederherstellung einer ganzheitlichen Lebensbalance. Wir befassen uns seit Jahren intensiv mit Prävention und Therapie von Burn-out und sind auf diesem Gebiet wissenschaftlich ausgewiesen. Seit mehreren Jahren führen wir in Deutschland, Österreich und der Schweiz Spezialseminare zum Thema Burn-out durch und betreuen erfolgreich die Führungsetagen großer und mittelständischer Spitzenunternehmen. Dabei verstehen wir Burn-out nicht ausschließlich als typische „Manager-Krankheit" – denn mittlerweile trifft der gefährliche Erschöpfungszustand Menschen jeden Alters und Berufs, Frauen ebenso wie Männer.

Dieses Buch ist kein Ersatz für eine notwendige psychologische oder medizinische Therapie. Im Zweifelsfall sollte immer ärztlicher Rat oder ärztliche Hilfe gesucht werden; diese sind unverzichtbar zur Abklärung der Diagnose und zur Abstimmung einer individuell gestalteten Therapie.

Nach einer kurzen Schilderung des geschichtlichen Hintergrunds wird in diesem Buch erläutert, was Burn-out ist und welche Symptome dabei erlebt werden (Kapitel 1 und 2). Als Neurotransmitterstörung kann Burn-out objektiv diagnostiziert und medizinisch behandelt werden (Kapitel 3). Wir zeigen Möglichkeiten auf, wie man durch aktive Lebensführung und bewusste Veränderung seiner Einstellung wieder in die Balance gelangen kann (Kapitel 4, 5 und 6).

Moderne Behandlungsansätze des Burn-out berücksichtigen die gesellschaftlichen Dimensionen, insbesondere die hohen beruflichen Anforderungen und den Umgang mit Fremdbestimmtheiten im Alltag (Kapitel 7). Divergierende Rahmenbedingungen, unterschiedliche Erziehungsmuster, Erfahrungen und Einstellungen lassen Patentrezepte gegen Burn-out ins Leere laufen. Selbstmanagement und der verantwortliche Umgang mit sich selbst sind deshalb die Schlüsselkompetenzen auf dem Weg zur individuellen Prävention. Die bewusste Auseinandersetzung mit dem Sinn des eigenen Lebens und den persönlichen Lebensprioritäten, die Balance von Beruf und Familie und das Erkennen eigener Werte führen zur Inventur des bisherigen Lebens. Lebensplanung und die Realisierung der beabsichtigten Veränderungen ermöglichen eine erfolgreiche Umsetzung und einen Neubeginn (Kapitel 8 und 9). Am Ende des Buches stellen wir das in unserem Münchener Institut erfolgreich umgesetzte Konzept „Persönliche Gesundheitsförderung" vor (Kapitel 10).

XII

Kapitel 1:
Alle reden vom Burn-out

1.1 Die „Entdeckung" des Burn-out

Dramatische Zahlen und großes persönliches Leid auf der einen Seite, Ignoranz und lässiges Achselzucken auf der anderen – zwischen diesen extremen Polen bewegt sich die öffentliche Wahrnehmung des Burn-out-Syndroms. Da die Anfänge des Syndroms oft von euphorischer Stimmung und gesteigerter Leistungsfähigkeit gekennzeichnet sind, ist der erste Schritt in die Abwärtsspirale des Ausbrennens meistens weder für die Betroffenen noch für deren Umfeld erkennbar. Obwohl man heute niemandem mehr erklären muss, was ein Burn-out ist, weil der Begriff längst Teil des allgemeinen Sprachgebrauchs geworden ist, verhallen erste Alarmsignale meist ungehört. Unzählige Artikel, Bücher und Medienbeiträge sind in den letzten Jahren zu diesem Thema erschienen und doch ist ein rechtzeitiges Einschreiten, bevor es zu spät ist, nach wie vor eine große Ausnahme.

Noch 1970 hätten bei einer Umfrage nach der Bedeutung des Begriffs „Burn-out" die meisten Befragten angegeben, ihn nicht zu kennen. Atomphysiker hätten erklärt, ein „Burn-out" bezeichne das Durchbrennen von Wärmeaustauschern in Kernreaktoren. Literaturkenner hätten sich vielleicht an *Graham Greenes* Roman „A Burnt-out Case" von 1961 erinnert, der von einem ausgebrannten Zivilisationsflüchtling handelt. Motorradfahrer hätten folgendes Bild vor Augen gehabt: Man gibt bei angezogener Vorderradbremse ordentlich Gas. Der Hinterreifen dreht durch, erhitzt sich, fängt vielleicht Feuer, ist in jedem Fall in kürzester Zeit abgefahren – ohne dass man nur einen Meter vorangekommen ist. Und damit wären sie dem persönlichen Empfinden von Ausgebrannten auch schon recht nahegekommen.

In den 1970er Jahren lag das Thema Burn-out schon in der Luft. 1974 erschienen in den USA unabhängig voneinander zwei Artikel zu diesem Thema – das dadurch erst zu einem wurde. Der nur sechsseitige Beitrag des New Yorker Arztes und Psychoanalytikers *Herbert Freudenberger* im Journal of Social Issues war der folgenreichere der beiden. Als Therapeut mit eigener, stark frequentierter Praxis arbeitete *Freudenberger* in den Abendstunden ehrenamtlich in einer Klinik für Drogenabhängige. Um deren Situation besser verstehen zu können, lebte er mehrere Monate auf der Straße. Zudem leitete er verschiedene Gesprächsgruppen. Er war verheiratet und Vater von drei Kindern. Wegen dieser außerordentlichen Belastungen näherte sich *Freudenberger* immer mehr einem Zustand totaler psychischer und physischer Erschöpfung. Er fühlte sich ausgelaugt, müde, resigniert, reizbar und unausgeglichen. Seine tägliche Arbeit kam ihm immer weniger effektiv vor. Schlaflosigkeit, Kopfschmerzen und eine erhöhte Infektanfälligkeit waren weitere Symptome, die er in dieser Lebensphase unermüdlichen beruflichen Einsatzes an sich beobachten musste – und er bemerkte, dass es vielen seiner Kollegen ähnlich erging. Sie waren dabei auszubrennen.

Sein Aufsatz „Staff Burn-outs" ist aus der Innensicht des Betroffenen geschrieben, ohne theoretischen Ballast. Wahrscheinlich ist dies der Grund für seine ungeheure Popularität. Seine überwiegend aus helfenden Berufen kommenden Leser erkannten sich in vielen Punkten wieder. Hier sprach endlich jemand von ihren Problemen. Burn-out betraf sie ebenso wie *Freudenberger*; es schien eine nahezu zwangsläufige Folge ihres großen beruflichen Engagements zu sein: Wer sich ständig für andere verausgabt, ist selbst irgendwann ausgebrannt.

Freudenberger schrieb in den Folgejahren weitere Artikel und Bücher zu dem Thema, in denen er auch vorbeugende Strategien entwickelte (Einhaltung der Arbeitszeiten, regelmäßige Pausen und Auszeiten, Bemühen um kollegiale Unterstützung, körperliche Fitness). Eine exakte Definition, durch die sich Burn-out von anderen psychosomatischen Beeinträchtigungen klar abgrenzen ließe, findet sich bei ihm jedoch nicht. Burn-out ist für ihn die quasi unvermeidbare Folge eines über längere Zeit andauernden großen und die eigenen Grenzen missachtenden Engagements für die Mitmenschen – ein schleichender Prozess, der in seiner Anfangsphase häufig unbemerkt voranschreitet, bis er schließlich zum Zusammenbruch des Betroffenen führt.

„Ein Ausbrenner ist ein Mensch im Zustand der Ermüdung, der Frustration; sie wird hervorgerufen, wenn sich der Betroffene auf einen Fall, eine Lebensweise oder eine Beziehung einlässt, die den erwarteten Lohn nicht bringt." [Freudenberger et al. 1983]

1974 erschien ein weiterer Artikel, diesmal in einer amerikanischen Management-Zeitschrift, der sich dezidiert mit dem Problem des Ausbrennens auseinandersetzte. Nur drei Seiten umfasste der Artikel *Sigmund Ginsburgs*, eines Dozenten für Management und außerdem Vizeverwaltungschef einer New Yorker Universität. *Ginsburgs* Beobachtung zufolge war das Ausbrennen eine typische Erkrankung des gehobenen Managements – der Preis, den viele ehrgeizige, hoch motivierte Manager für lange Jahre des Durchsetzungskampfes bis an die Spitze der Karriereleiter irgendwann zahlen müssen – sofern sie nicht rechtzeitig „auf die Bremse treten" und ein Leben neben dem Job zulassen. Wer sich ständig Höchstleistungen abverlangt, ständig Dynamik, Kreativität, Engagement und Durchsetzungsvermögen an den Tag legt, brennt irgendwann aus – nicht selten gerade dann, wenn das Ziel seiner Mühen greifbar nahe ist. Er verliert seine Energie, Innovations- und Entscheidungskraft nehmen deutlich ab, er arbeitet nicht mehr effektiv und macht schließlich einen kranken, leidenden Eindruck.

Für *Ginsburg* ist Burn-out nicht nur ein individuelles, sondern auch ein ökonomisches Problem. Er empfiehlt den Betroffenen zwar ähnlich wie *Freudenberger* individuelle Präventionsmaßnahmen (Hobbys, regelmäßiger Urlaub, Aktivitäten mit Familie und Freunden, realistische Zielsetzungen, regelmäßige Gesundheitsvorsorge), doch sind diese Menschen für ihn eigentlich Gescheiterte. Sie haben zu hoch gepokert und mangels effizienter Strategien verloren. Da Unternehmen sich solche Führungskräfte auf Dauer nicht leisten können, sollten sie den Mut haben, sich von ihnen zu trennen, sofern keine andere Lösung gefunden wird.

„Im heutigen, überaus komplexen beruflichen Umfeld können wir es uns nicht leisten, dass die höchst motivierten und ambitioniertesten Mitarbeiter ihren Biss verlieren, der sie und ihre Organisationen auf Erfolgskurs hält."
[Ginsburg 1974]

Im Gegensatz zu dem mit viel Empathie aus der Innensicht des Betroffenen geschriebenen Artikel *Freudenbergers* konnten sich die Leser in *Ginsburgs* nüchterner Analyse des Burn-out-Phänomens nicht in den beschriebenen Personen wiedererkennen und sich mit deren Problematik kaum identifizieren. Der Grund dafür liegt auf der Hand: Wer will sich schon als Verlierer sehen! Sein Artikel geriet bald in Vergessenheit. Bis heute basiert die Burn-out-Literatur auf der Analyse *Freudenbergers* und seiner Analogie der leeren Batterie: Wer sich selbst ständig Höchstleistungen abverlangt, dessen Kraftreserven sind irgendwann erschöpft; die *Batterien*, die *Akkus* sind leer. Nur wenn es gelingt, sie wieder aufzuladen und dauerhaft Vorsorge zu treffen, dass sie sich nicht erneut entladen, kann eine Besserung eintreten. Burn-out ist aus dieser Perspektive betrachtet keine Krankheit, sondern ein Phänomen, das durch stressige Arbeitsbedingungen verursacht wird. Vor allem bei Tätigkeiten im sozialen und gesundheitlichen Bereich lässt sich Burn-out nicht gänzlich vermeiden, sondern nur minimieren. Dass Burn-out keine Besonderheit sozialer Berufe ist, sondern Menschen in allen Berufen gefährdet, vor allem Manager und Führungskräfte in Wirtschaft und Politik, ist nach dem in Vergessenheit geratenen *Ginsburg*-Artikel erst seit wenigen Jahren wieder Thema der wissenschaftlichen Diskussion.

1.2 Wechselnde Bezeichnungen – ähnliche Symptome

Die Regale der Buchhandlungen sind reich bestückt mit populärwissenschaftlichen Ratgebern zum Thema Burn-out. Kaum ein einschlägiges Medium, das in den letzten Monaten nicht Artikel zu diesem Thema veröffentlicht hätte. Für die meisten Autoren steht außer Frage: Burn-out, wie auch andere weit verbreitete psychosomatische Befindlichkeitsstörungen, bei denen offensichtlich ein Zusammenhang mit der beruflichen Tätigkeit der Betroffenen besteht, sind ein spezifisches Phänomen unserer Zeit mit ihrer Hektik, ihren permanenten Veränderungen, ihrem allgegenwärtigen Konkurrenzkampf und Leistungsdruck, die allen Berufstätigen ein außerordentlich hohes Maß an Anpassungsleistungen abfordern und dabei ihre Kraftreserven aufzehren.

Schon ein kurzer Blick auf die Geschichte der Medizin [Hillert et al. 2006, Ehrenberg 2004, von Thadden 2004] zeigt, dass eine Drosselung des Lebenstempos allein als Therapie zu kurz greift. Die öffentliche Wahrnehmung eines Phänomens bedeutet nicht, dass das Phänomen neu ist. Viele Symptome depressiver Verstimmungen decken sich mit Burn-out. Zu allen Zeiten haben Menschen unter Antriebsschwäche, trauriger Grundgestimmtheit, schwindendem Interesse an der Außenwelt, herabgesetztem Selbstwertgefühl und Schlafstörungen gelitten.

In früheren Jahrhunderten waren dies allerdings überwiegend Angehörige der oberen Schichten: Adelige, gehobene Kleriker und Künstler – von Walther von der Vogelweide über Michelangelo bis hin zu van Gogh und Nietzsche. Im 20. Jahrhundert blieb die geistig-seelische Erschöpfung nicht länger auf bestimmte Berufsgruppen beschränkt, sondern weitete sich zur Massenerkrankung aus – mit dramatisch steigender Tendenz. Heute spricht man bereits von der Volkskrankheit *Depression*. Allein in Deutschland gelten heute vier Millionen Depressive aus allen Altersklassen und sozialen Schichten als behandlungsbedürftig. Der Anteil der unter 40-jährigen Männer nimmt stark zu. Viele von ihnen bezeichnen sich selbst als beruflich ausgebrannt.

Häufigste Merkmale einer Depression sind:

- Antriebslosigkeit
- innere Unruhe und Schlafstörungen
- fehlende Lebensfreude
- innere Leere und Traurigkeit
- vermindertes Selbstwertgefühl
- schwindende Interessen
- Konzentrationsschwäche
- Unentschlossenheit
- Schuldgefühle, Selbstzweifel
- Gedanken an Selbstmord

In der Wissenschaft ist man sich weitgehend einig: Hauptursache für die Ausweitung der geistig-seelischen Erschöpfung zu einem gesamtgesellschaftlichen Problem sind die Veränderungen in den hoch industrialisierten Ländern: „Depression ist die Krankheit einer Gesellschaft, deren Verhaltensnorm nicht mehr auf Schuld und Disziplin gründet, sondern auf Verantwortung und Initiative." [Ehrenberg 2004]

Wir leben heute in einer Zeit, in der tief greifende technologische und gesellschaftliche Umbrüche immer schneller aufeinanderfolgen und uns in immer kürzeren Abständen erhebliche Anpassungsleistungen und Flexibilität abverlangen. Unsere individuellen Freiräume sind groß, dementsprechend erhöht sich auch die persönliche Verantwortung für die eigene Person. Der Einzelne ist zu Selbstverwirklichung, Erfolg und letztendlich auch zum Glücklichsein verpflichtet. Verunsicherungen werden als äußerst beängstigend erlebt; verlässliche Lebensplanung scheint oft kaum noch möglich. All dies kann auf Dauer zu erheblichen geistig-seelischen Belastungen und Versagensängsten führen, die das Selbst erschöpfen und bis zum Ausbrennen führen können. Der Soziologe *Alain Ehrenberg* bezeichnet die Depression als „Tragödie des persönlichen Ungenügens" und damit als die Krankheit des 21. Jahrhunderts.

„Die Aufgabe, aus eigener Kraft aufzusteigen, Erfolg zu haben und glücklich zu sein, durchdringt alle Seelenräume. Wenn etwas nicht glückt, droht das Gefühl des Versagens ... Die Angst, man selbst zu sein, versteckt sich hinter der Erschöpfung, man selbst zu sein." [Ehrenberg 2004]

1.3 Lässt sich Burn-out messen?

Erst in den 1980er Jahren wurde das Burn-out-Syndrom von der Sozialpsychologin *Christina Maslach* und dem Stressforscher *Cary Cherniss* nach wissenschaftlichen Kriterien untersucht. Sie zählen auch heute noch zu den wichtigsten Autoren, die sich mit dem Thema befasst haben. *Maslachs* Hauptanliegen war es, Burn-out messbar zu machen, um Informationen über Verbreitung und Häufigkeit des Syndroms und Korrelationen mit anderen Belastungsfaktoren zu gewinnen. Auf der Grundlage detaillierter Interviews mit Ausübenden unterschiedlicher Heilberufe begann sie, einen – nach ihr benannten und 1981 publizierten – Fragebogen zu entwickeln, das Maslach Burn-out Inventory (MBI). Es wurde in viele Sprachen übersetzt und ist noch heute in einer Monopolstellung die Grundlage der Burn-out-Forschung. Überspitzt könnte man sogar sagen: Nach wissenschaftlichem Verständnis ist Burn-out das, was das MBI misst.

Maslach geht davon aus, dass es zu einem Burn-out kommt, wenn ein Mensch nicht mehr in der Lage ist, die emotionalen Überforderungen und Frustrationen, denen er in seiner täglichen Arbeit ausgesetzt ist, aus eigener Kraft angemessen zu bewältigen. Die Wahrscheinlichkeit auszubrennen ist nach ihren Untersuchungsergebnissen besonders hoch, wenn großes Engagement und ein hoher Leistungsanspruch mit einem Mangel an Feedback, schlechter Teamarbeit und administrativen Zwängen im beruflichen Umfeld aufeinandertreffen.

Der Beginn eines Burn-out manifestiert sich nach *Maslach* auf drei Ebenen:

- Die Arbeit mit anderen Menschen führt unter entsprechenden Rahmenbedingungen bei vielen im Sozial- und Gesundheitsbereich Tätigen irgendwann zu emotionaler Erschöpfung, die häufig von einer eingeschränkten körperlichen Belastbarkeit begleitet wird.
- Die Helfer verlieren das Mitgefühl gegenüber ihren Klienten und entwickeln eine negative Grundeinstellung, die sich zum Zynismus steigern kann, von *Maslach* als *Depersonalisation* bezeichnet.
- Hinzu kommt eine negative Selbsteinschätzung der eigenen Leistungsfähigkeit, das Gefühl der eigenen professionellen Wertlosigkeit, ein Widerwillen sich selbst gegenüber.

Diese drei Ebenen soll das von *Maslach* entwickelte Messinstrument differenziert erfassen. In seiner heutigen Version besteht das MBI aus 25 Fragen zu den Skalen „emotionale Erschöpfung", „Depersonalisation" und „persönliche Leistungsfähigkeit". Gemessen wird die Häufigkeit, mit der die angesprochenen

Empfindungen im Erleben des Befragten auftreten. Je häufiger jemand emotionale Erschöpfung und Depersonalisation in seinem Arbeitsalltag bei sich feststellt und je geringer er seine aktuelle persönliche Leistungsfähigkeit einschätzt, desto ausgebrannter ist er.

MBI – Maslach Burn-out Inventory nach Maslach & Jackson

Bei dem Fragebogen geht es nicht darum, einen Gesamtwert für Burn-out zu berechnen, sondern die einzelnen Dimensionen zu erfassen.

Die Kriterien

- Ich fühle mich von meiner Arbeit ausgelaugt.
- Am Ende eines Arbeitstages fühle ich mich erledigt.
- Ich fühle mich müde, wenn ich morgens aufstehe und wieder einen Arbeitstag vor mir habe.
- Es gelingt mir gut, mich in meine Klienten hineinzuversetzen.
- Ich glaube, ich behandle einige Klienten, als ob sie unpersönliche „Objekte" wären.
- Den ganzen Tag mit Leuten zu arbeiten, ist wirklich eine Strapaze für mich.
- Den Umgang mit Problemen meiner Klienten habe ich sehr gut im Griff.
- Durch meine Arbeit fühle ich mich ausgebrannt.
- Ich glaube, dass ich das Leben anderer Leute durch meine Arbeit positiv beeinflusse.
- Seit ich diese Arbeit mache, bin ich gleichgültiger gegenüber Leuten geworden.
- Ich befürchte, dass diese Arbeit mich emotional verhärtet.
- Ich fühle mich voller Tatkraft.
- Meine Arbeit frustriert mich.
- Ich glaube, ich strenge mich bei meiner Arbeit zu sehr an.
- Bei manchen Klienten interessiert es mich eigentlich nicht wirklich, was aus/mit ihnen wird.
- Mit Menschen in der direkten Auseinandersetzung arbeiten zu müssen, belastet mich sehr.
- Es fällt mir leicht, eine entspannte Atmosphäre mit meinen Klienten herzustellen.
- Ich fühle mich angeregt, wenn ich intensiv mit meinen Klienten gearbeitet habe.
- Ich habe viele wertvolle Dinge in meiner derzeitigen Arbeit erreicht.
- Ich glaube, ich bin mit meinem Latein am Ende.

- In der Arbeit gehe ich mit emotionalen Problemen sehr ruhig und ausgeglichen um.
- Ich spüre, dass die Klienten mich für einige ihrer Probleme verantwortlich machen.
- Ich fühle mich meinen Klienten in vieler Hinsicht ähnlich.
- Von den Problemen meiner Klienten bin ich persönlich berührt.
- Ich fühle mich unbehaglich bei dem Gedanken daran, wie ich einige meiner Klienten behandelt habe.

1.4   130 Burn-out-Symptome?

Den weiteren Verlauf der Burn-out-Forschung kennzeichnen eine immer stärkere Ausdifferenzierung möglicher Symptome und die Untergliederung des Prozesses in immer kleinere Phasen. In einer Untersuchung der themenrelevanten Literatur kam *Matthias Burisch* [Burisch 1994] auf eine Zahl von 130 verschiedenen Symptomen. Schaut man sich diese Auflistung aber genauer an, so fällt auf, dass keiner der von ihm untersuchten Autoren Kriterien angibt, ab wann ein bestimmtes Merkmal das Burn-out-Risiko erhöht. Ist berufliches Engagement schon an sich ein Risikofaktor? Bis zu welchem Ausmaß ist Engagement gesund und notwendig? Wo liegt die Grenze? Ab wann sind Schlafstörungen, Arbeitsunlust oder Konzentrationsstörungen bereits akute Burn-out-Symptome?

Mit dem Beginn der 1990er Jahre breitete sich die Burn-out-Forschung weltweit aus. Von Amerika über Europa, den arabischen Raum bis nach China und Australien wurden mehr als 60 unterschiedliche Berufsgruppen mit *Maslachs* Fragebogen untersucht. Die Zahl der wissenschaftlichen Veröffentlichungen stieg stetig. Jährlich kommen zwischen 300 und 500 Publikationen hinzu [Hillert et al. 2006].

Im Gegensatz zur großen Anzahl von Veröffentlichungen steht der gesicherte Kenntnisstand, denn noch immer fehlt die wissenschaftliche Trennschärfe: Mit welchen eindeutigen Kriterien ließe sich das Phänomen von anderen psychosomatischen Krankheitsbildern wie chronischer Erschöpfung oder Depression abgrenzen?

Hillert und *Marwitz* gehen sogar so weit zu vermuten, dass „die Zahl inoffiziell-persönlicher Definitionen und Varianten annähernd der Gesamtzahl

Betroffener entsprechen dürfte". Im Grunde sind wir heute in der gleichen Situation wie *Freudenberger* 1974: Burn-out erschließt sich am ehesten aus der Innensicht der Betroffenen. Es handelt sich um ein Konglomerat aus Stress, Arbeitsunzufriedenheit, emotionaler Erschöpfung, depressiver Lebensgrundhaltung, reduzierter Leistungsfähigkeit und schwindender Lebensfreude, das das persönliche Wohlbefinden und die Freude am Beruf schleichend zersetzt. So titelte der französische Soziologe *Alain Ehrenberg* seine Publikation treffend: Burn-out – das erschöpfte Selbst [Ehrenberg 2004].

1.5   Burn-out und Stress

Der Begriff *Stress* kommt aus dem Englischen und wurde bereits im Mittelalter für Zustände „äußerer Not und auferlegter Mühsal" verwendet [Schönpflug 1987]. *Charles Darwin* (1809–1882) benutzte zwar den Begriff *Stress* noch nicht, wird aber als Urvater der modernen wissenschaftlichen Stressforschung angesehen.

Darwin vertrat die Ansicht, dass die Umwelt für alle Lebewesen eine ständige Bedrohung und Herausforderung darstellt. Dieser *Stress* erzeuge einen Selektionsdruck, den nur diejenigen überleben, die sich den Herausforderungen am besten anpassen können („Survival of the fittest"). Ohne den Stress des Selektionsdrucks gibt es, davon war *Darwin* zutiefst überzeugt, für das Leben insgesamt keinerlei Notwendigkeit zur Veränderung. Die Entwicklung des Lebens wäre ohne Evolution auf der Stufe der Einzeller stehen geblieben. Erstaunlich ist, dass *Darwin* die Reaktion eines Lebewesens auf die stresshaften Bedingungen seiner Umgebung als Reaktion des gesamten Organismus ansah – eine Hypothese, die sich durch die moderne Stressforschung mehr als hundert Jahre später eindrucksvoll bestätigte.

Der amerikanische Physiologe *Walter B. Cannon* führte 1914 den Begriff *Stress* in die medizinische und psychologische Fachliteratur ein. In den 30er Jahren definierte *Selye* Stress als die Summe aller auf einen Organismus einwirkenden Reize. Zur Erklärung der dabei im Gehirn und im Körper feststellbaren Prozesse entwickelte er das nach ihm benannte Reiz-Reaktionsmodell des Stresssyndroms, das „allgemeine Adaptationssyndrom AAS" (siehe unten).

Von Cannon zu Selye – die Entwicklung des Begriffs Stress

Cannon verwendete den Begriff Stress als Sammelbegriff für Umwelteinflüsse, wie beispielsweise Hitze oder Kälte, die das innere Gleichgewicht eines Organismus stören oder schädigen. *Cannon* erkannte als Erster, dass unter Stressbelastung vermehrt Hormone in die Blutbahn ausgeschüttet werden – die sogenannten Katecholamine –, die dafür sorgen, dass der Organismus auf die drohende Gefahr angemessen reagiert.

Cannons Stressbegriff wurde in den 30er Jahren von *Hans Selye* übernommen und popularisiert. *Selyes* historisches Verdienst besteht vor allem darin, den Blick der Forschung auf das Phänomen Stress gelenkt zu haben. Die Einfachheit des von ihm entwickelten Erklärungsmodells hat allerdings nicht unwesentlich zu der heute herrschenden Begriffsverwirrung beigetragen [Greif et al. 1991].

Selye experimentierte vor allem mit Ratten, die er intensiven „Stressreizen" (z. B. Nahrungsentzug, Schmerz, Verletzungen, Hitze, Kälte) aussetzte. Seine eindrucksvollen Bilder von sehr bald auftretenden krankhaften Organveränderungen der Versuchstiere schienen den unmittelbaren Zusammenhang zwischen Stress und Krankheit zu beweisen. Aufgrund dieser Forschungsergebnisse entwarf er das Modell des *allgemeinen Adaptationssyndroms* (AAS), das davon ausgeht, dass letztlich alle höheren Lebewesen, wenn sie starkem Stress ausgesetzt werden, die gleiche stereotype und unspezifische physiologische Reaktion zeigen.

Nach Selye laufen die Stressreaktionen immer gleichförmig ab. Jedem intensiven Reiz folgen vier Stadien:

- **Vorphase** – der Moment der sogenannten Schrecksekunde.
- **Alarmphase** – bei der sich im Gehirn das Leitsystem für Gefahrensituationen einschaltet, das über die Ausschüttung von Hormonen sofort alle im Organismus verfügbaren Energiereserven mobilisiert und alle Kräfte auf die Abwehr der drohenden Gefahr konzentriert.
- **Stadium des Widerstands** – die Phase, in der alle zur Verfügung stehenden Energiereserven aufgebracht werden, um mit der Gefahr fertig zu werden, beispielsweise den Feind anzugreifen oder vor der drohenden Gefahr die Flucht zu ergreifen oder Maßnahmen zu finden, trotz Bedrohung ungefährdet weiterzuleben oder sich einer Situation anzupassen.

■ Stadium der Erschöpfung – die Phase, in der alle Energien aufgezehrt sind. An dieses Stadium sollte sich unbedingt eine längere Phase der Erholung anschließen, um die verbrauchten Energien wieder aufzubauen (Regenerationsphase).

Diese Stressreaktion ist ein äußerst sinnvoller biologischer Mechanismus, der Individuen in Gefahrensituationen eine größere Überlebenschance sichert. Sie kann aber zu einer ernsthaften Gesundheitsgefährdung werden, wenn sie nicht bis zur Endphase der Erholung und Regeneration ablaufen kann, weil beispielsweise einzelne Stressreize zu schnell aufeinanderfolgen.

Selye war der Ansicht, dass dieser Reaktionsverlauf im Erbgut verankert und eine allen Lebewesen eigene, universell gültige, biologisch funktionale Anpassungsreaktion an Gefahrensituationen sei. Die moderne Zivilisation hindere uns aber daran, die durch Stress aufgebaute Reaktion z. B. durch körperliche Bewegung optimal abzureagieren, sodass die aufgestauten Reaktionen langfristig zu gesundheitlichen Beeinträchtigungen führen. Sein Rezept „mehr Körperbewegung, weniger Essen und Rauchen" ist mit Sicherheit nicht falsch. Es taugt aber nur bedingt zur Lösung der täglichen Stressprobleme.

Der erste Forscher, der sich dem Phänomen des *Burn-out aus stresstheoretischer Sicht* näherte, war *Cherniss*. Er vertrat die Ansicht, über längere Zeit andauernder Stress im beruflichen Alltag verändere Einstellungen und Verhalten besonders engagierter Menschen. Sie seien dann nicht mehr in der Lage, den Stress konstruktiv zu bewältigen, und gingen stattdessen zu defensiven Bewältigungsstrategien über, mit denen sie die anstehenden Probleme nicht lösen könnten – ein Prozess, der klar auf ein Burn-out zusteuere. Diesem Ansatz entsprechend war *Cherniss* vor allem am Verlauf des Burn-out-Prozesses interessiert und führte als Erster breit angelegte Längsschnittuntersuchungen durch – wiederum an Ausübenden sozialer Berufe, die er über mehr als zehn Jahre begleitete. In regelmäßigen Abständen untersuchte er zum einen die Arbeitsplatzbedingungen und zum anderen die berufliche Tätigkeit sowie die Einstellung der professionellen Helfer.

Der Verlauf des Burn-out-Prozesses lässt sich nach *Cherniss* in drei Phasen unterteilen:

■ Eine über längere Zeit andauernde Stressphase mit extrem hohen, die eigenen Ressourcen übersteigenden Anforderungen.

- Eine Phase des Stillstands, in der sich Angst, Spannung und Erschöpfung steigern.
- Eine Phase defensiver Bewältigungsversuche durch emotionale Abkoppelung, Rückzug und Zynismus.

Cherniss kam zu dem Ergebnis, dass es an den Strukturen eines Unternehmens liegt, ob die in ihm Beschäftigten irgendwann ausbrennen oder nicht. Burn-out begünstigende Rahmenbedingungen sind nach *Cherniss* fehlendes Feedback sowie unklare oder widersprüchliche Zielvorgaben. Einen guten Schutz vor Burn-out bieten dagegen Autonomie am Arbeitsplatz und persönliche Erfolgserlebnisse. Anders als bei der Stresstherapie helfen Entspannungstechniken oder Strategien zur Belastungsreduktion bei manifestem Burn-out nur sehr bedingt. Wirksamer als diese sind nach seinen Untersuchungsergebnissen

- eine sich neu zu erarbeitende positive Definition der eigenen Tätigkeit,
- eine veränderte Einstellung sich selbst, den Kollegen, Mitarbeitern und Klienten gegenüber,
- möglichst realistische persönliche Ziele
- und ein positives, auf Vertrauen basierendes allgemeines Lebenskonzept [Cherniss 1999].

1.6   Die volkswirtschaftliche Bedeutung

Bereits zu Beginn der Burn-out-Diskussion hat *Ginsburg* in seinem Artikel auf die enormen ökonomischen Kosten hingewiesen, die das Ausbrennen von Mitarbeitern für Unternehmen und für die Volkswirtschaft eines Landes mit sich bringt. Obwohl seitdem zahllose wissenschaftliche Arbeiten zum Thema Burn-out veröffentlicht wurden und inzwischen weltweit etliche Tausend Männer, Frauen und Kinder vor allem mithilfe des Maslach Burn-out Inventory untersucht worden sind, gibt es bis heute keine verbindliche Definition dieses Syndroms. Auch die Kriterien für die Differenzialdiagnose sind nicht einheitlich festgelegt. Somit gibt es keine wissenschaftlich gesicherten Angaben zur Häufigkeit und zu den volkswirtschaftlichen Kosten des Burn-out-Syndroms. Will man sich dennoch einen Überblick verschaffen, ist man auf Untersuchungen über die Verbreitung und Kosten psychosomatischer Störungen angewiesen. Unter diesem Sammelbegriff werden in aller Regel stressbedingte psychische Probleme wie chronische Erschöpfung, chronische Ermüdung, Depressionen, Angstneurosen und Burn-out zusammengefasst, wobei Burn-out häufig synonym mit chronischer Erschöpfung verwendet wird.

Während *traditionelle* arbeits- und umweltbedingte Belastungen und Erkrankungen durch körperliche Überanstrengung, Hitze, Kälte, Lärm und Unfälle am Arbeitsplatz in den vergangenen Jahrzehnten in den Industrieländern stetig zurückgegangen sind, haben die psychosozialen Erkrankungen dramatisch zugenommen. Die Tendenz ist weiterhin steigend. In Deutschland sind mittlerweile nahezu alle Bevölkerungsschichten betroffen und die Patienten werden immer jünger (Schulstress).

Ende der 1990er Jahre führte die Internationale Arbeitsorganisation der Vereinten Nationen (International Labour Organisation, ILO) eine Häufigkeitsstudie zur psychischen Gesundheit der erwerbstätigen Bevölkerung in Finnland, Deutschland, Polen, Großbritannien und in den Vereinigten Staaten durch. Stress, Angstzustände und Nervenzusammenbrüche wurden nach dieser Studie bereits zu diesem Zeitpunkt als größte Gesundheitsgefahr des 21. Jahrhunderts eingestuft. Schon heute leide ein Zehntel aller Arbeitnehmer in den untersuchten Ländern massiv an solchen Störungen, während rund 20 % psychisch beeinträchtigt seien. Schätzungen der ILO zufolge könnten schon bald weltweit 300 Millionen Menschen an Depressionen und verwandten Krankheitsbildern erkrankt sein. Auch für die Weltgesundheitsorganisation (WHO) steht fest, dass Depressionen bis zum Jahr 2025 neben Herz-Kreislauf-Erkrankungen zu den weltweit führenden Krankheitsursachen zählen werden. Und in den kommenden 15 Jahren könnten sie ebenfalls zusammen mit Herz-Kreislauf-Erkrankungen zum häufigsten Grund für Arbeitsunfähigkeit werden. Schon jetzt sind psychische Leiden die Ursachen für 800 000 Selbstmorde pro Jahr weltweit.

Im internationalen Vergleich liegen dabei die Untersuchungsteilnehmer aus Finnland eindeutig an der Spitze: Mehr als 50 % aller Angestellten gelten dort als Burn-out gefährdet, 7 % als manifest erkrankt. Bei diesen erschreckenden Zahlen sollte man allerdings bedenken, dass Burn-out in Finnland im Gegensatz zu den übrigen untersuchten Ländern schon seit längerem eine geläufige Diagnose ist.

In Deutschland ergibt sich – nach Berufsgruppen aufgeschlüsselt – folgendes Bild:
- 30 – 35 % aller Lehrer,
- 40 – 60 % aller Pflegekräfte,
- 15 – 30 % aller Ärzte,
- 20 – 33 % aller Journalisten,
- rund 40 % der Mitarbeiter in der IT-Branche

bezeichnen sich selbst als ausgebrannt oder zeigen deutliche Anzeichen chronischer Erschöpfung.

Nach der neuesten Umfrage der WHO (Eurobarometer 2007) fühlen sich rund 40 % aller Bundesbürger von ihrer Arbeit überfordert und gestresst. Ca. 54 000 Menschen in Deutschland sind aufgrund psychischer Erkrankungen 2007 vorzeitig in Rente gegangen. 50 bis 60 % aller Arbeitsfehltage in vielen europäischen Ländern gehen auf Stress zurück.

Es liegt auf der Hand, dass psychische Erkrankungen dieses Ausmaßes erhebliche volkswirtschaftliche Kosten verursachen:

- Nach Schätzungen der WHO werden in der Europäischen Union jährlich zwischen 3 und 4 % des Bruttosozialproduktes für die Folgen psychischer Gesundheitsprobleme ausgegeben und
- die deutsche Wirtschaft erleidet aufgrund psychischer Erkrankungen pro Jahr etwa 2,5 Milliarden Euro Verluste.

Zusammenfassend lässt sich feststellen: Die jährlich wachsende Anzahl von psychischen Erkrankungen, von Erschöpfungs- und Depressionszuständen aller Art – also auch von Burn-out – ist sicherlich ein Phänomen der Zeit, in der wir leben. Krankheitsbilder mit ähnlich gelagerter Symptomatik und durchaus vertraut anmutenden Therapieversuchen gibt es jedoch schon lange.

Kapitel 2:
Erlebte Symptome

2.1 Definitionsversuche

Das Burn-out-Syndrom ist keine offiziell anerkannte Krankheit, sondern eher eine Beschreibung für einen Zustand, der sich aufgrund seiner hochkomplexen Entstehungsweise in verschiedenen Facetten zeigen kann. Daher gibt es keine einheitliche Definition des Burn-out-Syndroms nach den Klassifikationen der WHO. Auch in der im deutschen Gesundheitswesen verbindlichen 10. Auflage der „Internationalen Klassifikation der Erkrankungen, ICD-10" wird Burn-out nicht aufgeführt. Der Begriff wird im ICD-10 jedoch unter der Überschrift „Faktoren, die den Gesundheitszustand beeinflussen und zur Inanspruchnahme des Gesundheitswesens führen", im Abschnitt Z73.0 „Ausgebranntsein, Burn-out, Zustand der totalen Erschöpfung" erwähnt.

Burn-out-Syndrom
Etymol.: engl.; Symptomenkomplex mit Verlust der körperlichen und seelischen Leistungs- u. Regenerationsfähigkeit. Häufig bei Angehörigen sozialer Berufe. Ätiol.: emotionale Überbeanspruchung; Daueranspannung; berufliche Situationen, in denen begrenzte Handlungsmöglichkeiten als besonders belastend erlebt werden. Klinik: 1) Anfangsphase mit chronischer Müdigkeit u. Energiemangel; 2) Phase reduzierten Engagements mit Überdruss an der Arbeit, zunehmenden Fehlzeiten, Reaktion auf das Umfeld mit Schuldzuweisungen, Frustration oder Aggression, 3) Abbauphase mit Leistungsabfall, Konzentrationsstörungen, „Dienst nach Vorschrift", mangelnder Veränderungsbereitschaft; 4) Phase der Verflachung, geprägt von emotionalem, sozialem u. geistigem Rückzug mit Auswirkung auf Privatleben und feindseligem Verhältnis zu Mitarbeitern oder Klienten. Psychosomatische Beschwerden mgl.; erhöhte Suizidgefahr, Gefahr des Drogenmissbrauchs. [Roche Lexikon Medizin 2003]

Das „Klinische Wörterbuch" beschreibt Burn-out als „Zustand emotionaler Erschöpfung, reduzierter Leistungsfähigkeit und eventuell Depersonalisation infolge einer Diskrepanz zwischen Erwartung und Realität bei Personen, die Arbeit mit oder am Menschen ausführen; Endzustand eines Prozesses von idealistischer Begeisterung über Desillusionierung, Frustration und Apathie; Symptome: psychosomatische Erkrankungen, Depression oder Aggressivität, erhöhte Suchtgefahr ..." [Pschyrembel 2006].

Unter energetischen Gesichtspunkten beschreibt *Schröder* (2006) Burn-out als eine zu hohe Energieabgabe unter permanent zu hoher Anspannung für eine zu geringe Wirkung bei ungenügendem Energienachschub. Technisch könnte man dies mit einer Öllampe vergleichen, die nicht über genügend Brennstoff verfügt, dennoch aber helles Licht abgeben soll. Dies ist physikalisch nicht möglich. Unterschiedliche Autoren bedienen sich zur Beschreibung des Burn-outs der deutschen Redewendung „die Kerze an beiden Enden anzünden". Dies kommt dem Geschehen zwar nahe, berücksichtigt aber nur den Aspekt des Abbrennens, nicht den des unerfüllten Sehnens, der Diskrepanz zwischen Erwartungen und Wirklichkeit, der illusionären Verkennung der eigenen Möglichkeiten und der maximalen Anstrengung.

Chronischer, überbordender Stress führt zu Erschöpfung und Burn-out

- Ängstlichkeit, Zukunftsängste, Mut-/Entschlusslosigkeit
- Nervosität, innere Unruhe, Müdigkeit („wired but tired")
- Ein- und Durchschlafstörungen
- Kopfschmerzen, Migräne
- Erschöpfung, Kraftlosigkeit, fehlender Antrieb
- Motivationsverlust, „Batterien leer", „Akkus leer"
- Gewichtszunahme, Heißhungergefühle
- kardiovaskuläre Beschwerden, Herzrhythmusstörungen
- Libidomangel

Das Burn-out-Syndrom ist kein vorübergehendes Unwohlsein, kein Stimmungstief, und es betrifft nicht nur Menschen, die kein *dickes Fell* haben. Nach unserer Meinung ist Burn-out durchaus eine ernst zu nehmende Erkrankung. Sie überfällt einen nicht von heute auf morgen, sie schleicht sich langsam über die Jahre an, während man mit der Alltagsbewältigung beschäftigt ist. Werden Menschen über einen längeren Zeitraum dauerhaft überfordert, lassen sich zeitversetzt zu den körperlichen Reaktionen typische Verhaltensänderungen beobachten:

- Hast und Ungeduld (z. B. Essen verschlingen, Pausen verkürzen oder ausfallen lassen, schnell sprechen und andere unterbrechen, schneller Auto fahren)
- Betäubungsverhalten (z. B. mehr rauchen, viel Alkohol trinken, Beruhigungsmittel oder Aufputschmittel nehmen, Konsumdrang)
- unkoordiniertes Arbeitsverhalten (mehrere Dinge gleichzeitig tun, sich in Arbeit stürzen, mangelnde Planung und Organisation)
- konfliktreicher Umgang mit anderen Menschen (z. B. Zynismus, anderen Vorwürfe machen, aggressives Verhalten gegenüber Nahestehenden)

Hinzu kommen kognitiv-emotionale Reaktionen, also Gedanken und Gefühle (intrapsychische Vorgänge), die für Außenstehende nicht oder nur indirekt sichtbar sind. Zu diesen Reaktionen zählen z. B. innere Unruhe, Unzufriedenheit, Hilflosigkeit, Ärger, Versagensängste, Leere im Kopf oder kreisende, grüblerische Gedanken. Burn-out bedeutet ganzheitliche Erschöpfung in folgenden Bereichen:

- Körperlich: Ich kann nicht mehr.
- Psychisch: Ich freue mich über nichts mehr.
- Geistig: Ich habe keine Einfälle mehr.
- Sozial: Ich habe keine Freunde mehr.

Interessanterweise erkrankt aber nicht jeder an Burn-out, der in seinem beruflichen oder privaten Umfeld über einen längeren Zeitraum hinweg hohen Anforderungen ausgesetzt ist. Ob ein Mensch in einer anhaltenden Belastungssituation ausbrennt und wie schnell das vor sich geht, hängt nicht nur von den Umständen, sondern auch von ihm selbst, von der Belastbarkeit seines Organismus, seiner genetischen Prädisposition und seiner Persönlichkeitsstruktur ab.

Burn-out entsteht aber immer dann, wenn die beiden folgenden Voraussetzungen zutreffen:

- Der Betroffene erlebt über einen längeren Zeitraum hinweg eine stark erhöhte Beanspruchung infolge von Über- oder Unterforderung, die ihn dazu zwingt, einen ständig wachsenden Anteil seiner psychophysischen Ressourcen zu aktivieren.
- Aufgrund der persönlichen Ansprüche, Sozialisation, Einstellungen, Wertvorstellungen und Gewohnheiten ist der Betroffene nicht in der Lage, sich trotz der erlebten Frustration oder Misserfolge von seiner beruflichen Tätigkeit und ihren Ansprüchen zu distanzieren.

Das Burn-out-Syndrom bezeichnet einen Zustand umfassender körperlicher, emotionaler, geistiger und sozialer Erschöpfung, der über einen längeren Zeitraum andauert, keine primär körperlichen Ursachen hat und den Betroffenen in einer ständig schneller werdenden Abwärtsspirale gefangen hält.

Über Jahrzehnte hinweg sah man Burn-out ausschließlich als Folge von andauernder Überforderung. Heute weiß man, dass auch Menschen in eine ähnliche Abwärtsspirale geraten können, die chronisch unterfordert sind, die mehr leisten könnten, als von ihnen gefordert wird, die sich an ihrem Arbeitsplatz keinen Herausforderungen mehr stellen müssen und an Routine ersticken. Oder die ihren Vorgesetzten und Kollegen gegenüber so tun, als hätten sie viel zu erledigen, obwohl keine Aufgaben anstehen. Diese Form des Ausbrennens wegen andauernder Unterforderung wird in der Literatur auch als „Bore-out" (von engl. to bore: langweilen) bezeichnet, also unerträgliche und gleichfalls auf Dauer krank machende Langeweile [Rothlin et al. 2007].

2.2 Die Stufen der Burn-out-Spirale

Am Anfang des Burn-out-Syndroms steht meist ein psychisches Unwohlsein in Form von Abgeschlagenheit, verstärkten Unlustgefühlen und Schlafstörungen. In der nächsten Phase treten verstärkt psychosomatische Beschwerden auf. Wenn sich die Ursachen, die persönlichen Ansprüche und Einstellungen in dieser Phase nicht verändern, leidet der Betroffene unter massiver Unzufriedenheit, fühlt sich als Versager. Zuletzt schlägt die Erschöpfung in Verzweiflung um. Die emotionale Spannung reicht in der letzten Phase von Depressionen bis hin zu existenziellen Ängsten mit Selbstmordgedanken und -versuchen.

Einen typischen Verlauf mit einer bei allen Betroffenen anzutreffenden Symptomatik gibt es nicht. Auszubrennen ist ein Prozess, der individuell höchst unterschiedlich verläuft. Die Entwicklung eines Burn-out lässt sich am besten mit dem Bild einer Spirale verdeutlichen, die sich langsam, aber stetig nach unten hin enger zuzieht. Das Ausbrennen geschieht kontinuierlich und ist nicht durch exakte Stufen gekennzeichnet. Vielmehr überlappen oder vermischen sich einzelne Phasen. Auch ist es wichtig zu wissen, dass nicht jede Phase zwingend auftreten muss.

So kommt es, dass viele Autoren die Phasen des Burn-out quantitativ und qualitativ unterschiedlich darstellen: *Freudenberger* und *North* beschreiben zwölf Phasen, *Burisch*, *Koch* und *Kühn* sieben und *Bronsberg* und *Vestlund* sowie *Müller-Timmermann* nur fünf. Die Grundsystematik des Burn-out folgt dem Modell nach *Selye*, welches in Alarmphase, Resistenzphase und Erschöpfungsphase aufgeteilt ist. Wir lehnen uns im Folgenden an die Beschreibungen von *Burisch* und *Schröder* an und arbeiten ebenfalls mit einem modifizierten 7-Phasen-Modell.

Dieses Modell ist gleichzeitig als Checkliste zur Selbstreflexion geeignet. Ein Überblick über das Modell:

1. Erste Warnzeichen – gesteigerter Einsatz für Ziele, Zunahme der Überstunden, Erschöpfung oder vegetative Überreaktion.
2. Reduziertes Engagement – reduzierte Sozialkontakte, negative Einstellung zur Arbeit, Konzentration auf eigenen Nutzen.
3. Emotionale Reaktionen – Unzulänglichkeitsgefühle, Pessimismus, Schuldzuschreibung an andere beziehungsweise „das System".
4. Abnahme von kognitiven Fähigkeiten, Motivation, Kreativität und Differenzierungsfähigkeit.
5. Abflachen des emotionalen und sozialen Lebens und kognitiver Interessen.
6. Psychosomatische Reaktionen – Spannung, Schmerzen, Schlafstörungen, keine Erholung in der Freizeit mehr möglich, veränderte Essgewohnheiten, Drogengebrauch.
7. Depression und Verzweiflung – Gefühle von Sinnlosigkeit, negative Lebenseinstellung, existenzielle Verzweiflung, Suizidgedanken oder -absichten.

Erste Stufe: Großes Engagement – idealistische Begeisterung

Menschen, die später ausbrennen, sind beruflich oder privat weit überdurchschnittlich motiviert. Sie beweisen sich und anderen, dass sie zu großen Leistungen fähig und bereit sind, ein hohes Maß an Verantwortung zu tragen. Mit Leidenschaft und Engagement haben sie im Laufe der Jahre immer mehr Aufgaben übernommen, ohne zu merken, dass irgendwann der Punkt erreicht war, an dem sie sich selbst, ihre körperlichen, geistigen und seelischen Kräfte vollkommen überschätzt haben.

Wenn sie sich zu diesem Zeitpunkt Einhalt gebieten und ihrem Organismus die dringend benötigten Erholungsphasen zugestehen, dann ist die Gefahr eines Burn-out gebannt. Für weitere Stresssituationen sind sie gestärkt, sie können sie ohne nachhaltigen Schaden meistern. Dass dies viel zu selten geschieht, hängt damit zusammen, dass sie in der Regel selbst nicht bemerken, dass sie

- ihre eigenen Kräfte und Möglichkeiten gefährlich überschätzen,
- ihre Ziele nach und nach immer höher schrauben,
- ihre Erwartungen an den eigenen Arbeitserfolg immer weniger mit der Realität abgleichen.

Die eigenen Bedürfnisse werden trotz Erschöpfung und Müdigkeit verleugnet. Der Wunsch, den anderen zu zeigen, wie gut man ist, verwandelt sich in einen Zwang. Wir finden diesen Zustand häufig bei Menschen, die unbezahlte Überstunden und Mehrarbeit machen. Oft findet sich eine verbissene Einstellung zu Erfolg und Leistung, gepaart mit dem übertriebenen Anspruch, alles richtig machen zu wollen.

Zweite Stufe: Vernachlassigung der eigenen Bedürfnisse

Menschen, die immer bereit sind, ihre Grenzen zu missachten, wollen sich selbst und ihrer Umwelt trotz erster Selbstzweifel nicht eingestehen, dass auch den eigenen Kräften Grenzen gesetzt sind. Statt für eine Weile kürzer zu treten, flüchten sie in berufliche Hyperaktivität und stecken die Ansprüche an sich selbst noch höher. Erste Leistungseinbußen machen sich bemerkbar. Da sie sich im Grunde für unentbehrlich halten, übernehmen sie gerne weitere anspruchsvolle Aufgaben, sagen immer seltener Nein.

In dieser Phase werden eigene Bedürfnisse (Schlaf, Selbstreflexion, Entspannung) vernachlässigt und die Aufmerksamkeit reduziert. Die Betroffenen und ihr Umfeld glauben nun oft, sie müssten sich nur zusammenreißen, die Zähne zusammenbeißen und den körperlichen Symptomen nicht zu viel Beachtung schenken. Mit jeder weiteren Drehung der Burn-out-Spirale gerät die psychophysische Energiebilanz weiter ins Minus. Erste Anzeichen einer chronischen Erschöpfung sind:

- fortwährender Energiemangel
- ständige Müdigkeit
- Schlafstörungen
- Verspannungen, Nacken- und Rückenschmerzen
- Kopfschmerzen, Migräne
- Konzentrationsschwäche, Denkblockaden, Gedächtnisstörungen
- erhöhte Infektanfälligkeit

Dritte Stufe: Emotionalisierung – Enttäuschung

Viele Betroffene sehnen sich nach Anerkennung, sie leiden unter einer unerfüllten Sehnsucht, bei ihnen klafft eine Diskrepanz zwischen Erwartung und Realität oder sie sind Opfer einer illusionären Verkennung. Häufig geben sie etwas, um im Gegenzug etwas dafür zurückzuerhalten. Wenn das Erwünschte nicht erhalten wird, ist die Enttäuschung groß [Schröder 2006].

Nach einer Phase des Sich-beweisen-Müssens setzen nun bei der Arbeit Ernüchterung und Widerwillen ein, die positive Einstellung, der Spaß und das Engagement gehen verloren. Die anfänglich noch unter größten Anstrengungen gesteigerte Arbeitswut kann in überzogene Arbeitspausen und Fehlzeiten umkippen. Kompensatorisch wird die Priorität auf das Privatleben, auf Hobbys und Freizeitaktivitäten gelegt.

Nun sind vor allem emotionale Veränderungen zu beobachten: Aggression und Depression treten jetzt deutlich zutage. Die aggressive Komponente zeigt sich in Vorwürfen, erhöhter Reizbarkeit, Wut, Launenhaftigkeit und Schuldzuweisungen, andererseits lassen sich Schwankungen der Stimmung, Schwächegefühl, Leere, Abstumpfungsgefühle, Selbstmitleid, Angst und depressive Verstimmung nachweisen. Wer in dieser Phase professionelle Unterstützung sucht, hat gute Chancen, aus dem Burn-out-Prozess noch glimpflich auszusteigen.

Vierte Stufe: Kompensation – Der Griff zu Drogen

Die Konzentrations- und Merkfähigkeit und die allgemeine Arbeitsleistung nehmen weiter ab, das Organisationsvermögen schwindet, die Motivation sinkt, Initiative und Kreativität verflachen. Bei der Arbeit wird nur noch das Nötigste erledigt. Die Energiereserven sind erschöpft, alles läuft auf Sparflamme. Trotzdem werden auftretende Probleme durch vielschichtige Mechanismen verleugnet. Dadurch, dass die Menschen in dieser Phase eigene Bedürfnisse unablässig übergehen, kommt es zu Veränderungen des Wertesystems und der Wahrnehmungen. So wird es für die Betroffenen zunehmend schwierig, zwischen Wichtigem und Unwichtigem zu unterscheiden.

Wenn auch das Zähne-Zusammenbeißen nicht mehr hilft, um zur alten Leistungsstärke zurückzufinden, wenn die Kräfte stattdessen immer schneller erlahmen, bleibt noch der Griff zu Drogen und Aufputschmitteln. Zunächst sind es vielleicht nur ein paar Tassen Kaffee oder ein paar Zigaretten und nicht mehr nur ein Glas Wein, sondern zwei, drei oder mehr. Doch meistens bleibt es nicht dabei. Um endlich einmal wieder auszuschlafen, greifen Betroffene zu Schlaftabletten, und um tagsüber nicht ständig müde zu sein, besorgen sie sich Aufputschmittel. Häufig auftretende Kopfschmerzen oder Verspannungen werden mit Schmerzmitteln und Entzündungshemmern bekämpft. Da der erhoffte Erfolg in der Regel ausbleibt, erhöhen sie unkontrolliert die Dosis und geraten immer tiefer in einen gefährlichen Teufelskreis der Abhängigkeit, der den Ressourcenabbau beschleunigt, die Gesundheit gefährdet und die Leistungsfähigkeit weiter herabsetzt.

Fünfte Stufe: Desinteresse und Gleichgültigkeit

Die emotionale Schwingungsfähigkeit ist auf dem Nullpunkt angelangt. Der innere Antrieb und die Selbstbestimmung gehen verloren. Die verbleibende Kraft reicht gerade noch aus, das unbedingt Notwendige zu erledigen. Von dem früheren Idealismus, Engagement und Elan ist nichts mehr zu spüren. Es gibt nichts mehr, über das sich die Betroffenen noch freuen, auf das sie noch neugierig sein könnten. Die früheren persönlichen Prioritäten spielen kaum noch eine Rolle, eigene Werte und wichtige Lebensziele werden umgedeutet, Gefühle verdrängt.

Soziale Kontakte werden als belastend erlebt. Die Betroffenen ziehen sich zurück, kapseln sich ab. Familiäre Belange werden nur noch als marginal wahrgenommen, Freundschaften vernachlässigt. Kollegen und Mitarbeitern gegenüber reagieren Menschen in diesem weit fortgeschrittenen Burn-out-Stadium intoleranter, aggressiver, sarkastischer und zynischer, lassen sie häufig die eigene Verachtung spüren. Es kommt zu einem Rückzug auf allen Ebenen mit einer Verflachung der Persönlichkeit und unter Umständen mit Verhaltensauffälligkeiten. Viele sind schwer erreichbar und gehen allen Kontakten aus dem Weg. Sie sind nun ganz ihrer inneren Leere und einer offenkundigen Gleichgültigkeit anderen gegenüber ausgesetzt.

Sechste Stufe: Depersonalisation und körperliche Symptome

Die persönliche, echte und authentische Lebendigkeit in der Arbeit ist einer professionellen Distanz gewichen, in der Menschen nur noch mechanisch wie Roboter funktionieren. Im Fachjargon nennt man dies auch Depersonalisation. Das eigene Leben erscheint nun gänzlich sinnentleert. Die Betroffenen fühlen sich hilf- und hoffnungslos, plagen sich mit Ängsten und Selbstzweifeln. Ein Gefühl völligen Versagens und eigener Wertlosigkeit droht sie zu ersticken. Manche Menschen entwickeln in diesem Stadium einen regelrechten Widerwillen, ja einen Ekel vor sich selbst.

Die gesamte Klaviatur möglicher Somatisierungen kann durchlaufen werden. Beispiele sind: dauernde Erkältungskrankheiten durch die Schwächung des Immunsystems, Unfähigkeit zur Entspannung im Privatleben und in der Freizeit, Ohrgeräusche, Ein- und Durchschlafstörungen, Albträume, Schmerzen in den Muskeln und Gelenken, Muskelverspannungen, Übelkeit, Magen- und Darmprobleme, sexuelle Probleme, Atemprobleme, Sehstörungen, Schwindel, Kopfschmerzen, Herzrhythmusstörungen, Engegefühl in der Brust, Veränderung der Pulsfrequenz, Veränderungen des Gewichts, Zu- oder Abnahme des

Appetits mit nachfolgender Änderung der Essgewohnheiten (vom Schokolade-in-sich-Hineinfressen bis zur Nahrungsabstinenz). Kompensatorisch kann es zu erhöhtem Alkohol-, Medikamenten-, Tabak- und Drogenkonsum kommen.

Siebte Stufe: Der Zusammenbruch

Irgendwann sind sämtliche Energiereserven aufgebraucht, die Betroffenen sind am Ende der Burn-out-Spirale angelangt. Die umfassende Erschöpfung hat jetzt alle Bereiche der Persönlichkeit fest im Griff. Angst und Verzweiflung sind ständige Begleiter. Jetzt fühlen sich die Betroffenen nicht nur innerlich leer, mut- und perspektivlos, sondern auch wie abgestorben, sie geraten immer tiefer in die Depression. Es kommt zu Panikattacken und Suizidgedanken.
Es wird kein Ausweg mehr aus dieser abgrundtiefen Erschöpfung gesehen. Der Alkohol-, Drogen- und Tablettenkonsum kann unter Umständen noch weiter gesteigert werden. Neben dem psychischen droht nun auch der physische Zusammenbruch. In diesem Zustand häufen sich Herzinfarkte und andere gravierende Krankheiten. Ohne ärztliche Hilfe und psychologische Betreuung ist eine Heilung nicht mehr möglich.

In der Regel dauert es mehrere Jahre, bis die anhaltende psychophysische Überforderung zur völligen Erschöpfung führt. Gelegentlich spult sich der gesamte Prozess aber auch wie im Zeitraffer innerhalb weniger Monate ab. Dieser seltenere Fall kann eintreten, wenn zu der alltäglichen Dauerüberlastung noch andere Stressfaktoren kommen. Dazu zählen:

- aktuelle berufliche Stressperioden oder eine wesentliche Veränderung der Anforderungen, die eine Neuorientierung des Einzelnen nötig machen
- Stressoren wie schwere Krankheit oder der Verlust eines nahen Angehörigen
- Spannungssituationen während der Arbeit wie zum Beispiel Rollenüberforderung, Streitigkeiten zwischen Abteilungen, Krisenstimmung, ein cholerischer Chef oder Mobbing
- Probleme nicht beruflicher Art wie Ehestreitigkeiten, Überforderung durch Krankheiten oder Pflegefälle in der Familie, Überschuldung, Zukunftsangst

Es ist jedoch sehr schwer festzustellen, wann der Eintritt in diese Abwärtsspirale beginnt, weil die Betroffenen durch den schleichenden Beginn gar nicht merken, dass sie in einen solchen Strudel geraten. Nicht jede Stufe muss zwingend durchlaufen werden, manchmal werden Phasen übersprungen. Viele verharren in der Rückzugsphase mit zynischer und selbstmitleidiger Verstimmung und der Verleugnung der Situation [Schröder 2006]. Je weiter dieser Prozess fortgeschritten ist, umso schwerer lässt er sich umkehren.

Fazit

In allen beschriebenen Stufen ist der Mensch ganzheitlich betroffen. Körperliche, emotionale, geistige und soziale Erschöpfung sind eng miteinander verwoben, sie bedingen sich wechselseitig und führen zusammengenommen zur vollkommenen Erschöpfung. Wir wenden uns im Folgenden den einzelnen Aspekten intensiver zu, um zu einem differenzierteren Gesamtbild dieser Erschöpfung zu gelangen und daraus die in den folgenden Kapiteln vorgestellten Präventions- und Therapiemöglichkeiten zu entwickeln.

2.3   Psychisch-emotionale Erschöpfung

Je tiefer jemand in die Burn-out-Spirale hineingerät, desto stärker wird auch die Psyche in Mitleidenschaft gezogen: seine Emotionen, seine Lebenssicht, sein Wertesystem und die sein Handeln bestimmende Motivation. Im Endstadium können diese psychischen Veränderungen so geballt auftreten, dass das Krankheitsbild von einer manifesten Depression nicht mehr zu unterscheiden ist.

Für Menschen, die dem Betroffenen nahestehen, sind diese ihnen unerklärlichen psychischen Veränderungen häufig die ersten Anzeichen, an denen sie erkennen, dass sich ihr Partner, Kollege oder Vorgesetzter in einer kritischen Lebenssituation befindet. Der Betroffene selbst ist zu diesem Zeitpunkt häufig nicht bereit – vielleicht auch nicht in der Lage, sich selbst oder anderen einzugestehen, dass er nicht nur körperliche Probleme hat, sondern dass vor allem seine Psyche erkrankt ist und leidet.

Menschen, die im Begriff sind auszubrennen, wirken auf ihre Mitmenschen so:
- Sie sind emotional stark angespannt und unausgeglichen, oft auch getrieben von innerer Unruhe. Im Gespräch oder bei dienstlichen Zusammenkünften sind sie häufig unkonzentriert, fahrig und nervös. Man hat den Eindruck, sie seien mit ihren Gedanken woanders. Kommt man unangemeldet an ihren Arbeitsplatz, findet man sie häufig mit Dingen beschäftigt, deren Wichtigkeit sich einem Außenstehenden kaum erschließt.
- Sie sind gereizt, gelegentlich auch aufbrausend aggressiv, dann wieder extrem verletzbar, also immer häufiger unerklärlichen Stimmungsschwankungen unterworfen.
- Es scheint kaum noch etwas zu geben, was ihnen wirklich wichtig ist, was sie begeistert, herausfordert oder imstande wäre, ihre früher so charakteristische Begeisterung zu entfachen. Ihre ehemalige positive Lebensgrundstimmung schlägt ins Negative um.

- Sie haben keine Lust und Kraft mehr zu Aktivitäten, die ihnen früher Freude bereitet haben. Bedürfnisse, die ihnen einmal wichtig waren, erregen jetzt eher Überdruss. Dies gilt auch für ihr sexuelles Interesse.
- Ihrer Arbeit gehen sie ohne erkennbares Engagement nach, im Grunde arbeiten sie nur noch ihren Terminkalender ab – antriebslos und ohne Selbstvertrauen. Eigentlich reagieren sie nur noch, wo sie früher agiert haben. Eigeninitiative, Durchsetzungsvermögen, Risikobereitschaft oder Leistungswille sind kaum noch zu erkennen. Sie tun alles, um nur ja keine Entscheidungen treffen zu müssen. Auf Vorschläge anderer reagieren sie oft zynisch oder mit typischen *Killerphrasen*.
- Unter Zeitdruck, in Situationen, die mit einem hohen Erwartungsdruck einhergehen, die neu oder unklar sind, agieren sie hilflos.

Je tiefer die Betroffenen in die Burn-out-Spirale hineingeraten, desto mehr leiden sie selbst unter diesen psychisch-emotionalen Veränderungen, die immer stärker von ihnen Besitz ergreifen. Sie spüren nun selbst, dass sie innerlich abstumpfen. Manchmal fühlen sie sich wie versteinert, stehen sich selbst wie einem Fremden gegenüber. Eine typische Aussage eines Ausgebrannten: „Manchmal wird mir alles zu viel. Dann möchte ich mich am liebsten unter der Bettdecke verkriechen und den ganzen Tag dort bleiben."

Das Gefühl, trotz des hohen Einsatzes kaum noch befriedigende Ergebnisse zu erzielen, lässt jede weitere Anstrengung sinnlos erscheinen. Sie ertappen sich immer häufiger dabei, dass sie den Sinn ihres Tuns grundsätzlich in Zweifel ziehen. Warum sollten sie sich engagieren, wenn sie doch wieder nur scheitern werden? Zweifel an den eigenen Fähigkeiten verbinden sich mit Ohnmachtsgefühlen. Das Leben scheint seinen Sinn zu verlieren. Sie haben keine Hoffnung auf eine Wendung zum Positiven. Die Selbstzweifel werden immer stärker. Von ihrer früheren Selbstachtung ist eigentlich nichts mehr geblieben. Immer quälender empfinden sie einen tiefen Widerwillen sich selbst gegenüber, der bis zum Selbsthass gehen kann. Daher ist es nicht überraschend, dass so viele Menschen in der Endphase des Burn-out Suizidgedanken haben. Dem eigenen Leben ein Ende zu setzen, scheint ihnen die einzige Möglichkeit, einen qualvollen Weg, der nirgendwo hinzuführen scheint, mit einem letzten Rest an Selbstbestimmung zu Ende zu bringen.

2.4 Geistige Erschöpfung

In unserer Gesellschaft leben immer mehr Menschen, die mit ihren geistigen Fähigkeiten ihr Geld verdienen und in ihrem Berufsalltag darauf angewiesen sind, dass ihr Denkvermögen einsatzbereit ist. Deshalb kommt es für sie einer Katastrophe gleich, wenn sie eines Tages merken, dass ihre geistige Leistungsfähigkeit, ihre Kreativität nicht mehr so zuverlässig abrufbar sind, wie sie es bisher von sich gewohnt waren. Die geistige Erschöpfung wird von ihnen meistens als wesentlich bedrohlicher erlebt als die anderen Anzeichen des Ausbrennens.

In ganz besonderem Maße leiden all jene, die in ihrem Beruf für ihre Ideen, ihre geistige Beweglichkeit und Vielseitigkeit und nicht für routinemäßige Aufgabenerledigung oder das Verwalten von Bestehendem bezahlt werden:

- Künstler und Kreative, beispielsweise auf der Bühne oder in der Werbung
- Wissenschaftler
- Selbstständige, beispielsweise freie Journalisten
- Menschen in sozialen Berufen, Lehrer, Ärzte, Therapeuten etc.
- Führungskräfte in Wirtschaft und Politik

Diese Menschen trifft es im Kern ihres Selbstverständnisses und ihres Selbstwertgefühls, wenn ihnen plötzlich die Ideen ausbleiben und die Konzentrationsfähigkeit nachlässt. Oder wenn sie sich eingestehen müssen, dass sie keine Kraft mehr haben, sich geistig anzustrengen, sich auf intellektuelle Diskussionen einzulassen oder nach Problemlösungen zu suchen. Schließlich haben sie sich ja vor allem über ihre geistigen Kompetenzen definiert, sind dafür bereits in ihrer Kindheit und Jugend gelobt worden, haben berufliche und soziale Anerkennung erfahren und verdanken ihnen ihren gesellschaftlichen Status.

Aus der nicht unbegründeten Angst heraus, nicht nur die Wertschätzung ihrer Vorgesetzten, Auftraggeber oder Kunden zu verlieren, sondern vielleicht auch ihren Arbeitsplatz, werden sie versuchen, so lange wie möglich ihre geistige Erschöpfung zu kaschieren. Das kann so gut gelingen, dass sie selbst nicht merken, wie stark sie sich bereits verändert haben.

Je länger sie in der Burn-out-Spirale gefangen bleiben, desto deutlicher und unabweisbarer werden aber die mentalen Defizite und Verlusterfahrungen:

- Menschen, die geistig erschöpft sind, verlieren irgendwann ihre gewohnte Handlungs- und Planungssicherheit.
- Immer wieder kommt es im beruflichen Alltag zu Fehlentscheidungen und zu Fehlern bei Routineaufgaben, die ihnen früher nicht unterlaufen wären.

- Sie können zunehmend weniger in Alternativen denken oder Ambivalenzen ertragen.
- Ihre Bereitschaft, sich für irgendetwas zu engagieren oder andere für eine Sache zu gewinnen, ist kaum noch erkennbar.
- Andererseits sind sie immer weniger in der Lage, Situationen, Probleme oder Konflikte mit der notwendigen Distanz zu betrachten.
- Immer häufiger wird offenkundig, dass sie im Grunde ohne Perspektive agieren und nur noch versuchen, „irgendwie über die Runden zu kommen".
- Visionen bedeuten ihnen nichts mehr. Kreativität, Phantasie und Ideenreichtum scheinen versiegt zu sein. Von ihrer ehemals typischen Ideenvielfalt und der Fähigkeit, gemeinsam mit anderen nach neuen, auch unkonventionellen Lösungswegen für anstehende Probleme zu suchen, ist kaum noch etwas geblieben.
- Sie geben sich viel Mühe, keine Entscheidungen treffen zu müssen. Sie sind hilflos, wenn es darum geht, sich endgültig für eine der möglichen Alternativen zu entscheiden.
- Ihre Kernkompetenzen gehen verloren. Ihre Denkfähigkeit lässt deutlich nach. Konzentration und Merkfähigkeit sind sichtlich eingeschränkt. Sie, die früher nie etwas vergaßen und über lange Stunden hinweg konzentriert und engagiert an einem Problem arbeiten konnten, scheuen jetzt jede geistige Anstrengung. Man hat den Eindruck, dass ihnen bereits kleine Anforderungen eine unerträgliche Last sind.
- Sie selbst haben oft das Gefühl, ihr Gehirn sei wie verschlossen oder von Nebel durchdrungen. Immer wieder stehen sie vor subjektiv unüberwindbaren Denkblockaden, sogenannte Nebel- oder Wattegefühle stellen sich ein.
- Irgendwann schlägt ihre gewohnte positive Arbeitseinstellung, ihre vormals überragende Leistungsfähigkeit für alle sichtbar ins Negative um. Die geistige Verflachung wird – auch für Außenstehende – offenkundig.
- Sie erleben sich selbst als Versager, trauen sich immer weniger zu und entwickeln mit der Zeit einen intensiven Widerwillen gegen ihren Beruf.
- Einigen gelingt die *Rettung* in die innere Kündigung, andere gehen in den vorzeitigen Ruhestand oder wechseln an einen neuen Arbeitsplatz. Vielen aber ist weder das eine noch das andere möglich. Wenn sie nicht rechtzeitig Hilfe bekommen, bleibt ihnen nur noch der stetige berufliche Abstieg.
- In ihrer Freizeit, vor dem Einschlafen und in den frühen Morgenstunden im Wachschlaf quält sie das ständige Wälzen von Problemen und Kreisen ihrer Gedanken, von dem sie nicht wissen, wie sie es abstellen können. Vielen erscheint dann die Flucht in Alkohol, Schlafmittel oder Psychopharmaka als die einzige Möglichkeit, einmal für kurze Zeit Distanz und Ruhe zu finden.

2.5 Soziale Erschöpfung

In den Anfangsjahren der Burn-out-Forschung galt die soziale Erschöpfung als das typische Anzeichen für das Ausbrennen. Viele Autoren sahen in ihr ein wichtiges Kriterium, durch das sich Burn-out von anderen arbeitsplatzbedingten Erkrankungen wie dem chronischen Müdigkeitssyndrom, der Arbeitssucht oder stressbedingten Erschöpfungszuständen unterscheiden ließ.

Der Grund für diese heute kaum noch vertretene Annahme liegt vermutlich darin, dass Burn-out über lange Jahre vor allem im beruflichen Umfeld der sogenannten *Heiler und Helfer* beobachtet wurde: an Ärzten, Therapeuten, Pflegekräften und Sozialarbeitern. *Freudenbergers* Selbstbeobachtungen und Beschreibungen des Phänomens fokussieren sich ausschließlich auf diesen Personenkreis. Heute weiß man: Der drohende Einstieg in die Burn-out-Spirale macht sich immer zuerst dadurch bemerkbar, dass die Betroffenen deutliche Veränderungen in ihrer Einstellung und ihrem Verhalten gegenüber ihrem Beruf, ihrer alltäglichen Arbeitssituation und ihrem beruflichen Umfeld zeigen oder an sich selbst erleben. Menschen, deren beruflicher Erfolg von ihren intellektuellen Fähigkeiten oder ihrer Kreativität abhängt, wie Wissenschaftler, Schriftsteller oder Künstler, sind vor allem verunsichert, wenn sie Anzeichen einer geistigen Erschöpfung an sich bemerken, während sich bei Menschen in sozialen Berufen eine drohende Überforderung zunächst vor allem als soziale Erschöpfung bemerkbar macht. Wenn der Prozess des Ausbrennens weiter fortschreitet, wird aus der partiellen eine Körper, Psyche, Geist und soziale Kompetenzen umfassende Erschöpfung.

Die soziale Erschöpfung nimmt vor allem deshalb eine Sonderstellung ein, weil sie sich im Arbeits- wie im Privatleben auf jeden auswirkt, der mit dem Betroffenen zu tun hat. Für Außenstehende ist die Erfahrung, dass sich ihr Vorgesetzter, Freund, Bekannter plötzlich in einer für ihn völlig untypischen Art und Weise verhält, oft das erste Anzeichen dafür, dass mit ihm etwas Grundlegendes nicht in Ordnung ist.

Hauptkennzeichen der sozialen Erschöpfung ist eine zunehmende emotionale Distanz zu anderen Menschen. Der Betroffene zieht sich in sein Schneckenhaus zurück. Soziale Kontakte strengen ihn an. Er möchte am liebsten allein sein und von niemandem angesprochen werden. Wenn andere auf ihn zugehen, reagiert er unwirsch und abweisend. Immer wieder findet er neue Gründe, um eine geplante Besprechung nicht durchführen zu müssen. Wenn er angerufen wird, beendet er das Telefonat, sobald das Notwendigste gesagt ist.

Am liebsten ist ihm noch der indirekte Kontakt über E-Mails. Unangemeldete Besucher erwecken in ihm Widerwillen und Angst. Seine Klienten, Patienten, Schüler oder Mitarbeiter, für die er sich früher engagiert eingesetzt und an deren Leben er Anteil genommen hat, sind für ihn jetzt nur noch *Nummern*, *Fälle* oder *Mitarbeiter im Bereich XY*. Ähnliches gilt für Freunde, Bekannte und letztendlich auch für seine engste Familie: Der Nachbar, mit dem er früher häufig kurze Gespräche führte, ist jetzt nur noch „der von gegenüber", den er im Vorbeigehen grüßt. Wenn seine Frau ihm abends von Problemen ihres Alltags, von den Erlebnissen der Kinder erzählen will, merkt sie sehr schnell, dass sie ihn damit nur weiter belastet.

Diese im Verlauf des Ausbrennens zunehmende emotionale Distanzierung wird in der Burn-out-Forschung als *Dehumanisierung* bezeichnet und ist zunächst von *Maslach* und später von ihrem Kollegen *Zimbardo* detailliert beschrieben worden. Die sinnvolle Abwehrreaktion der inneren Distanzierung schützt Menschen, die beispielsweise als Ärzte oder Sanitäter bei einem Verkehrsunfall mit vielen Toten und Verletzten Hilfe leisten, von dem Leid anderer emotional überwältigt zu werden. Im Burn-out-Prozess kommt es zu einer *dehumanisierten* Grundhaltung, die sich auf alle Menschen und mitmenschlichen Situationen ausweitet.

Sozial erschöpfte Vorgesetzte verlieren ihre Authentizität und Umsicht. Ihr früheres Durchsetzungsvermögen ist kaum noch erkennbar. In Konfliktsituationen agieren sie hilflos oder hektisch, deswegen verwenden sie viel Kraft darauf, solchen Situationen aus dem Wege zu gehen. Sie sind nicht mehr teamfähig, können sich nicht auf Argumente oder Vorschläge anderer einlassen, können nicht mehr Mitglied einer Gruppe Gleichberechtigter sein. Langfristig sind ernsthafte Beziehungskrisen eine fast unausweichliche Folge der sozialen Erschöpfung. Der Betroffene stumpft innerlich immer mehr ab und leidet an Einsamkeit. Einerseits erlebt er den Umgang mit anderen als Qual und andererseits fühlt er sich von allen missverstanden und verlassen.

Die soziale Erschöpfung trifft vor allem diejenigen, denen es schwer fällt, sich anderen gegenüber zu öffnen, ihre eigenen Anliegen und Bedürfnisse (zum Beispiel nach Unterstützung bei Arbeitsüberlastung) in angemessener Art und Weise zu vertreten, die nie gelernt haben, rechtzeitig Nein zu sagen. Viele von ihnen, vor allem aus den Reihen der Lehrer, Ärzte und Führungskräfte, haben die *Einzelkämpfermentalität* verinnerlicht. Sie können und wollen sich nicht eingestehen, dass es auch für sie Situationen gibt, in denen sie eigentlich auf die Hilfe und Unterstützung durch Kollegen, Freunde oder Partner angewiesen sind. Dies käme einem Eingeständnis ihrer persönlichen Inkompetenz gleich.

Zusätzlich gefährdet sind außer Singles die Vielreisenden, vor allem wenn sie sehr oft beruflich bedingte Reisen unternehmen müssen. Ihnen bleibt meist keine Zeit, in ihrem Umfeld tragfähige soziale Kontakte aufzubauen und sie zu pflegen. Wie zahlreiche empirische Untersuchungen gezeigt haben, ist gerade für Menschen, die hohe berufliche Anforderungen erfüllen müssen, ein weit gefächertes soziales Netzwerk, das auch Belastungen standhalten kann, der beste Schutz vor Burn-out. „Sozial gut eingebunden zu sein, wirkt gewissermaßen als Stresspuffer, der die Belastungsfähigkeit des Betroffenen erhöht". [Hillert et al. 2006]

Test: Sind Sie Burn-out gefährdet?

Im Folgenden finden Sie 30 Aussagen – jeweils 10 zu jedem der drei Persönlichkeitsbereiche Körper, Psyche und Geist, die die wichtigsten Warnsignale des Ausbrennens beschreiben und Ihnen Hinweise auf eine mögliche persönliche Burn-out-Gefährdung geben können.

Anhand der 5-Punkte-Skala können Sie sich selbst in Ihrer momentanen Befindlichkeit einschätzen und herausfinden, ob und in welchem Ausmaß Sie bereits erschöpft und ausgebrannt sind. Sie haben dann Ihr persönliches Burn-out-Risiko unmittelbar vor Augen und sehen selbst, ob Ihr persönliches Gefährdungspotenzial bereits so hoch ist, dass Sie – entweder für sich selbst oder besser gleich mit professioneller Hilfe – etwas dagegen unternehmen sollten. Beantworten Sie jede Frage möglichst spontan: Beschreibt diese Aussage mein derzeitiges Befinden, und wenn ja, in welchem Ausmaß trifft sie für mich zu?

Skala: 1 = trifft gar nicht zu
          2 = trifft nur selten zu
          3 = trifft manchmal zu
          4 = trifft häufig zu
          5 = trifft fast immer zu

		Punktzahl
	Körper	
1	Ich werde schnell müde und kann mich schlecht entspannen.	
2	Selbst kleinere körperliche Anstrengungen fallen mir schwer.	
3	Mich plagen Kopf- und Nackenschmerzen bzw. Kreuz- und Rückenschmerzen.	
4	Ich fühle mich an Wochenenden ausgelaugt und erschöpft.	
5	Ich leide unter Magen-Darm-Beschwerden.	
6	Ich kann schlecht ein- und durchschlafen. Ich wache morgens wie zerschlagen auf, das Aufstehen fällt mir zunehmend schwerer.	
7	Ich bin oft erkältet – auch im Urlaub oder an Feiertagen.	
8	Ich habe weniger sexuelles Verlangen als früher.	
9	Oft habe ich Heißhunger auf Süßes und esse zu schnell.	
10	Ich spüre Schmerzen in der Brust oder Herzklopfen.	
	Zwischensumme Körper:	

	Psyche	
11	Ich bin angespannt, unausgeglichen und innerlich unruhig.	
12	Ich bin starken Stimmungsschwankungen unterworfen.	
13	Über Enttäuschungen komme ich schlecht hinweg.	
14	Ich habe keine Lust und Kraft mehr zu Aktivitäten, die mir früher Freude gemacht haben.	
15	Ich möchte immer häufiger allein sein. Ich ziehe mich mehr und mehr von meinen Freunden, meinem Partner und der Familie zurück.	
16	Ich will es immer allen recht machen, kann schlecht Nein sagen.	
17	Ich bin ängstlich und habe immer weniger Selbstvertrauen.	
18	Ich fühle mich leer und antriebslos.	
19	Ich habe sehr hohe Erwartungen an mich und an andere.	
20	Was ich auch mache, es ändert sich sowieso nichts.	
	Zwischensumme Psyche:	
	Geist	
21	Ich fühle mich fremdbestimmt und gehetzt wie ein Hamster im Rad.	
22	Ich habe keine Energie, mich mehr als notwendig zu engagieren.	
23	Ich kann mich nicht mehr gut auf eine Sache konzentrieren, in der letzten Zeit unterlaufen mir oft Fehler.	
24	Ich bin nicht mehr fähig, Probleme oder Situationen distanziert zu betrachten, verliere oft den Überblick.	
25	Ich sehe für mich keine Perspektiven mehr, habe Zweifel an der Sinnhaftigkeit meines Tuns.	
26	Meine Kreativität und Phantasie sind verschüttet.	
27	Mir wächst alles über den Kopf, ich habe zu viel in zu kurzer Zeit zu tun.	
28	Ich bin zunehmend geräusch- und lärmempfindlich.	
29	In der letzten Zeit bekomme ich immer weniger Anerkennung, ich fühle mich ungerecht behandelt.	
30	Ich empfinde einen Widerwillen gegen meine Arbeit/meinen Beruf.	
	Zwischensumme Geist:	
	Gesamtsumme:	

Auswertung:

Sie können sich minimal 0 und maximal 50 Punkte pro Bereich, insgesamt also 150 Punkte zugeteilt haben.

Ihre Punktwerte geben Ihnen eine Orientierung darüber, ob Sie zurzeit „nur gestresst", Burn-out gefährdet oder bereits akut ausgebrannt sind.

Bis 40 Punkte:

Wenn Sie Ihre Selbsteinschätzungen wirklich ehrlich und ohne Beschönigungen vorgenommen haben, ist bei Ihnen alles in Ordnung. Sie nehmen sich nicht zu viel vor, fühlen sich gesund und sind den Anforderungen, die das Leben an Sie stellt, durchaus gewachsen. Die Gefahr, von einem Burn-out in Ihrem Privat- und Berufsleben ernsthaft bedroht zu werden, ist für Sie momentan relativ gering. Den unvermeidbaren Alltagsstress scheinen Sie gut zu verkraften. Mit den Belastungen und Herausforderungen Ihres Alltags gehen Sie gelassen und eigenverantwortlich um. Sie haben es geschafft, ein ausgeglichenes Verhältnis zwischen Arbeit und Privatleben zu schaffen und sich die notwendigen Freiräume für Ihre persönliche Weiterentwicklung zu sichern.

Machen Sie weiter so – aber bleiben Sie wachsam!

Bis 90 Punkte:

Die Auswertung zeigt, dass Sie anfällig für das Burn-out-Syndrom sind und bereits unter den Belastungen Ihres Alltagslebens leiden. Sie sind auf dem Weg, sich zu verschleißen. Je näher Sie der 90-Punkte-Grenze gekommen sind, desto größer ist die Gefahr, dass Sie tatsächlich ausbrennen. Sie stehen bereits unter erheblicher körperlicher und geistig-seelischer Daueranspannung.

Versuchen Sie, künftig weniger von sich zu verlangen und nicht länger unerreichbaren Zielen hinterherzuhetzen. Nehmen Sie den Fuß vom Gaspedal; versuchen Sie, einmal einen Tag oder auch nur ein paar Stunden „im Leerlauf" zu verbringen. Achten Sie künftig mehr auf Ihre eigenen Bedürfnisse. Nehmen Sie die Warnsignale von Körper, Psyche und Geist ernst. Versuchen Sie herauszufinden, welche Situationen für Sie heute anstrengender und belastender als früher sind und wie Sie wann und wo und mit welchen körperlichen oder geistig-emotionalen Symptomen reagieren. Schrauben Sie Ihre Ansprüche gegenüber sich selbst zurück. Versuchen Sie, die frühere Balance zwischen Anstrengung bei der Arbeit und Ausgleich in Freizeit und Privatleben wieder zu finden. Haben Sie keine Scheu, hierfür auch professionelle Hilfe anzunehmen.

Über 90 Punkte:

Für Sie besteht dringender Handlungsbedarf, wenn Sie Ihre körperliche und geistig-seelische Gesundheit nicht dauerhaft schädigen wollen. Sie sind in hohem Maße Burn-out gefährdet, eventuell sogar bereits in einem akuten Burn-out-Zustand. Ihre körperlichen Symptome sind Alarmsignale, die auf die Notwendigkeit einer Veränderung Ihrer Lebensweise und Ihrer derzeitigen Lebensprioritäten hinweisen.

Sie sollten sie unbedingt ernst nehmen. Sie sollten möglichst bald eine Auszeit einplanen, um Distanz zu Ihren zahllosen Belastungen und Anforderungen zu finden. Erst dann werden Sie die Kraft finden, die Prioritäten Ihres Lebens neu zu ordnen – am besten mit professioneller Hilfe. Ein erfahrener Therapeut kann Ihnen Wege aufzeigen, wie Sie die Prioritäten Ihres Lebens so ordnen können, dass Sie zu einer ausgewogenen Balance von Anspannung und Entspannung in Ihrem Beruf und Ihrem Privatleben zurückfinden. Machen Sie sich keine Vorwürfe. Gehen Sie liebevoll mit sich selbst um und achten Sie darauf, von jetzt an wieder mehr an sich selbst und an Ihr psychophysisches Wohlbefinden zu denken und nicht nur an die Erwartungen anderer. Erlauben Sie es sich, einmal wieder Dinge zu tun, die Ihnen Spaß machen, Lebensfreude und Lebenskraft geben. Suchen Sie nach Verbündeten, mit denen Sie diesen Weg gemeinsam ausgestalten können. Wichtig ist jetzt vor allem, die Ursachen hinter den Symptomen zu erkennen, um eine nachhaltige Balance zu erreichen. Hier liegt auch die kreative Chance für eine Veränderung.

Körperliche Symptome sagen viel über unsere derzeitige Lebenssituation aus. Sie sind Warnsignale und Alarmrufe der Psyche. Unser Körper sendet uns zunächst leise und dezente, später immer deutlichere Signale. Allerdings überhören wir sie gern. Erst eine objektive Anamnese und medizinische Diagnostik geben uns Gewissheit über mögliche Risiken. Der Körper lügt nicht – wie auch das nächste Kapitel zeigt.

Kapitel 3:
Burn-out aus medizinischer Sicht

3.1 Eine Neurotransmittererkrankung

Zahlreiche komplexe Gesundheitsstörungen, die früher kaum beachtet wurden, treten heute immer häufiger auf. Betroffene haben es jedoch nach wie vor schwer, von den im medizinischen System Tätigen respektiert und adäquat behandelt zu werden. Die Gründe hierfür sind vielfältig: Die meisten Ärzte sind mit diesen diffizilen Krankheitsbildern kaum vertraut, die Beschwerden sind komplex und schwer überschaubar, die diagnostischen und therapeutischen Möglichkeiten oft nur Spezialisten gegenwärtig. Hinzu kommt, dass die Pathogenese dieser Erkrankungen – darunter versteht man alle an ihrer Entstehung beteiligten Faktoren – erst ansatzweise bekannt ist. Auch wenn neuroendokrine und immunologische Veränderungen nach neuesten Erkenntnissen eine entscheidende Rolle spielen, sind die praktischen Konsequenzen aus diesen Informationen für viele Ärzte noch unklar. Als Folge hiervon herrscht Verunsicherung über die Behandlungsansätze, zumal keine allgemein akzeptierten Therapierichtlinien bestehen.

Folgende Gesundheitsstörungen zählen heute zu den sogenannten Neurotransmittererkrankungen (durch anhaltende Störungen des neuroendokrinen und immunologischen Netzwerks mitbedingt):

- Burn-out-Syndrom
- Chronisches Müdigkeitssyndrom (chronic fatigue syndrome, CFS)
- Fibromyalgie
- Migräne
- Nahrungsmittelunverträglichkeiten
- Übergewicht/Adipositas
- Appetitregulationsstörungen (Heißhunger, „Kohlenhydrat-Craving", Anorexia/Bulimia nervosa)
- Colon irritabile (Reizdarm)
- Aufmerksamkeitsdefizit-Syndrom, ADS (Attention-Deficit-Syndrom)
- Aufmerksamkeitsdefizit-Hyperaktivitäts-Syndrom, ADHS (Attention-Deficit-Hyperactivity-Syndrom)
- Schlafstörungen
- Depressionen

- Angst- und Panikstörungen
- Prämenstruelles Syndrom (PMS)

Das gehäufte Auftreten der oben genannten Gesundheitsstörungen steht in unmittelbarem Zusammenhang mit fundamentalen Veränderungen des modernen Lebensstils in den Industrienationen:

- Bewegungsmangel
- Fehlernährung
- Alkohol-/Drogen-/Medikamentenmissbrauch
- Reizüberflutung
- TV-/Internet-Konsum
- Kontakt mit Umweltgiften
- wachsende Belastungen und Überforderung in Schule, Beruf, Familie und Freizeit
- Angst vor Arbeitsplatz- und Prestigeverlust
- existenzielle Belastungen
- zunehmender chronischer Stress an mehreren Fronten des täglichen Lebens

Die Reaktionen des Körpers auf diese vielfältigen Stressfaktoren sind relativ einheitlich: Leistungsabfall, Konzentrationsstörungen, Antriebsmangel, innere Unruhe, vegetative Phänomene (Herzjagen, Herzpochen, Bluthochdruck, Schwitzen, Frieren), Essstörungen, Schlafstörungen, Ängste, Depressionen, Burn-out.

Die Botenstoffe (Transmitter), die im Gehirn, im Hormonsystem und im Immunsystem als Signalvermittler und Regulatoren agieren, sind Teil eines komplexen Netzwerkes, das unseren ganzen Körper durchzieht und das Zusammenwirken der unterschiedlichen Organsysteme ermöglicht. Mit der Erforschung der Zusammenhänge zwischen Gehirn, Psyche, Nervensystem, Hormonsystem und Immunsystem sowie der komplexen Wirkweise von Neurotransmittern, Neuropeptiden (kurzkettige Botenstoffe), Hormonen und Zytokinen (Botenstoffe des Immunsystems) befasst sich heute ein eigenständiges Fachgebiet, die sogenannte Psychoneuroimmuno-Endokrinologie.

3.2 Neurostress

Als neurobiologische Basis des Burn-out-Syndroms gilt chronischer Stress bei gleichzeitigem Absturz des Motivationssystems. Die letztere Komponente führt auf der physiologischen Ebene zu diagnostischen Unterschieden zwischen ausschließlich stressbedingter Erschöpfung und Burn-out.

Bei Neurotransmitterstörungen lassen sich anhaltende Regulationsstörungen der Informationsübermittlung zwischen den beiden Nachrichtensystemen des menschlichen Körpers – dem Nervensystem und dem über den Blutkreislauf verlaufenden endokrinen System – nachweisen. Beide Systeme sind in dem komplexen Netzwerk, das unseren Körper durchzieht, eng miteinander verbunden, ergänzen und beeinflussen sich wechselseitig. Ihre Botenstoffe unterscheiden sich im Grunde nur durch den Weg, den ihre Informationen durch unseren Körper nehmen, und durch die Geschwindigkeit der Informationsübermittlung: Während Nerven Informationen in Bruchteilen von Sekunden übermitteln, benötigt der Blutkreislauf hierfür einige Minuten bis Stunden. Manche Botenstoffe wie zum Beispiel Adrenalin, Serotonin und Dopamin werden auf beiden Wegen transportiert.

Informationsträger des Nervensystems sind die Neurotransmitter, biochemische Signalstoffe, welche die Information von einer Nervenzelle zur anderen über die Kontaktstelle der Nervenzelle, die Synapse, weitergeben. Die Neurotransmitter fungieren als Botenstoffe des Gehirns, die Nervenzellen erregen oder hemmen, Befehle an Organe oder Gehirnregionen weiterzugeben. Gebildet und ausgeschüttet werden sie im zentralen und im peripheren Nervensystem. Wichtigster erregender Neurotransmitter im Zentralnervensystem ist Glutamat, wichtige hemmende Neurotransmitter sind Gammaaminobuttersäure (GABA) im Zentralnervensystem und Glycin im peripheren Nervensystem. Andere im Zusammenhang mit Burn-out wichtige Neurotransmitter sind Adrenalin, Noradrenalin, Serotonin und Dopamin. Wird von einem dieser Neurotransmitter unreguliert zu viel oder zu wenig ausgeschüttet, hat dies gravierende Folgen für Gesundheit und Wohlbefinden. Beispielsweise führt ein Dopaminmangel zu depressiven Verstimmungen und Motivationsverlust, während eine Überproduktion von Dopamin rauschhafte Erlebnisse und überbordende Glückszustände auslösen kann.

Informationsträger des endokrinen Systems sind die Hormone. Sie werden im Hypothalamus und in der Hypophyse im Gehirn sowie in den Nebennieren und in den hormonbildenden Drüsen, z. B. Eierstöcke, Hoden, Schilddrüse, gebildet und anschließend über den Blutkreislauf zu Zellen mit speziellen Andockstellen transportiert, wo ihre Nachricht gelesen werden kann. Auch hier unterscheidet man zwischen hemmenden und stimulierenden Botenstoffen (inhibiting hormones beziehungsweise releasing – oder stimulating hormones). Für das Burn-out-Syndrom spielen vor allem die im Gehirn gebildeten Hormone, zum Beispiel das Corticotropin-releasing-Hormon (CRH) und das adrenocorticotrope Hormon (ACTH), die Nebennierenrindenhormone Cortisol und Dehydroepiandrosteron (DHEA) sowie die Katecholamine Noradrenalin, Adrenalin und Dopamin sowie Serotonin eine wichtige Rolle.

Die Hormone Dopamin, Noradrenalin, Adrenalin und Serotonin werden auch als biogene Amine bezeichnet. Ihr Zusammenspiel an den Schaltzentren des zentralen Nervensystems entscheidet darüber, ob wir positive Emotionen verspüren, uns wohlfühlen, psychisch robust sind und nach tiefem, erholsamem Schlaf morgens mit guter Laune und Tatendrang aufwachen.

Stresshormone – Wirkung und Therapie

Die an der Stressreaktion beteiligten Hormone – die peripher wirkenden Katecholamine und die zentral wirkenden Neurotransmitter – zeichnen sich entweder durch eine antreibende oder eine beruhigende Wirkung aus.

- antreibende Wirkung (exzitatorisch):
  stimulierend, motivationsfördernd, den Fokus schärfend, Energie liefernd
  z. B. Adrenalin, Noradrenalin, Dopamin, Glutamat, Histamin
- dämpfende Wirkung (inhibitorisch):
  beruhigend, entspannend, Schlaf fördernd, ausgleichend
  z. B. Serotonin, Dopamin, GABA, Glyzin, Taurin

Das Therapieprinzip bei Neurotransmitterstörungen besteht in der Wiederherstellung der Balance zwischen exzitatorischen und inhibitorischen Neurotransmittern. Dopamin kann je nach Konzentration und Kontext sowohl aktivierend als auch dämpfend wirken.

3.3 Neuroendokrine Regulationsstörungen

Bei Patienten, die unter Burn-out leiden, lassen sich häufig charakteristische Störungen der neuroendokrinen Regulationssysteme feststellen, die aus einem starken Ungleichgewicht (Dysbalance) diverser vom Gehirn gesteuerter Hormone und Neurotransmitter resultieren. Ursache hierfür sind in erster Linie Störungen der Hormonfreisetzung zum richtigen Zeitpunkt und in der üblichen Menge, darüber hinaus aber auch Veränderungen der Hormonrezeptor-Empfindlichkeit und des Hormonabbaus. Diese sich verstärkenden Fehlregulierungen dürften in erster Linie für den bei Burn-out-Patienten oft überraschend schnellen und umfassenden Zusammenbruch ihres Motivationssystems verantwortlich sein.

Nachfolgend sind einige der wichtigsten bei Burn-out diagnostizierbaren Neurotransmitterstörungen aufgeführt:

- Eine Fehlsteuerung der Produktion stimulierender Hormone im Zentralnervensystem, die wichtig sind für die Ausschüttung des *Stresshormons* ACTH. Dieses Hormon regt seinerseits die Nebennierenrinde dazu an, Nachfolgehormone wie Cortisol und DHEA auszuschütten, die z. B. die Grundversorgung unseres Körpers mit Energie sicherstellen. Wird nicht ausreichend stimulierendes Hormon produziert und somit die adäquate Freisetzung von ACTH, Cortisol und DHEA stark beeinträchtigt, führt dies zu Antriebsstörungen, allgemeiner Inaktivität, Leistungseinbußen, Gedächtnis- und Konzentrationsstörungen, Müdigkeit und Erschöpfung.
- Eine Unterproduktion der für Motivation, Stimmungslage, den Schlaf-Wach-Rhythmus, Schmerzwahrnehmung und Hungergefühle entscheidenden Neurotransmitter Serotonin, Noradrenalin, Adrenalin und Dopamin. Zusammen mit anderen Botenstoffen ist Serotonin maßgeblich dafür verantwortlich, dass positive Emotionen, Wohlbefinden, psychische Stabilität und gute Stimmung vorherrschen. Auch die Appetitkontrolle, das Sättigungsgefühl und ein Aufkommen von Heißhunger hängen entscheidend von der Balance zwischen Serotonin, Noradrenalin und Dopamin ab. Dopamin kontrolliert in erster Linie Herz-Kreislauf- und muskuläre Funktionen und reguliert die emotionale Stimmungslage. Es ist ein wichtiger Treibstoff für die Motivation. Ein anhaltender Mangel an Dopamin lässt das Motivationssystem zusammenbrechen. Im persönlichen Erleben macht er sich etwa in dem Gefühl bemerkbar, in einer Sackgasse zu stecken, nichts mehr erreichen zu können, die persönlichen Energiereserven ausgeschöpft zu haben. Außerdem ist Dopamin seinerseits wieder eine Vorstufe der beiden den Or-

ganismus bei Stress in einen Alarmzustand versetzenden „Stresshormone" Adrenalin und Noradrenalin.
- Eine reduzierte Melatoninproduktion. Melatonin hat im Bereich von Hypothalamus und Hypophyse eine zentrale Regulationsfunktion. Es moduliert die Immunreaktion unseres Körpers und steuert gleichzeitig den Tag-Nacht-Rhythmus. Melatoninmangel führt zu Schlaflosigkeit, zu einer eingeschränkten Immunabwehr, einer erhöhten Anfälligkeit gegenüber Infektions-, Entzündungs- und Tumorerkrankungen sowie zu Störungen des psychischen Gleichgewichts. Bei genetisch empfänglichen Personen können zudem zentrale Ermüdung, Depressionen, Gewichtszunahme und vermehrte Fettspeicherung in der Bauchregion hinzukommen.
- Ein Mangel an Gammaaminobuttersäure (GABA). GABA ist einer der wichtigsten Botenstoffe im Zentralnervensystem mit ausgleichender, dämpfender Wirkung. Entwicklung und Funktion unseres Gehirns hängen wesentlich von der Verfügbarkeit dieses Neurotransmitters ab. GABA wirkt zudem muskelentspannend, angstlösend; es stabilisiert den Blutdruck und hat neben Melatonin und Serotonin auch eine Schlaf fördernde Wirkung. Es ist unverzichtbar für die Erholungsphase am Ende der Stressreaktion. Wird nicht genügend GABA produziert, werden exzitatorische und unter Umständen toxische Neurotransmitter wie Glutamat nicht ausreichend balanciert. Gravierende Störungen können die Folge sein: Bluthochdruck, chronische Schmerzen, Muskelverspannungen, Tinnitus, Denkblockaden, Gedächtnisstörungen, Überreizung, Ängste, Panikgefühle, Ungeduld, innere Unruhe und Rastlosigkeit, Heißhunger auf Süßes.

Neurotransmitter-Dysbalancen bewirken ...

- Abnahme der Appetitkontrolle
- Abnahme des Sättigungsgefühls
- Stimulation der Fettspeicherung
- Stimulation der Kohlenhydratspeicherung
- Abnahme des Grundumsatzes
- Müdigkeit, Erschöpfung, Antriebslosigkeit
- Absinken von Stimmungslage und Lebensfreude
- Nachlassen von Antrieb und Motivation
- nachlassende Bereitschaft zu gesundem Lifestyle

3.4 Die physiologische Stressreaktion

Physiologisch gesehen ähneln die Mechanismen des Burn-out-Erschöpfungssyndroms dem bereits beschriebenen Reaktionsmodell auf Stressreize, dem allgemeinen Anpassungssyndrom AAS (nach *Selye*, vgl. Kapitel 1, Alle reden vom Burn-out: Burn-out und Stress). Teilweise sind sie sogar identisch. Um zu verstehen, was mit unserem Organismus im Verlauf des Burn-out-Prozesses passiert, ist es hilfreich, sich zunächst den Ergebnissen der physiologischen Stressforschung zuzuwenden: Hiernach verläuft die physiologische Stressreaktion – die Reaktion unseres Organismus bei Belastungs-, Herausforderungs- oder Gefahrensituationen – sowohl bei Menschen als auch bei allen höheren Tieren immer in der gleichen, genetisch in unser Erbgut einprogrammierten Weise ab, ohne dass wir bewusst steuernd eingreifen könnten.

In der Alarmphase geht es vor allem darum, möglichst schnell und effektiv *alle Nervenzellen wachzurütteln*. Der gesamte Informationsfluss muss mit stark erhöhter Geschwindigkeit so geleitet werden, dass der Organismus optimal in die Lage versetzt wird, die aufgetretene Bedrohung möglichst genau wahrzunehmen und abzuschätzen. Gleichzeitig müssen alle Energiereserven mobilisiert und Körperfunktionen, die im Moment nicht benötigt werden, auf Sparflamme geschaltet werden.

Nach einer meist recht kurzen Schrecksekunde schaltet sich im Gehirn sofort das Leitsystem für Gefahrensituationen ein, das sogenannte zentrale noradrenerge System. Gleichzeitig wird das periphere noradrenerge System aktiviert. Innerhalb kürzester Zeit kommt es zu einer massiven Ausschüttung der beiden Stresshormone Adrenalin und Noradrenalin. Je nach Stärke des Stressreizes kann sie gegenüber der Ruheausschüttung um mehr als das Zehnfache erhöht sein. Hierdurch werden weitere physiologische Aktivierungsprozesse ausgelöst. Von Bedeutung ist vor allem das Corticotropin-releasing-Hormon (CRH), das die Hypophyse zur Ausschüttung von adrenocorticotropem Hormon (ACTH) anregt. Über die Blutbahn gelangt das ACTH zu den Nebennierenrinden, wo es die Synthese und Freisetzung eines weiteren Stresshormons, des Cortisols bewirkt. Zentrale Aufgabe der Katecholamine und des Cortisols im Rahmen der Stressreaktion ist die Bereitstellung von Energie:

- Die Umwandlung von Aminosäuren in Glukose wird forciert,
- die Herzfrequenz steigt an,
- die Blutgefäße der Skelettmuskulatur werden erweitert, periphere Blutgefäße verengt und der Blutdruck steigt an,

- Magen- und Darmtätigkeit werden gedrosselt,
- die Immunabwehr wird vorübergehend minimiert und
- gleichzeitig wird die Produktion der Geschlechtshormone (Testosteron und Östrogen) zurückgefahren.

Die Aktivierung unseres Organismus lässt sich daran erkennen, dass das Herz anfängt zu rasen und uns der Angstschweiß auf die Stirn tritt. Der Mund scheint plötzlich wie ausgetrocknet, sogar die Haare richten sich auf. Die Pupillen sind weit geöffnet und wir nehmen plötzlich Dinge wahr, die uns vorher nicht aufgefallen sind.

Der gesamte Organismus ist jetzt in Habtachtstellung und auf Hochleistung programmiert. Dies ist kurzzeitig notwendig, um ausreichend Energie für Ausnahmebelastungen zur Verfügung zu stellen. Hält dieser Ausnahmezustand allerdings länger an, wirkt er schädlich: Herzschlag und Herzrhythmus verändern sich dauerhaft; das Infarktrisiko steigt. Die ständig weiter produzierten Stresshormone verringern die Abwehr des Immunsystems, sodass die Anfälligkeit für Infekte zunimmt.

Wenn alles gut geht und die Gefahr gemeistert werden konnte, haben wir eine *kontrollierte* Stressreaktion erlebt. Das noradrenerge System kann nun aufhören zu feuern, Kreislauf- und Stoffwechselvorgänge können wieder in die Normallage zurückkehren. Die Energiereserven des Organismus sind allerdings angegriffen und müssen jetzt dringend *regeneriert* werden. Wir fühlen uns müde und sind erschöpft. Was wir nun benötigen, ist eine ausreichende *Phase der Ruhe und Erholung,* damit der Organismus wieder in seine Normallage zurückkehren kann.

Wenn jetzt *sofort neue* Stressreize auftreten und diese Situation über einen längeren Zeitraum andauert, werden nach und nach die vitalen Reserven angegriffen. Erste Anzeichen gesundheitlicher Beeinträchtigung können sich bemerkbar machen.

Eine Belastungssituation, die man durch eigenes Handeln nicht lösen kann, an der man also mit allen Strategien und Reaktionen scheitert, löst eine *unkontrollierte* Stressreaktion aus. Diese ist durch eine *lang anhaltende Aktivierung* des zentralen und des peripheren noradrenergen Systems und ein anhaltend hohes Erregungsniveau im zentralen Nervensystem gekennzeichnet, die sich wechselseitig aufschaukeln und langfristig zu Schädigungen im Gehirn sowie im Hormon- und im Stoffwechselsystem führen. Abhängig von der Intensität

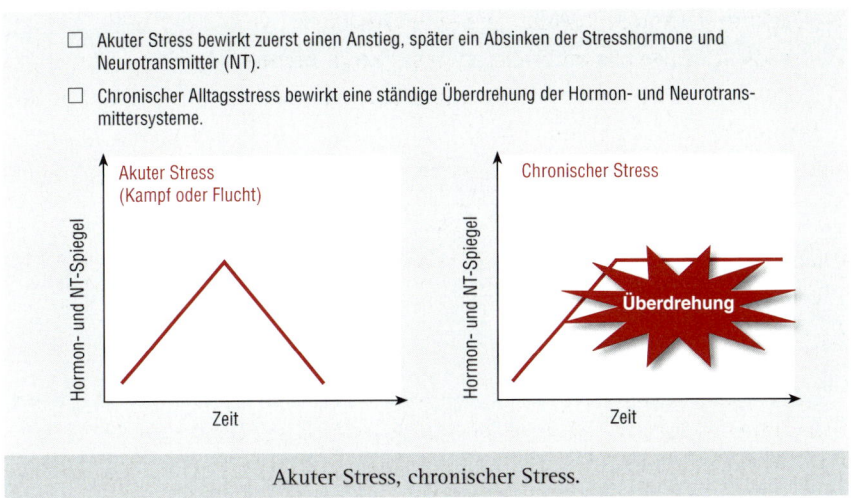

Akuter Stress, chronischer Stress.

und Anzahl der Stressoren geht die Widerstandsphase unterschiedlich schnell in die Erschöpfungsphase über. In Letzterer ist nur noch eine kurzzeitige, minimale Energiemobilisierung möglich. Der Zusammenbruch kündigt sich an [Hillert et al. 2006].

Erste, noch relativ unspezifische körperliche Warnzeichen, dass sich ein Mensch möglicherweise in einer seinen Organismus überfordernden stressbedingten Dauersituation körperlicher Erschöpfung befindet, sind:

- rasche und andauernde Ermüdung
- selbst kleine körperliche Anstrengungen fallen schwer
- Kopfschmerzen, Schwindelgefühle, Schwarzwerden vor den Augen
- Nervosität, Ungeduld, Fahrigkeit
- Muskelverspannung, Muskelkrämpfe, Nacken-, Schulter-, Rückenschmerzen
- Tinnitus, Schwindel
- Atembeschwerden, Atemnot, trockener Mund, Kloß im Hals
- Frösteln, Schwitzen, Hitzewallungen
- Magen-Darm-Probleme
- Schlafstörungen
- Schmerzen in der Brust, Herzklopfen, Herzjagen, Herzstolpern
- erhöhte Infektanfälligkeit

Diese unspezifischen, in ihrem Verknüpfungsmuster jedoch charakteristischen Befindlichkeitsstörungen sind ein wichtiges Frühwarnsystem, auf das wir unbedingt achten sollten. Werden diese ersten Warnsignale ignoriert und die Belastungssituation bleibt weiterhin bestehen, dann wird sehr bald die Wirksamkeit des gesamten Immunsystems beeinträchtigt oder sogar dauerhaft geschädigt. Je länger eine solche Situation andauert, desto mehr wächst die Gefahr einer umfassenden vitalen Erschöpfung, die in besonders schweren Fällen sogar zu einem hormonellen Zusammenbruch mit schwersten Organschädigungen führen kann [Richter et al. 1998]. Der körperliche Zusammenbruch droht, die totale Erschöpfung (Stufe 7; siehe auch Kapitel 2: Erlebte Symptome: Die Stufen der Burn-out-Spirale). Im Burn-out-Prozess ist dies die schlechteste aller Möglichkeiten, die Abwärtsspirale zum Stillstand zu bringen.

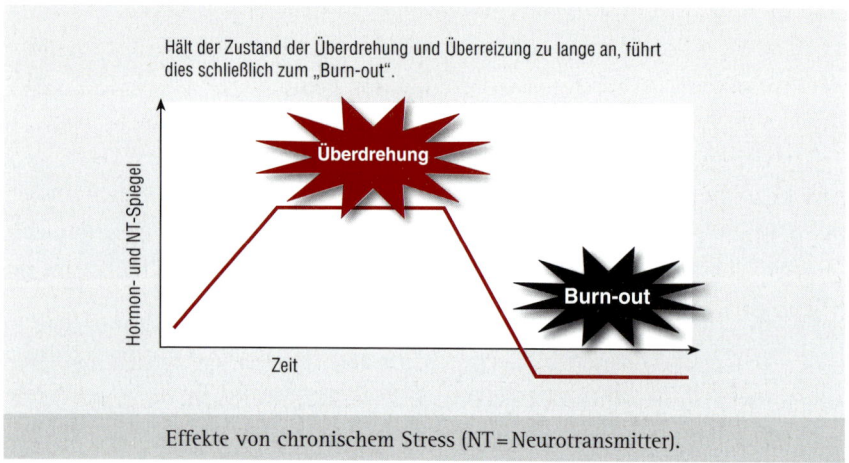

Effekte von chronischem Stress (NT = Neurotransmitter).

3.5 Die individuelle Disposition

Individuelle Dispositionsfaktoren haben einen entscheidenden Einfluss darauf, wie stark und lang andauernd Stress induzierte Regulationsveränderungen auftreten. Nach *Larson* und *Dunn* werden zwei Reaktionstypen unterschieden: der normale Typus mit hoher Stresstoleranz und geringen stressabhängigen Neurotransmitter- und Immunreaktionen und der pathologische Typus mit eingeschränkter Stresstoleranz, ausgeprägten Neurotransmitterveränderungen und hohem immuninflammatorischem Potenzial (Sickness-Typ). Überschießende Entzündungsphänomene – vermittelt durch Zytokine und Interferon gamma – prägen dabei zusätzlich das vegetative Reaktionsmuster.

Zu den wichtigsten klinischen Leitsymptomen des stresssensiblen, pathologischen Reaktionstyps zählt die zentrale Erschöpfbarkeit (central fatigue). Diese psychophysische Erschöpfbarkeit beschreibt die abnehmende Fähigkeit, willentliche Aktionen zu entfalten, zielgerichtet in die Zukunft zu arbeiten und nach vorn gerichtete Aktivitäten über einen längeren Zeitraum konsequent durchzuhalten. Zentrale Erschöpfbarkeit betrifft sowohl die körperliche als auch die kognitive Leistungsfähigkeit. Fatigue, innere Lähmung und Anorexie sind die typischen psychoneurologischen Symptome bei Fehlregulation oder Blockade der Hypothalamus-Hypophysen-NNR-Achse mit generell eingeschränkter oder im Tagesrhythmus gestörter Cortisolproduktion.

Auch beim chronischen Müdigkeits-/Erschöpfungssyndrom (CFS), dem Prototyp der zentralen Erschöpfung, gilt eine niedrige Cortisolproduktion als Leitkriterium. Der morgendliche Cortisolspiegel ist beim CFS erniedrigt, was sich am zuverlässigsten durch Messung des freien Cortisols im Speichel nachweisen lässt. Ferner ist die Cortisoltagesrhythmik deutlich gestört: häufig findet sich ein abgeflachtes, auf niedrigem Niveau verlaufendes Cortisoltagesprofil, teils mit irregulärem Anstieg des bioverfügbaren Cortisols im Tagesverlauf. Auffällig sind außerdem erniedrigte ACTH-Serumspiegel, die auf eine zentrale hypothalamische Blockade hinweisen. Häufig wird das CFS auch von einer funktionellen Immundefizienz begleitet, was als *chronic fatigue immunodeficiency syndrome (CFIDS)* bezeichnet wird.

Neuroendokrine Fatigue-Syndrome	Serotonin	Noradrenalin	Dopamin	Cortisol	DHEA
Depression Primär/major	niedrig	hoch	hoch	hoch	hoch
Depression Reaktiv	niedrig	niedrig	niedrig	niedrig	normal
CFS	niedrig	niedrig	niedrig	niedrig	normal
Burn-out	niedrig	hoch	niedrig	niedrig	normal

Das Burn-out-Syndrom entspricht dem Vollbild des zentralen Erschöpfungssyndroms. Chronische Überlastung bei Neigung zu pathologischer Stressreaktion führt zur Blockade der Hypothalamus-Hypophysen-NNR-Achse mit funktionellem Hypocortisolismus und zunehmender Entzündungsneigung im Körper. Hinzu kommt eine kompensatorische Überaktivierung der noradrenergen Stressachse, die zu erhöhtem (insbesondere diastolischem) Blutdruck, raschem Herzschlag, Herzpalpitationen, unregelmäßigem Herzschlag, gestörter Glukosetoleranz, Insulinresistenz, vermehrter Freisetzung freier Fettsäuren, Übergewicht vom Bauchfett-Typ, Appetitregulationsstörung und Schlafstörung führt. In fortgeschritteneren Burn-out-Stadien kann es zur weitgehenden Erschöpfung der Bildung von Adrenalin, Noradrenalin, Dopamin und Serotonin kommen.

3.6 Die Diagnostik

Die Neurotransmitter- und Hormondiagnostik, die immer in Verbindung mit einer detaillierten Erhebung der Vorgeschichte (Anamnese) erfolgen sollte, ist unkompliziert und wenig aufwendig, weil sie größtenteils aus selbst gewonnenen Speichel- und Urinproben erfolgt. Sie sollte jedoch von einem erfahrenen Hormonspezialisten durchgeführt und beurteilt werden. Mithilfe von Speichel-, Urin- und Blutanalysen lassen sich präzise Informationen über den Schweregrad der Erkrankung und ihre Auswirkungen auf diverse Körperfunktionen gewinnen. Die Diagnostik der Neurotransmitterstörungen ruht also auf zwei Säulen: der Kombination aus detaillierter Anamneseerhebung und klinischem Befund sowie der Feststellung des neuroendokrinen, immuninflammatorischen und Mikronährstoff-Status.

Adrenaler Stressindex

Cortisol, das wichtigste Stresshormon, lässt sich am besten im Speichel messen. Neben der unblutigen, stressfreien Materialgewinnung hat die Speichelmessung den weiteren Vorteil, dass nur das bioaktive Hormon (nicht das an Eiweiß gebundene, inaktive) erfasst wird. Die aktuelle Cortisolausschüttung, die im Serum durch den hohen Überschuss an eiweißgebundenem Gesamthormon maskiert wird, kann im Speichel erheblich präziser erfasst werden. Zusätzlich kann im Speichel auch Dihydroepiandrosteron (DHEA) gemessen werden. Unter wiederholter Stressbelastung steigt DHEA bei guter Stressfähigkeit an, während bei Stressintoleranz ein DHEA-Defizit oder ein progredienter Abfall beobachtet wird. Cortisol und DHEA unterliegen einer deutlichen Tagesrhythmik, mit höheren Spiegeln am frühen Morgen und niedrigeren Spiegeln am Nachmittag und Abend.

Die Bestimmung von Cortisol zu den Zeitpunkten 7–8 Uhr, 12–13 Uhr und 20 Uhr sowie die Bestimmung von DHEA morgens und abends erlauben eine gute Einschätzung der Nebennierenrindenfunktion sowie der Stressfähigkeit. Neben der Höhe des morgendlichen Cortisolspiegels ist der Hormonabfall im weiteren Tagesverlauf von Bedeutung. Danach können drei prinzipielle Stressreaktionsmuster unterschieden werden:

1. Physiologische Stressreaktion mit hohem Cortisolwert am Morgen und normaler Tagesrhythmik
2. Erhöhte Cortisolproduktion fast im gesamten Tagesverlauf mit überschießender Reaktion auf Minimalstress (z. B. Mittagessen) bei chronischem Stresszustand
3. Pathologischer stresssensibler Typ mit niedrigem Cortisolmorgenwert, flachem Tagesprofil auf durchgehend niedrigem Niveau und gestörter Tagesrhythmik im Sinne eines Burn-out-Syndroms

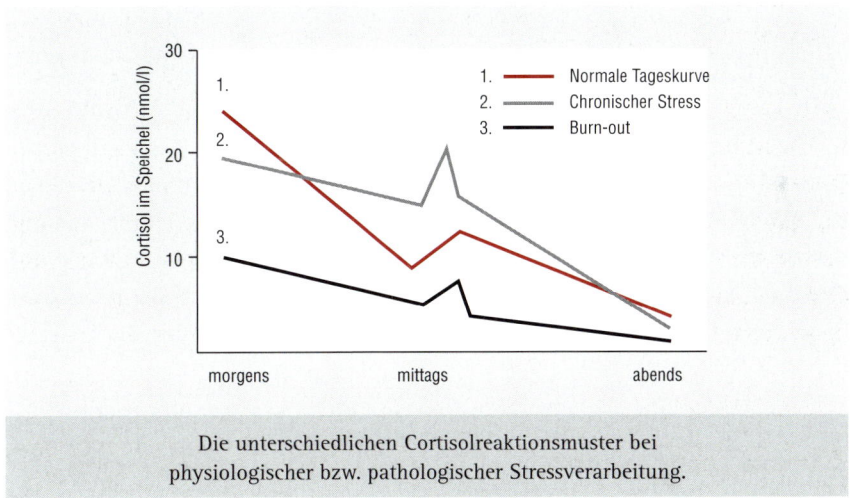

Die unterschiedlichen Cortisolreaktionsmuster bei physiologischer bzw. pathologischer Stressverarbeitung.

Neurotransmitter, biogene Amine (siehe auch Tabelle Seite 45)

Nach umfangreichen Validierungsstudien eignet sich der zweite Morgenurin (erfasst den 2- bis 3-stündigen Zeitraum nach der ersten Blasenentleerung unmittelbar nach dem Aufstehen bis zur 2. Blasenentleerung) am besten zur Beurteilung der Neurotransmitter-Funktionsachse. Im Unterschied zu den Nebennierenrindensteroiden (Cortisol, DHEA) steigt die Monoaminausschüttung (Adrenalin, Noradrenalin) aus dem Nervensystem und dem Nebennierenmark erst verzögert unter Belastung nach dem morgendlichen Aufstehen. Das informativste Medium zur vergleichenden Bewertung der stimulierenden und hemmenden Neurotransmitterfunktionen ist deshalb der nach der nächtlichen Sammelphase gewonnene zweite Morgenurin.

Serotonin kann die Blut-Hirn-Schranke nicht passieren, sodass die Messung im peripheren Blut nur grob orientierenden Charakter hat. Allerdings zeigen umfangreiche Studien, dass im Regelfall eine gute Korrelation zwischen der Serotoninverfügbarkeit im Gehirn und im peripheren Blut besteht.

3.7 Die Therapie: Spezifische Behandlung des Burn-out-Syndroms

Bereits dieser kurze Überblick macht deutlich, dass die typischen gesundheitlichen Beeinträchtigungen und Befindlichkeitsstörungen, deretwegen Burn-out-Patienten ärztliche Behandlung aufsuchen, von biochemisch nachvollziehbaren neuroendokrinen Regulationsstörungen begleitet sind. Burn-out gehört ohne Zweifel in die Gruppe der Neurotransmittererkrankungen. Die Symptome sind die eines *eigenständigen Krankheitsbildes,* das sich medizinisch-diagnostisch mit charakterlichen Veränderungen nachweisen und – begleitend zur psychologisch-therapeutischen Intervention – auch erfolgreich behandeln lässt.

Die medizinische Therapie bei Burn-out ist im Wesentlichen auf ein Ziel ausgerichtet: Die schrittweise Normalisierung der aus dem Gleichgewicht geratenen endokrinen Regulationssysteme bringt die Burn-out-Spirale zum Stillstand und schafft die Basis dafür, dass die nachhaltige psychosomatische Erschöpfung abklingen kann. Dadurch werden die massiven Ängste und Selbstzweifel gelindert und das individuelle Motivationssystem kann sich wieder regenerieren.

Durch eine gezielte, therapeutisch dosierte Zufuhr von Neurotransmittervorstufen lassen sich relative und absolute Neurotransmitterdefizite ausgleichen und neuroendokrine Kommunikationswege wieder bahnen. Aufgrund des hohen Vernetzungsgrades der Neurotransmittersysteme ist eine Kombinationsbehandlung sinnvoll. So ist Dopamin für eine optimale Serotoninsynthese erforderlich, umgekehrt wird ausreichend Serotonin für die Dopaminbildung benötigt. 5-HTP = 5-Hydroxy-Tryptophan (Serotonin-Vorstufe) stabilisiert via Serotonin auch die Produktion von Noradrenalin. Durch die Initiatorrolle von Noradrenalin bei der Aktivierung der Hypothalamus-Hypophysen-Nebennierenrindenachse kann durch eine Korrektur der Noradrenalin-Bioverfügbarkeit eine anhaltende Rejustierung der gestörten Neurotransmitter-Balance erreicht werden.

Bei der Substitution von Aminosäuren stehen Tyrosin und Phenylalanin als Vorstufen der Katecholamine sowie 5-HTP als Vorstufe von Serotonin und Melatonin an erster Stelle. 5-HTP, die erste Umbaustufe von Tryptophan auf dem Weg zu Serotonin, ist wesentlich effektiver als Tryptophan selbst, da es im Magen-Darm-Trakt effizienter resorbiert wird und die Blut-Hirn-Schranke problemlos passiert. Während Tryptophan mit anderen Aminosäuren um den aktiven Transport ins Gehirn konkurriert, gilt dies nicht für 5-HTP. Dies erklärt, warum im Vergleich zu Tryptophan bereits eine zwanzigfach geringere Menge an 5-HTP effektiv ist. Statt Tyrosin kann im Einzelfall auch die Gabe von Phenylalanin sinnvoll sein. Phenylalanin hat weitere Wirkungen z. B. auf die Verdauungsfunktion und dient als Vorstufe für weitere Signalstoffe wie Phenylethylamin (PEA). PEA fungiert als Modulator der Monoaminwirkung, indem es die Freisetzung von Dopamin und Serotonin stimuliert und den Monoaminabbau hemmt. Wenn die alleinige Gabe von Tyrosin zum Ausgleich des Dopaminmangels nicht ausreicht, empfiehlt sich die zusätzliche Gabe einer dopaminreichen pflanzlichen Dopaminquelle (Mucuna pruriens).

Zur Stimulation einer optimalen Neurotransmittersynthese sind diverse *Cofaktoren* erforderlich, die im Überschuss vorhanden sein sollten. Dem Neurotransmittermangel liegt häufig nicht nur ein Substratmangel, sondern eine reduzierte Enzymsyntheseaktivität zugrunde. Durch verstärkte Zufuhr der wesentlichen Cofaktoren und dadurch erhöhtem Substratdruck kann die Neurotransmittersynthese in Gang gebracht und balanciert werden. Auch die Monoamin-Balancierung ist bedeutsam, weil häufig ein Noradrenalin- oder Adrenalinmangel neben normalen oder hohen Dopaminspiegeln oder ein Adrenalinmangel neben einem Noradrenalinüberschuss (infolge adrenalem Synthesemangel) beobachtet werden.

Eine beim Burn-out-Syndrom häufige Konstellation ist die eines Adrenalinmangels bei normalem oder hohem Noradrenalinspiegel („adrenales Burn-out-Syndrom"). Hier empfiehlt sich von Beginn an eine ausreichend hohe Substitution mit Cystein (Dosierung abhängig von der Adrenalinkonzentration im 2. Morgenurin), zusätzlich die Gabe von Vitamin B_5, gefolgt von der Standardbehandlung mit kombinierten Neurotransmittervorstufen und Cofaktoren. Insbesondere bei einer Appetitregulationsstörung und Adipositas bewährt sich über 7–10 Tage die alleinige Gabe von 5-HTP, anschließend die zusätzliche Gabe von Mucuna pruriens (natürlicher Dopaminlieferant), gefolgt von der höher dosierten kombinierten Supplementierung der Neurotransmittervorstufen und Cofaktoren.

Auch die Sexualhormone sind wesentliche Bestandteile und Regulatoren des neuroendokrinen Netzwerkes. Ihre bioverfügbaren Anteile lassen sich im Speichel nicht invasiv und sehr präzise messen. Östradiol fördert die Serotoninsynthesekapazität, wirkt Dopamin modulierend, neuroprotektiv, fördert die Regeneration von Synapsen und hemmt die MAO (Monoaminoxidase), sodass die Monoaminkonzentrationen lokal ansteigen. Progesteron steigert die Wirkung von GABA und reduziert die Wirkung exzitatorischer Neurotransmitter,

u. a. durch Steigerung der MAO-Aktivität. DHEA und Testosteron verstärken als neurotrope Steroidhormone die Wirkung von Serotonin und Noradrenalin, steigern die kognitive Leistungsfähigkeit, erhöhen die Schmerzschwelle, verbessern den Tiefschlaf und wirken antidepressiv.

Zusammengefasst sind dies die Prinzipien der wirksamsten Therapiemaßnahmen:

- die Behandlung mit Neurotransmittervorstufen (5-HTP, Tyrosin, Phenylalanin u. a.)
- die Zufuhr von Vitaminen, Mineral- und Mikronährstoffen, die als Cofaktoren die Neurotransmittersynthese unterstützen (u. a. Vitamin C, Vitamin B_5, B_6, B_{12}, Folsäure, Calcium, Magnesium, Selen, Zink, Coenzym Q_{10})
- die Stimulation der körpereigenen Bildung von GABA und Dopamin
- die physiologische Verabreichung von körperidentischen Sexualhormonen (Östradiol, Progesteron, Testosteron, DHEA u. a.) bei nachgewiesenen Defiziten
- die Modulation der stimulierenden oder hemmenden Neurotransmittersysteme durch natürliche Wirkstoffe wie Theanin, Taurin, Methionin, Cystein
- orthomolekulare Maßnahmen, das heißt die Behandlung mit natürlichen Wirkstoffen, zum Beispiel Vitaminen, Enzymen, Aminosäuren, die geeignet sind, das Immunsystem zu stärken und das immunologische Gleichgewicht wiederherzustellen

Vereinfachende Pauschalrezepte, die allen Burn-out-Betroffenen helfen sollen, greifen fast immer zu kurz. Zu unterschiedlich sind die jeweiligen Ausgangslagen, die genetischen Vorprägungen, die Störmechanismen und die Anpassungsreaktionen des Organismus, zu variabel die Auswirkungen auf das biochemische und hormonelle Gleichgewicht des einzelnen Patienten. Von entscheidender Bedeutung für den Behandlungserfolg sind die Berücksichtigung der individuellen Vorgeschichte sowie eine ganzheitliche Bewertung der im Einzelfall relevanten neuroendokrinen und immunologischen Veränderungen.

Eine ganzheitliche Beratung sollte deshalb folgende Elemente berücksichtigen:

- Erfassung aller persönlichen und familiären Risikokonstellationen
- ganzheitliche körperliche und psychologische Diagnostik
- differenzierte hormonelle und neuroendokrinologische Diagnostik (Sexualhormone, Cortisol-/DHEA-Tagesprofil, Stresshormone und Neurotransmitter im Speichel und im 2. Morgenurin)

- detailliertes Risikofaktoren-Screening einschließlich genetischer Marker und Immundiagnostik
- Ausschluss ernster organischer Erkrankungen, die ähnliche Symptome und Beschwerden wie das Burn-out-Syndrom hervorrufen können
- Erarbeitung individueller Behandlungsempfehlungen mit ständiger Anpassung des Therapieplans an den Behandlungsfortschritt
- persönliches Programm für optimierte Ernährung, körperliche Fitness, Stressminimierung und optimierte Mikronährstoffversorgung
- langfristiges persönliches ärztliches und psychologisches Coaching
- Ausschöpfung der modernen, nicht invasiven bildgebenden Verfahren ohne Strahlenbelastung (hochauflösender Ultraschall, ggf. auch Kernspintomographie zum Ausschluss anderer Erkrankungen)

Die Auswertung und Umsetzung dieser Erkenntnisse sollten zusammen mit einem erfahrenen Arzt erfolgen, der neben neuroendokrinologischem auch psychologisches, sportmedizinisches und ernährungswissenschaftliches Fachwissen besitzt. Zur schrittweisen Therapieoptimierung können Verlaufskontrollen der wichtigsten Neurotransmitter entscheidend beitragen.

Das Zusammenspiel dieser therapeutischen Maßnahmen wird in einen *ganzheitlichen, individuell* angelegten Behandlungsplan eingefügt, zu dem entscheidend auch eine gesunde und abwechslungsreiche Ernährung, ein regelmäßiges körperliches Bewegungs- und Fitnesstraining und ein Tagesablauf mit ausreichenden Schlaf- und Erholungsphasen gehören sollten. Wenn dann auch die Entwicklung eines konstruktiven, stressreduzierenden Lifestyle-Managements gelingt, bestehen selbst für Menschen mit fortgeschrittenem Burn-out-Syndrom gute Chancen, nach und nach ihren Weg zurück zur Balance zu gehen.

Kapitel 4:
Wege in die Balance

4.1   Re-Balancing-Konzepte

Der beste *Weg aus dem Burn-out* ist der *Weg in die Balance*. Bis heute gibt es kein Patentprogramm für einen optimalen Burn-out-Schutz, keine Sofortlösung, keine Anti-Burn-out-Pille. Niemand kann es einem abnehmen, den für sich persönlich richtigen Weg zu finden. Das eigene Leben, die persönliche Entwicklung gehören zu den wenigen Dingen, für die sich die Verantwortung nicht delegieren lässt. Nur eigene Lösungen können wirklich etwas verändern. Leitmotiv aller Bemühungen sollte die Achtung, die Wertschätzung der eigenen Person sein: „Ab jetzt bin ich mir wichtig!" Sie führt zu der Frage: „Will ich so wie jetzt weitermachen oder gibt es nicht noch eine sinnvollere, lustvollere, freudvollere Möglichkeit, mein Leben zu leben?" [Kypta 2006]

Burn-out ist ein Feedback unseres Körpers. Es signalisiert uns sehr deutlich, dass sich an unserer Einstellung zu uns selbst, an unserem täglichen Verhalten, an unserer Einstellung zur Arbeit, an der Art und Weise, wie wir mit unseren körperlichen und seelischen Kräften umgehen, *grundsätzlich etwas ändern muss*. Unser Körper schickt uns in Form dieser Erkrankung eine klare Botschaft: Künftig mehr von dem zu tun, was uns Freude macht und Erfüllung bringt, und weniger von dem, was auf Dauer über unsere Kräfte geht.

Die bisherigen Kapitel lassen sich folgendermaßen zusammenfassen:

- Burn-out ist ein Signal unseres Körpers mit starkem Aufforderungscharakter: Es muss sich etwas ändern. Es macht auf ein gefährliches Ungleichgewicht von Körper, Geist und Psyche aufmerksam.
- Burn-out ist ein wichtiger Grund innezuhalten, um all das zu lernen, was wir wissen müssen, um dem eigenen Leben wieder eine positive Richtung zu geben.
- Damit wir wieder ins Gleichgewicht kommen können, müssen neben der medizinischen Behandlung unsere psychischen Kräfte reaktiviert werden.
- Negative Gedanken und Gefühle sind eine zusätzliche Belastung. Mit positiven Emotionen, Gedanken und Einstellungen können wir das Re-Balancing wirksam unterstützen.
- Wir sollten uns nur Dinge vornehmen, die für uns persönlich einen Sinn ergeben, die uns stark und zuversichtlich machen, die uns in unserem Le-

benswillen bestärken und die uns Gründe liefern, uns zu freuen, vielleicht sogar glücklich zu sein.
■ Re-Balancing bedeutet, zurückzufinden zu der *gesunden Leichtigkeit des Seins*, zu Optimismus und Lebensfreude; den Augenblick wieder genießen können, wieder Ziele haben, für die unser Engagement lohnend ist.

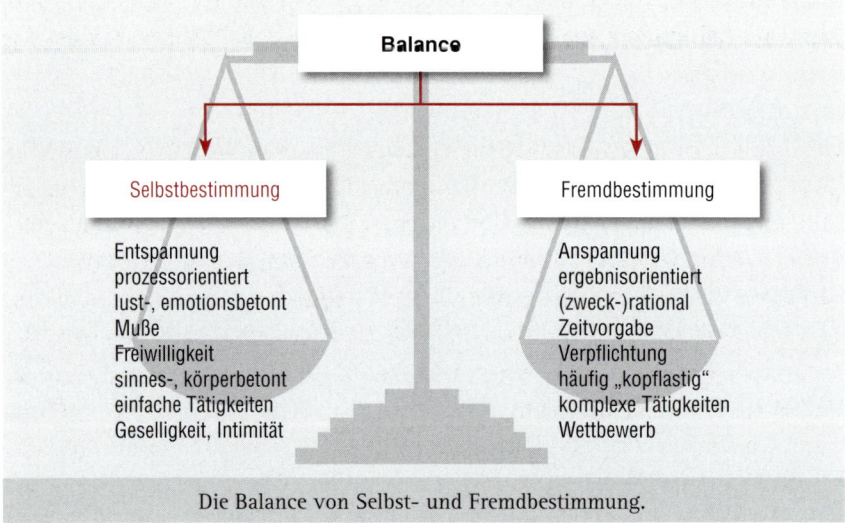

Die Balance von Selbst- und Fremdbestimmung.

Ganzheitliche Re-Balancing- und Integrations-Methoden zielen darauf ab, die eigenen Maßstäbe an ein sinnvolles Leben zu setzen. Alle wichtigen Lebensbereiche werden in diesem Prozess qualitativ aufgewertet und einer grundsätzlichen klärenden Prüfung unterzogen. Die ersten großen Schritte auf diesem Weg heißen:

■ individuelle Belastungen nachhaltig reduzieren
■ Gefahrenquellen rechtzeitig erkennen
■ Krisen und Konflikte vermeiden beziehungsweise ihnen rechtzeitig entgegenwirken
■ das Berufs- und Privatleben miteinander in Einklang bringen

Sie erarbeiten Ihr persönliches Konzept, das Ihre individuellen Bedürfnisse und Wünsche berücksichtigt. Sie erproben sich in einem Balanceakt der Selbstfindung, in dem es letztlich darum geht, bedachtsam und selbstkritisch eine neue Ordnung in das eigene Leben zu bringen und die unterschiedlichen Komponenten des eigenen Lebens so aufeinander abzustimmen, dass Sie ein Optimum an Zufriedenheit und Gesundheit erreichen.

Am Ende kennen Sie die Mechanismen Ihrer Burn-out-Spirale und verfügen über wirksame Strategien, neue Überlastungen rechtzeitig zu erkennen und zu verhindern. Ein geregelter Tagesablauf entspannt, regelmäßige Pausen unterbrechen den Alltag, eine klare Trennung von Beruf und Privatleben machen es leichter, die beruflichen Belange den privaten unterzuordnen. Trotz hoher eigener Ansprüche haben Sie das rechte Maß gefunden und gelernt, auch einmal Nein zu sagen. Sie treiben mehr Sport, gönnen sich mehr Freizeit. So hat Burn-out bei Ihnen keine Chance mehr. Wenn Sie dabei bleiben, verblasst es zur Erinnerung.

Der Erfolg wird ganz wesentlich davon abhängen, ob es gelingt, eine möglichst positive Grundeinstellung zu sich selbst und den eigenen Lebensmöglichkeiten zu finden. Sie tragen entscheidend dazu bei, Ihr Leben zu einem sinnerfüllten Leben werden zu lassen. Dies erfordert jedoch wahrscheinlich eine Veränderung Ihrer bisherigen Sicht- und Denkweise, eine Änderung Ihrer Einstellung zu sich selbst und zu Ihrem Leben. Auch die Entwicklung einer emotionalen Stabilität ist dafür wesentlich. Seien Sie bereit, Verantwortung für das auf Sie Zukommende zu übernehmen.

4.2   Das Führen der eigenen Person

Burn-out-Intervention ist in einen Prozess der Selbsterforschung eingebettet, dessen Ziel es ist, aus der eigenen Mitte heraus das eigene Leben so zu führen, dass unsere Gesundheit trotz hoher alltäglicher Anforderungen nicht geschädigt wird. Genau hier liegt nun die Chance für eine effektive geistig-seelische Burn-out-Prophylaxe, für einen erfolgreichen Umgang mit den vielfältigen Belastungen unseres Alltagslebens. Das Management der eigenen Person im Spannungsfeld von Anforderung und Belastung bedeutet:

- Diese Veränderungen selbst mitzubestimmen,
- aktiv Einfluss auf sie zu nehmen,
- als notwendig erkannte Umorientierungen rechtzeitig und zielstrebig in die Realität umzusetzen,
- Lebensweisen, Denk- und Verhaltensmuster, die zur Bewältigung bestimmter Anforderungen ungeeignet sind oder uns sogar schaden, zu modifizieren oder aufzugeben und durch andere, tauglichere zu ersetzen.

Ursachen des individuellen Stresserlebens sind neben einer unrealistischen Zielsetzung vor allem die alltäglichen fremdbestimmten Erwartungen. Stress entsteht aus der Diskrepanz zwischen Anspruch und Realisierungsmöglichkeiten. Das Leiden an Fremdbestimmtheiten lässt nur zwei Lösungsmöglichkeiten zu: *Entweder ich verändere meine Umwelt – oder ich verändere mich selbst.* Beides kann richtig sein, vor allem wenn sich die eigenen Wertvorstellungen mit denen der Umwelt nicht mehr vereinbaren lassen. Dies soll nicht heißen, keine fremdbestimmten Zielsetzungen mehr zu akzeptieren, denn unser Leben spielt sich ja in dem Spannungsverhältnis zwischen Selbstbestimmung und Fremdbestimmung ab. Ein Leben ohne Fremdbestimmung ist weder denkbar noch wünschenswert. Wir brauchen Konflikte und Herausforderungen, an denen wir uns messen können und an denen wir wachsen.

Die Analyse des Stressgeschehens hat gezeigt, dass das alltägliche Stresserleben nur zu einem Teil durch objektive Reize verursacht wird. Diese Erkenntnis eröffnet uns die realistische Chance, die Häufigkeit und Intensität gerade auch des berufsbedingten Stresserlebens aktiv zu beeinflussen und uns im Rahmen eines Persönlichkeitsmanagements gezielt um Möglichkeiten einer effektiven Stressprophylaxe zu bemühen. Dabei werden wir sehr bald erkennen, dass wir den Stressoren der modernen Arbeitswelt keineswegs so hilflos ausgeliefert sind, wie wir vielleicht meinen. Wir haben nur nicht alle Möglichkeiten ausgeschöpft, uns wirksam vor drohenden Überforderungen und Beeinträchtigungen unseres Wohlbefindens zu schützen.

Unser Leiden an berufsbedingtem Stress hat viel damit zu tun, dass wir nicht oder nur unzureichend gelernt haben, uns selbst zu führen. Viel zu häufig lassen wir unser Handeln von der jeweiligen Situation bestimmen, statt zu versuchen, diese selbst aktiv mitzugestalten. Wir reagieren, wo wir agieren könnten. Oft sind wir erst dann alarmiert, wenn Stresssymptome bereits unübersehbar geworden sind. Und nicht selten geraten wir bei der Erledigung von beruflichen Aufgaben und Pflichten in eine Zeitnot, die wir durch unser Arbeitsverhalten selbst verursacht haben.

Wir scheuen uns beispielsweise vor anstehenden Entscheidungen, weil wir versäumt haben, uns rechtzeitig um eine solide Kenntnis der relevanten Fakten zu bemühen. Wir können wegen eines Problems, das mit Unterstützung eines kompetenten Kollegen leicht zu lösen wäre, wochenlang nicht mehr schlafen, nur weil uns unser Selbstanspruch daran hindert, andere um Hilfe zu bitten. Wir setzen uns der Gefahr aus, arbeitssüchtig zu werden oder vorzeitig auszubrennen, nur weil wir nie gelernt haben, auch einmal Nein zu sagen, wenn andere immer mehr von uns verlangen.

Ein erheblicher Teil der Belastungen unseres Berufslebens ließe sich vermeiden, wenn wir über ausreichende Kenntnisse verfügen würden, wie wir unser Arbeitsverhalten, unsere Arbeitshaltung und unsere beruflichen Kompetenzen verbessern könnten, und gelernt hätten, dieses Wissen konsequent und gezielt im beruflichen Alltag einzusetzen.

Persönlichkeitsmanagement ist ein Prozess der Selbstverwirklichung, der Individuation. Durch bewusste Auseinandersetzung mit dem eigenen Ich, den eigenen Fähigkeiten, Bedürfnissen, Interessen, Wünschen, Hoffnungen, Ängsten und mit den von außen herangetragenen Erwartungen und Forderungen lernen wir uns zunächst einmal selbst in den für uns relevanten beruflichen und privaten Lebensbezügen besser kennen.

Auf dieser Grundlage lassen sich dann mittel- und langfristige Lebensstrategien entwickeln, die uns helfen,

- unsere persönliche Identität zu entwickeln und zu leben, d. h. uns selbst als eigenständige Persönlichkeit zu erkennen und zu akzeptieren,
- die Selbstkontrolle über das eigene Leben zurückzugewinnen und selbstbestimmte Verhaltensmuster zu entwickeln, die nicht unbedingt mit den tatsächlichen oder vermuteten Erwartungen, die andere an uns herantragen, übereinstimmen müssen,
- unsere individuellen Handlungspotenziale in den unterschiedlichen Lebensbereichen voll auszuschöpfen,
- Wege zu finden, wie sich unsere individuellen Ressourcen und Potenziale ausbauen und sinnvoll nutzen lassen,
- Konfliktpotenziale zu reduzieren und Lösungen für festgefahrene Konfliktsituationen zu entwickeln,
- Ansprüche des sozialen und beruflichen Umfeldes und eigene Bedürfnisse miteinander zu vereinbaren,
- ein stabiles Gleichgewicht zwischen Beruf, Freizeit und Privatleben aufzubauen.

Nach allem, was wir heute wissen, scheint ein *selbstbestimmter und verantwortungsbewusster Lebens- und Arbeitsstil* den optimalen Schutz vor der Gefahr eines Burn-out zu bieten. Ein Lebensstil, der sich nicht allein auf Arbeit und Leistung konzentriert, sondern auch anderen Lebensinhalten einen angemessenen Platz einräumt. Ein Lebensstil, der nicht nur von Vertrauen in uns selbst, sondern auch von Vertrauen in unsere Mitmenschen geprägt ist, und eine Grundhaltung, die sich nicht durch Pessimismus und Misstrauen, sondern durch Vertrauen, Optimismus und heitere Gelassenheit auszeichnet.

4.3 Strategien zur Bewältigung negativer Erschöpfung

Menschen reagieren auf Situationen, die sie erregen, beeinträchtigen oder aus dem Gleichgewicht bringen, recht unterschiedlich. Nachfolgend finden Sie eine Reihe möglicher Reaktionen.

■ Direkte Reaktionsmuster
Maßnahmen, die sich gegen Stressfaktoren in der Umwelt richten. Bemühungen, sich in den stresshaften Auseinandersetzungen mit der Umwelt zu behaupten.

■ Aktive Reaktionsmuster
Bemühungen, die stresshaften Situationen oder sich selbst zu verändern.

■ Indirekte Reaktionsmuster
Maßnahmen, die sich an das Denken, Fühlen und Verhalten der Personen richten. Sie schaffen Erleichterung, wenn die Umwelt nicht direkt beeinflusst werden kann oder wenn direkte Maßnahmen zu *kostspielig* sind.

■ Inaktive Reaktionsmuster
Die Belastung, beziehungsweise den Stress, ignorieren, leugnen oder beidem aus dem Wege gehen.

Test: Strategien zur Bewältigung negativer Erschöpfung

Lesen Sie bitte die Sätze nacheinander durch und prüfen Sie jedes Mal, wie sehr die angegebene Reaktion auf Sie zutrifft. Tragen Sie dann daneben die zutreffende Zahl ein, nämlich:

   0 = gar nicht
   1 = kaum
   2 = möglicherweise
   3 = wahrscheinlich
   4 = sehr wahrscheinlich

	Wenn mich irgendetwas erregt, beeinträchtigt oder aus dem Gleichgewicht bringt ...	
1.	... versuche ich, mit jemandem über das Problem zu sprechen.	
2.	... gehe ich solchen Situationen möglichst aus dem Wege.	
3.	... schlägt mir das auf den Magen, das Herz oder ich bekomme Kopfschmerzen.	
4.	... neige ich dazu, irgendwelche Medikamente zu nehmen.	
5.	... suche ich nach Möglichkeiten, die Sache in den Griff zu bekommen.	
6.	... nehme ich mir vor, künftig anders an eine solche Sache heranzugehen.	
7.	... möchte ich am liebsten einfach davonlaufen.	
8.	... versuche ich, auch positive Seiten an der Sache herauszufinden.	
9.	... trinke ich erst einmal ein Glas Alkohol.	
10.	... wende ich mich Dingen zu, bei denen mir der Erfolg sicher ist.	
11.	... geht es mir dann auch körperlich nicht gut.	
12.	... mache ich einen Plan, wie ich die Schwierigkeiten aus dem Weg räumen kann.	
13.	... versuche ich, einfach nicht mehr daran zu denken.	
14.	... muss ich mich einfach mit jemandem aussprechen.	
15.	... gehe ich irgendeiner anderen Beschäftigung nach.	
16.	... fühle ich mich herausgefordert, die Schwierigkeiten aus der Welt zu schaffen.	
17.	... überlege ich, was ich künftig an mir selbst ändern muss.	
18.	... nehme ich Beruhigungsmittel.	
19	... tue ich etwas, was mich davon ablenkt.	
20.	... neige ich dazu, mich zu betrinken.	
21.	... versuche ich, in anderen Bereichen Bestätigung zu finden.	
22.	... versuche ich, die Ursache zu klären.	
23.	... bemühe ich mich, die Situation aktiv zu verändern.	
24.	... versuche ich, künftig solche Situationen zu meiden.	

Auswertung

1. Übertragen Sie bitte in die folgende Tabelle unter jede Aussagenummer jenen Wert, den Sie bei der jeweiligen Reaktion eingetragen haben.

		5	8	12	16	22	23
Summe A:							

		2	7	13	15	19	24
Summe B:							

		1	6	10	14	17	21
Summe C:							

		3	4	9	11	18	20
Summe D:							

2. Bilden Sie nun für jede Zeile die Summer der eingetragenen Werte.
3. Tragen Sie dann die Summe jeder Zeile in das entsprechende Feld der Vierfeldertafel ein.

	aktiv	inaktiv
direkt	A:	B:
indirekt	C:	D:

	aktiv	inaktiv
direkt	Die stresshafte Situation verändern. / Bestimmte Stressfaktoren beeinflussen. / Positive Aspekte der Situation herausfinden.	Die stresshaften Gegebenheiten ignorieren. / Die stresshaften Gegebenheiten vermeiden. / Die Situation verlassen.
indirekt	Über den Stress sprechen. / Sich in Anpassung an die stresshaften Gegebenheiten verändern. / Sich in anderen Tätigkeiten engagieren.	Trinken. / Krank werden. / Zusammenbrechen.

Für alle Bereiche gilt:
- Wer erkennt, dass er seine Umgebung auch in schwierigen Situationen beeinflussen kann, gewinnt an Selbstvertrauen.
- Wer selbst in belastenden Situationen die Verantwortung für Veränderungen übernimmt, bringt sich selbst in Schwung und auf den Weg aus der negativen Erschöpfung heraus.
- Wer Veränderungen einleitet, unternimmt etwas gegen die Gefahr der Hoffnungs- und Hilflosigkeit.
- Veränderungen muss man wollen. Dies sind die 5 Stufen:
  - Erkennen, dass eine Problemlage besteht (Alarmzeichen beachten).
  - Entschließen, in eigener Verantwortung etwas dagegen zu tun.
  - Entwickeln von Maßnahmen.
  - Energische Umsetzung.
  - Dranbleiben!

4.4 Die ganzheitliche Balance

Handeln und Fühlen basieren auf einem komplizierten Zusammenspiel geistiger, psychischer und körperlicher Kräfte und Möglichkeiten. Veränderungen in einem Bereich bewirken auch Veränderungen in anderen Bereichen. Ändern sich beispielsweise Arbeitsbedingungen, wirkt sich dies unmittelbar auf unser Verhalten, unser Denken und unsere emotionale Befindlichkeit aus. Umgekehrt beeinflussen körperliches Befinden oder emotionale Gestimmtheit die Wahrnehmung unseres beruflichen oder privaten Umfelds. Eine ganzheitliche Betrachtung berücksichtigt diese Wechselbeziehungen.

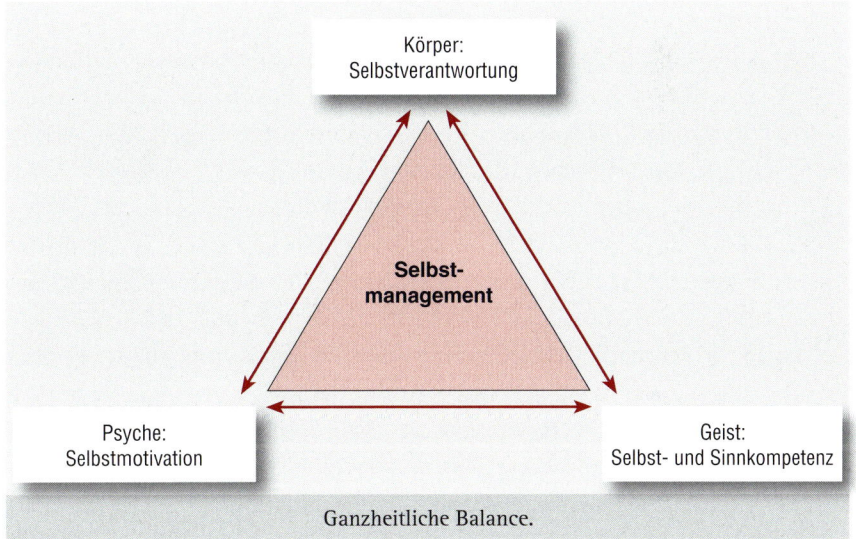

Ganzheitliche Balance.

■ *In körperlicher Hinsicht* stehen das Erkennen physischer Stressreaktionen, das bewusste Umgehen mit dem eigenen Körper und ein ökonomischer Einsatz der zur Verfügung stehenden Kräfte im Vordergrund der Burn-out-Bekämpfung. Oft ist auch das Gespür für die Reaktionen des Körpers auf Belastung oder Überforderung, aber auch auf Ruhe und Entspannung verloren gegangen und will zurückgewonnen werden.
Körperliche Kompetenz ist die Fähigkeit, die *Selbstverantwortung* für seine Gesundheit zu übernehmen, sich gesund zu ernähren, sich zu bewegen, Sport zu treiben, ausreichend zu schlafen und körperlich fit zu bleiben.

Es gilt, körperliche Signale wieder bewusst wahrzunehmen und zu verstehen, in angemessener Weise auf diese Signale zu achten und die zur Verfügung stehenden Ressourcen so ökonomisch wie möglich einzusetzen. Eine gesunde Lebensweise kann die schädigenden Einflüsse von Stress und Hektik ausgleichen. Man kann beispielsweise nach realistischen Möglichkeiten suchen, einen mit Terminen überladenen Tagesablauf so einzuteilen, dass genügend Zeit für Sport, Schlaf, Erholung und Entspannung bleibt.

- *In psychischer Hinsicht* geht es um das subjektive Stresserleben, die *richtige* Einstellung, um Stresstoleranz und Gelassenheit. Stress ist eine subjektiv erlebte Reaktion. Wie suche und finde ich die *richtige* Einstellung zu mir selbst, zu anderen, zu dem, was passiert? Die Überprüfung eigener Ziele und Einstellungen lässt uns entdecken, dass es jenseits unseres fremdbestimmten Umfelds auch selbstbestimmte Zielsetzungen und Wünsche gibt, die uns Freude und Erfolg bringen und eine höhere Lebenszufriedenheit ermöglichen. Ziel ist die Fähigkeit zur *Selbstmotivation*, selbstständige Entscheidungen in komplexen Lebenssituationen oder Krisen zu treffen.

- *In geistiger Hinsicht* geht es darum, Stressursachen zu erkennen und Möglichkeiten zu finden, auch unter fremdbestimmten Rahmenbedingungen selbstbestimmt und sich selbst treu bleibend zu leben. Wer Stress geistig bewältigen möchte, stellt sein Anspruchsdenken, seine Orientierungsmuster, Normen und Wertvorstellungen, die eigenen Gefühle und Bedürfnisse den von außen an ihn gestellten Erwartungen und Anforderungen gegenüber. Persönlichkeitsmanagement setzt die Fähigkeit voraus, mit Stresssituationen bewusst und aktiv umzugehen. Das erfordert eine Auseinandersetzung mit dem Spannungsfeld zwischen Ich und Umwelt, zwischen eigenen und fremden Ansprüchen. Ziel dabei ist die aktiv gestaltende *Selbst- und Sinnkompetenz,* die Fähigkeit zur *Life-Balance*, also den Spagat zwischen Beruf, Familie, Partnerschaft und sozialem Umfeld gut zu meistern. Es ist aber auch die Fähigkeit, durch Lernen und bewussten Erfahrungsgewinn bis ins hohe Alter zu reifen.

Die ganzheitliche Fragestellung lautet: Woher nehme ich die für die Herausforderungen des Lebens erforderlichen Energien und Kompetenzen, um mein Leben in den Griff zu bekommen? Am Ende all unserer Strategien steht der komplexeste aller Gesundheitswerte: die Persönlichkeits- und Lebenskompetenz. Es geht um die Wiedereroberung der Kontrolle über Zeit und unser mentales wie körperliches Wohlergehen. Individuelle Prävention wird umdefiniert: Muße und Aufmerksamkeit, Raum für Eigenes, Entschleunigung, Langsamkeit als Lebensoption, bewusster Konsumverzicht. Die Komplexität unseres Lebens ist es, die ein massives Energie- und Leistungsproblem erzeugt. Überanstrengung und das Burn-out-Syndrom werden zu kollektiven Syndromen. Zu ihrer Bewältigung reichen *Relax-Strategien* allein nicht mehr aus. Individuelle Prävention bedeutet darum *Arbeit am Selbst*: Ich will mit mir selbst in Einklang kommen. Im Vordergrund steht dabei die systematische Entwicklung von Potenzialen und Kompetenzen, der wir uns in den nächsten Kapiteln widmen.

Entwicklung ganzheitlicher Kompetenzen.

4.5 Lernziel Gesundheit

Der Weg in die totale Erschöpfung ist nicht zwangsläufig der Preis, den wir für Karriere und beruflichen Erfolg zahlen müssen, sondern auch eine Folge unserer individuellen Lebensweise, unseres Lifestyles. Dabei können wir unsere Lebensweise selbstbestimmt und eigenverantwortlich so gestalten, dass wir optimal auf große Herausforderungen vorbereitet sind.

Es geht um das bewusste Umgehen mit dem eigenen Körper und um den ökonomischen Einsatz der zur Verfügung stehenden Kräfte. Hierzu gehört, dass wir Aktionspläne entwickeln und realisieren, die uns dem Ziel einer gesunden Lebensführung schrittweise näher bringen, dass wir zum Beispiel unseren Tagesablauf so einteilen, dass genügend Zeit für aktive körperliche Betätigung, für ausreichenden Schlaf und Erholung bleibt, dass wir unsere Freizeitgewohnheiten kritisch überdenken und gegebenenfalls zu verändern suchen, dass wir versuchen, eventuell bestehende Abhängigkeiten von Alkohol, Nikotin und medizinischen Präparaten zu überwinden.

Wir sollten uns mit den Fragen beschäftigen:

- ■ Was erhält den Menschen eigentlich gesund?
- ■ Woher kommt es, dass bestimmte Menschen auch in Situationen mit einem hohen Erkrankungsrisiko nicht krank werden?
- ■ Wie lässt sich Gesundheit fördern bzw. das Erkrankungsrisiko minimieren?

Im Grunde sind diese Fragen, ist diese Sichtweise nicht neu, sie spielte nur in der technisierten Medizin und auch im Denken der meisten Menschen lange Zeit kaum eine Rolle. So hat schon *Kant* darauf hingewiesen, dass wir Gesundheit häufig deshalb missachten, weil wir sie als etwas so Selbstverständliches ansehen, was wir erst dann wahrnehmen, wenn es uns abhandengekommen ist.

Hier beginnt die eigentliche zukunftsorientierte Aufgabe: Die Abkehr von einer symptomorientierten zu einer vorsorgenden Medizin. Immer wieder machen Vorsorgemediziner die Erfahrung, dass falsche und gesundheitsschädigende Verhaltensweisen (schlechte Ernährung, zu viel Fett, wenig Bewegung) tief, abgrundtief, im Menschen verankert sind und sich nur schwer ausmerzen lassen. Wer arm ist, stirbt nicht nur früher, sondern er lebt auch schlechter. Es gilt aber auch: Nicht der Mangel an Geld macht krank, sondern eine Vielzahl von unausgelebten und verdrängten Konflikten, die wir im Laufe des Lebens kompensieren und die zu körperlichen Störungen und schließlich zu Krankheiten führen.

So gesehen ist Burn-out nicht nur ein Risiko, sondern auch eine Chance. Eine Chance, neue Erfahrungen mit sich selbst zu machen, seinem Leben eine neue Richtung zu geben, neue persönliche Ziele zu formulieren und zu realisieren, und die große Chance, sich selbst weiterzuentwickeln. Selbstbesinnung und das Zurückfinden zu sich selbst sind notwendige Voraussetzungen für erfolgreiche Veränderungsprozesse. Im Zentrum einer zukünftigen Medizin steht also der schwere, aber auch aufregende Prozess der Selbstveränderung: An die *inneren Kerne* unseres gesundheitsschädigenden Verhaltens, an unseren inneren Schweinehund heranzukommen, das ist die eigentliche *Reisetätigkeit* des Menschen im 21. Jahrhundert.

Dabei hilft auch das Gesundheitscoaching (siehe Kapitel Persönliche Gesundheitsförderung: Coaching). Steigerung und Erhaltung sowohl der Leistungsfähigkeit als auch der Leistungsbereitschaft durch ein optimiertes Selbstmanagement sind die obersten Ziele beim Gesundheitscoaching. Die Einbindung der Partnerin bzw. des Partners empfiehlt sich. Wer wirkliche Verhaltensänderung herbeiführen will, braucht dafür auch die häusliche Akzeptanz.

Eine unserer wichtigsten Hilfsquellen ist die körperliche Widerstandskraft. Menschen mit starken Gesundheitsressourcen verfügen über Fähigkeiten, auch und gerade in Zeiten starker Beanspruchung, ihre Lebensweise und ihren Lebensrhythmus bewusst zu gestalten:

- Sie gönnen ihrem Körper die notwendigen Erholungs- und Ruhepausen, sie sorgen für ausreichend Schlaf und sie sorgen für Entspannung, um wieder ins Gleichgewicht zu finden (siehe Kapitel Körperliche Balance: Muße, Maß und Meditation).
- Sie ernähren sich bewusst und belasten ihren Körper nicht durch zu reichliches, zu fettes, zu unausgewogenes, zu hastig eingenommenes Essen, sie gehen mit Kaffee, Alkohol und Nikotin kontrolliert um (siehe Kapitel Körperliche Balance: Balance durch Ernährung).
- Sie tun bewusst etwas für ihre körperliche Fitness und ermöglichen ihrem Körper die notwendige Bewegung (siehe Kapitel Körperliche Balance: Balance durch Bewegung).

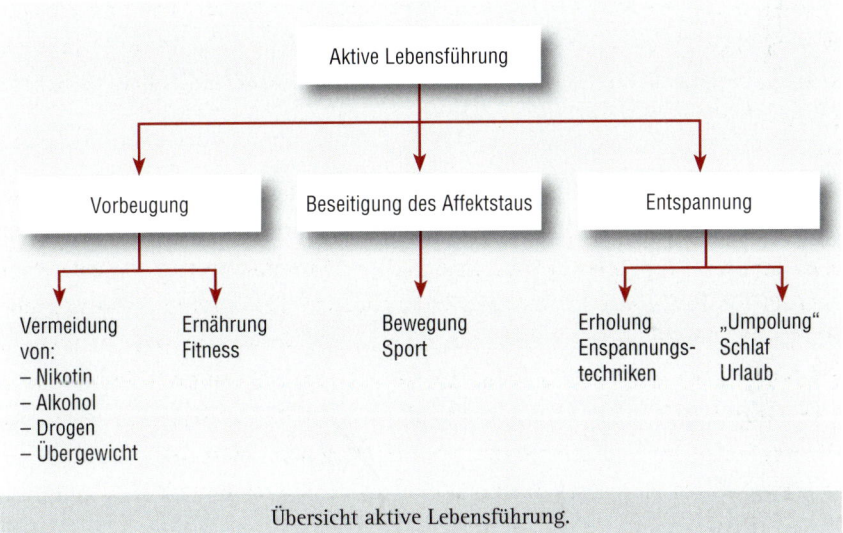

Übersicht aktive Lebensführung.

Kapitel 5:
Körperliche Balance

5.1 Balance durch Bewegung

Der Sinn des körperlichen Stressprozesses liegt darin, die Widerstandskraft des Organismus aufrechtzuerhalten, Reserven zu mobilisieren, blitzschnelles Handeln zu ermöglichen. Es ist ein bewährter Verteidigungsmechanismus, der bei Gefahr instinktiv bei Tier und Mensch in genau der gleichen Weise abläuft (Angriff oder Flucht). Früher mussten unsere Vorfahren vorwiegend körperlich gegen Feinde, Hunger, Durst und Kälte kämpfen. Die Stressreaktion war körperlich sinnvoll und hatte ein physiologisches Ventil: die Mobilisierung aller körperlichen Kräfte zur Verteidigung des Lebens. Wir können heute weder zum Kampf antreten noch fliehen. Stattdessen zwingen wir uns, ruhig zu bleiben. Unser Verteidigungsmechanismus kommt aus dem Gleichgewicht, Alarmphasen ohne die Möglichkeit zur Abreaktion und Regeneration häufen sich. Es kommt immer dann zu Schädigungen, wenn die natürliche Abwehr und Regeneration nicht gelingt, wenn sehr viele Stressoren zu Alarm- und Abwehrreaktionen führen, ohne dass der Körper die Möglichkeit zur Verarbeitung und Regeneration erhält. Dieser *Affektstau* kann zu Schlaflosigkeit führen, zur Flucht in Nikotin und Alkohol. Er ist der Beginn des Burn-out-Risikos.

Empirische Untersuchungen haben zweifelsfrei nachgewiesen, dass körperliche Fitness eine der wichtigsten Voraussetzungen ist, um das persönliche Burn-out-Risiko zu verringern. Wer fit in Belastungssituationen geht und auch in längeren Phasen der Höchstleistung seine körperliche Fitness nicht vernachlässigt, hat gute Chancen, die negativen Stressfolgen bereits im Anfangsstadium abzufangen und gar nicht erst in die Burn-out-Spirale zu geraten.

Die wichtigste Komponente körperlicher Fitness ist ausreichende Bewegung. Unser Organismus ist auf das Wechselspiel zwischen körperlicher Bewegung und Erholung ausgerichtet:

- Die Leistungsfähigkeit eines jeden Organs – und, wie man heute nachweisen kann, auch des Gehirns – hängt von Qualität und Quantität körperlicher Bewegung ab.
- Ein Organismus, dem nicht regelmäßig richtig dosierte Leistungen abverlangt werden, verliert seine Widerstandsfähigkeit gegenüber Krankheiten und anderen körperlichen und psychischen Belastungen.

Körperliche Fitness ist also die wichtigste Ressource, die wir zur Abwehr einer drohenden Burn-out-Gefahr aktivieren können – ein äußerst effektives Gegenmittel, das uns quasi zum Nulltarif zur Verfügung steht. Wir müssen es nur regelmäßig aktivieren. Und wie für Medikamente gilt auch hier: Sport kann seine Schutzwirkung nur entfalten, wenn die Dosierung stimmt. Unterdosierung ist ebenso schädlich wie Überdosierung.

In die Burn-out-Spirale geraten nicht nur Menschen, die über Jahre hinweg kaum etwas für ihre körperliche Fitness getan haben, sondern auch solche, die ihrem Körper regelmäßig zu viel an sportlicher Leistung abverlangen. Rein statistisch überwiegt immer noch die Gruppe der Fitnessverweigerer, für die körperliche Aktivität nur eine Zeitverschwendung darstellt, die sie sich angesichts der Fülle ihrer Aufgaben gar nicht erlauben können. Diese Gruppe findet sich vor allem unter Berufstätigen mittleren und höheren Alters. Besonders unter den jüngeren Burn-out-Gefährdeten gibt es jedoch immer mehr Menschen, für die Fitness einen außerordentlich hohen Stellenwert hat. Nicht zuletzt, weil sie glauben, sich damit einen Karrierevorsprung sichern zu können. Diese Menschen nutzen jede Minute ihrer knappen Freizeit, um sich ständig höhere Leistungen abzuverlangen. Im Extremfall nehmen sie mehrmals im Jahr an Marathonläufen teil, trainieren für den Ironman und gehen auch noch spät nachts ins Fitnessstudio.

So paradox es klingen mag, resultieren beide Verhaltensweisen aus ähnlichen Persönlichkeitseigenschaften: Stark Burn-out gefährdet sind Menschen mit einer überdurchschnittlich hohen Leistungsorientierung. Während die einen all ihre Motivation, ihre Kraft, ihren Ehrgeiz und ihren Leistungswillen ausschließlich auf die Erreichung beruflicher Ziele konzentrieren und dabei ihre sonstigen Bedürfnisse so lange vernachlässigen, bis sie nicht nur körperlich, sondern auch geistig und emotional völlig erschöpft sind, ist es für die anderen keine Frage, sich nicht nur bei der Bewältigung ihrer beruflichen Anforderungen, sondern auch körperlich extreme Anstrengungen zuzumuten.

Beide Gruppen tragen auf diese Art dazu bei, ihr Burn-out-Risiko zu erhöhen; beide rauben ihrem Organismus durch ihr Verhalten die dringend benötigten Widerstandskräfte zur effektiven Abwehr drohender Erschöpfung.

Wer sich vor Burn-out schützen möchte, sollte daher

- als *Anfänger* Sportarten bevorzugen, die den untrainierten Körper nicht überfordern
- und als *Fortgeschrittener* beziehungsweise *Fitnessfreak* Aktivitäten wählen, bei denen Leistungssteigerung und Wettbewerb keine Rolle spielen.

Körperliche Fitness

Die heute weit verbreitete bewegungsarme Lebensweise ist das Ergebnis einer in wenigen Jahrzehnten vollzogenen Technisierung und Automation: Wir gehen selbst kurze Wege kaum noch zu Fuß, sondern fahren mit dem Auto. Wir verfügen über zahlreiche Maschinen und Apparate, die uns die körperliche Arbeit in Haus und Garten abnehmen. Wir müssen nicht einmal mehr bis zum nächsten Briefkasten laufen, sondern verschicken vom Schreibtisch aus unsere E-Mails, erledigen von hier aus Bankgeschäfte, Einkäufe etc. Unser *Kreislauf* ist weitgehend zum Stillstand gekommen.

Die meisten Deutschen sitzen beinahe den ganzen Tag. Das ist viel zu viel. Der Mensch ist nicht zum langen Sitzen geschaffen. Der Organismus braucht regelmäßige Bewegung, um seine Aufgaben auf Dauer erfolgreich meistern zu können. Diese Soll-Bewegung ist am effektivsten, wenn sie zeitlich über den ganzen Tag verteilt wird. Also ein rhythmischer Wechsel zwischen Bewegung, Anspannung und Ruhe. Je fließender, harmonischer dieser Wechsel ist, umso angenehmer wird er vom Körper erfahren.

Folgende Konsequenzen ergeben sich daraus:

- Um einen möglichst vollständigen Ablauf der physiologischen Stressreaktion zu erreichen und sicherzustellen, dass die bereitgestellten Energiepotenziale abgebaut und die Stresshormone wieder auf das Normalniveau zurückgeführt werden, ist es notwendig, dass wir jede Gelegenheit zu körperlicher Aktivität nutzen, die sich uns im Alltagsleben bietet.
- Um unseren Organismus auf Dauer widerstandsfähiger gegen Stress und schädliche Umwelteinflüsse zu machen, ist es notwendig, die körperliche Belastbarkeit und das Dauerleistungsvermögen des Herz-Kreislauf-Systems zu stärken, die allgemeine Fitness zu steigern.

Eine Steigerung der körperlichen Gesamtleistungsfähigkeit, der körperlichen Fitness, lässt sich, wie sportmedizinische Untersuchungen gezeigt haben, allerdings *nur durch ein konsequentes maßvolles Bewegungstraining* erreichen, bei dem der Organismus regelmäßig über einen längeren Zeitraum auf ein gewisses Anstrengungsniveau gebracht wird. Allmählich steigert sich dadurch seine Leistungsfähigkeit. Gelegentliches Sporttreiben oder einmalige Höchstleistungen (z. B. Bergsteigen oder Skifahren im Urlaub) haben kaum positiven Einfluss auf die Dauerleistungsfähigkeit unseres Organismus, sie können im Gegenteil sogar zu Schädigungen führen.

Da sich die positiven Auswirkungen intensiver körperlicher Betätigung nicht länger als einige Tage speichern lassen, ist regelmäßiges Fitnesstraining ein Lebensprogramm. Es ist die unverzichtbare Grundvoraussetzung jeder ganzheitlichen Burn-out-Strategie.

Fit mit Spaß

War man noch vor wenigen Jahren der Meinung, dass Bewegung nur seine volle positive Wirkung entfaltet, wenn man dabei eine bestimmte Pulsfrequenz erreicht, so weiß man heute, dass schnelles Spazierengehen oder Walking langfristig die gleichen, Gesundheit und Wohlbefinden fördernden Effekte haben wie Joggen, Inline-Skating, Skilanglauf oder Tanzen. Häufig bemerkt man schon wenige Tage nach Beginn des neuen Sportprogramms, dass es nicht nur dem Körper gut tut, sondern dass man sich danach auch psychisch deutlich besser fühlt. Das Selbstbild wird positiver. Man ist weniger nervös, dafür aber ausgeglichener, belastbarer und fühlt sich schwierigen Alltagssituationen besser gewachsen [Barthmann 2005].

- Wer regelmäßig Sport treibt, übernimmt damit Verantwortung für sich selbst. Er handelt selbstbestimmt.
- Erfolgserlebnisse sind garantiert, solange man sich nicht überfordert. Sie stärken das Selbstwertgefühl, die Stimmung hellt sich auf, das Selbstvertrauen nimmt zu.
- Wer sich überwunden und etwas geschafft hat, traut sich auch in anderen Lebensbereichen mehr zu, geht entspannter in schwierige Situationen und tritt anderen Menschen offener gegenüber.
- Eine Leistung ohne krampfhaftes Bemühen allein erbringen zu können, stärkt das Vertrauen in die eigenen Möglichkeiten, mindert Versagensängste und Depressionen.
- Wer den eigenen Rhythmus gefunden hat, entwickelt so etwas wie „meditative Bewegung". Wir geraten in einen Bewusstseinszustand ohne Grübelei, in dem Ängste und ungelöste Probleme vorübergehend keinen Platz finden.

Csikszentmihalyi beschreibt diesen Zustand, den er *Flow* nennt, sehr treffend: Ist die Freude am Tun, ein selbstständiges *Fließen* erst einmal erreicht, geht es den Betreffenden nicht mehr um Anerkennung oder Verständnis von Außen. Sie gehen in ihrer Tätigkeit, ihrem *Tun* auf. Dabei ist es jedoch wichtig, den richtigen Schwierigkeitsgrad für die jeweilige Tätigkeit zu finden. Überforderung führt zu Frust, Unterforderung zu Langeweile. Nur die *richtige Intensität* führt zum *optimalen Erlebnis*. Der Sport soll nicht Mittel zum Zweck sein, er wird – richtig betrieben – eine aus sich selbst heraus befriedigende, genussvolle Aktivität.

Für die wechselseitige Wirkung zwischen Bewegung und Denken gibt es bis heute keine eindeutigen Beweise. Hirnforscher nehmen aber an, dass das Denkvermögen durch körperliche Bewegung gesteigert wird – vermutlich ein Relikt unserer Evolution: Bei Tieren gibt es keine Trennung zwischen geistiger und motorischer Aktivität. Sie sind bei der Erforschung ihrer Umwelt, bei der Suche nach Futter oder einem Partner immer in Bewegung. Noch heute, so die Theorie, funktioniert unser Gehirn besonders gut, wenn die Nervenzellen durch die Taktfrequenz unserer Schritte stimuliert werden.

Das Wichtigste ist: Was Sie tun, soll Ihnen Spaß machen, soll Sie mit Freude und Genugtuung erfüllen, Ihnen einen Ausgleich für die Arbeitsbelastung bieten. So einfach sich das anhört: Treppen steigen statt den Aufzug zu benutzen, im Büro, wenn irgend möglich, die direkte Kommunikation dem Telefon vorziehen, beim Telefonieren aufstehen und herumlaufen, ein Stehpult benutzen. Dies sind die ersten, aber wichtigen Schritte in ein *bewegteres Leben*. Nutzen Sie darüber hinaus alle weiteren Möglichkeiten im Alltag, sich zu bewegen. Sie werden sehen: Es macht Sie nicht müder, sondern munterer. Wichtige Konferenzen und lange Sitzungen sollten durch *Fit-Stopps* unterbrochen werden, damit die Teilnehmenden mental wieder auftanken können. Also: Entdecken Sie den Spaß an der Bewegung wieder, freuen Sie sich an Ihrer Beweglichkeit, ihrem neuen Körpergefühl. Bald werden Sie jeden *unbewegten* Tag als unangenehm empfinden und sich auf Ihre *Bewegungstermine* freuen.

Berücksichtigt man alle Argumente für die Durchführung eines Fitnesstrainings, bleiben uns eigentlich keine Ausreden mehr. Trotzdem bleibt es häufig bei guten Vorsätzen, deren Umsetzung immer weiter aufgeschoben wird. Körperliche Gesundheit ist keine Ware, die man käuflich erwerben kann. Für den Zustand des eigenen Körpers sind nicht erster Linie der Arzt, die medizinische Wissenschaft oder die Rahmenbedingungen unseres Alltagslebens verantwortlich, sondern wir selbst.

Gerade wer beruflich stark in Terminzwänge eingespannt ist, glaubt häufig, ein regelmäßiges Training sei mit den spezifischen Anforderungen seines beruflichen Alltags nicht vereinbar. Die Chancen, dass dies dennoch gelingt, lassen sich erheblich verbessern, wenn man sich für dieses Unternehmen von

Beginn an vielfältige soziale Unterstützung sichert – in der Familie, im Bekanntenkreis, im beruflichen Umfeld. Jeder Rückfall in die früheren, gesundheitsabträglichen Gewohnheiten würde dann zu einem *öffentlichen* Rückfall. Und auf der anderen Seite bringt jeder Erfolg auch soziale Anerkennung und damit zusätzlichen Gewinn. Eine soziale Verstärkung ist vor allem in den frühen, besonders rückfallgefährdeten Phasen der Lebensumstellung eine ganz wesentliche Hilfe.

Unterrichten Sie deshalb andere von Ihrem Vorhaben; informieren Sie Ihre Sekretärin und Ihre Kollegen, dass Sie künftig jeden Dienstag und Freitag eher Schluss machen, weil Sie anschließend zum Joggen oder mit Freunden zum Schwimmen gehen. Suchen Sie sich in Ihrem Kollegen- und Bekanntenkreis Mitstreiter, mit denen Sie gemeinsam regelmäßig etwas für Ihre Fitness tun. Animieren Sie Ihre Kollegen, künftig mit Ihnen gemeinsam auf den Firmenaufzug zu verzichten und gelegentlich auch einmal eine Besprechung bei einem Spaziergang an frischer Luft zu erledigen. Warum sollte es nicht möglich sein, die Mittagspause regelmäßig mit einem kurzen Spaziergang abzuschließen?

Wenn Sport und Bewegung Ihnen Spaß machen, dann tun Sie es auch. Und dabei sind keine Höchstleistungen notwendig. *Nicht maximales, sondern optimales Training ist gefragt* [Laws 2006]. „Es gibt kein Medikament und keine

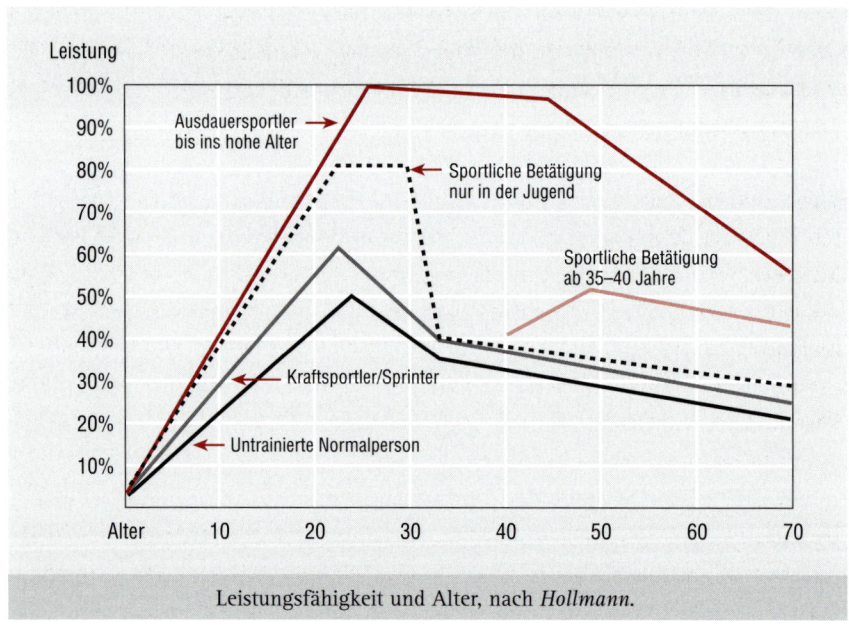

Leistungsfähigkeit und Alter, nach *Hollmann*.

Maßnahme, die einen vergleichbaren Effekt hat wie das körperliche Training. Gäbe es ein solches Medikament mit solch herausragenden Wirkungen und quasi ohne Nebenwirkungen, wäre jeder Arzt gehalten, es zu verschreiben" [Hollmann 1983]. Wer ab 40 anfängt, sich sportlich zu betätigen (3-mal 30 Min. Ausdauer, 2-mal Krafttraining pro Woche), kann seine körperliche Leistungsfähigkeit erheblich steigern und bis ins Alter auf hohem Niveau erhalten (siehe Abbildung).

Wenn Sie Ihren Tagesablauf nach biorhythmischen Gesichtspunkten planen, sollten Sie das Prinzip der Energiegewinnung für stoffwechselbetontes Ausdauertraining berücksichtigen.

Sanftes Ausdauertraining vor dem Frühstück an zwei bis drei Tagen pro Woche hat den Vorteil, dass Ihr Körper noch einen Teil der nächtlichen Fettverbrennungsphase nutzen und den Fettstoffwechsel besonders gut ankurbeln kann. In dieser Phase ist der Blutzuckerspiegel niedrig und Ihr Körper muss automatisch zur Energiegewinnung vermehrt auf seine Fette in den Depots zurückgreifen. Allerdings darf die körperliche Belastung nur so hoch sein, dass die Fette als langsame Energielieferanten dafür infrage kommen. Bei intensiver muskulärer Belastung benötigt Ihr Körper Kohlenhydrate. Sie merken das daran, dass beispielsweise beim Laufen die Bewegungen schwer fallen und das Weitermachen Überwindung kostet. Sie müssen deshalb im sogenannten aeroben Bereich trainieren. Dazu zählen alle Ausdauersportarten. Hilfreich sind auch Pulsuhren, die entsprechend der Anforderung eingestellt werden können. Optimales Training: Anfangs 30 Minuten pro Einheit, später entsprechend dem Trainingszustand steigern.

Wenn Sie Ihre Muskeln intensiv beanspruchen, zieht Ihr Organismus in erster Linie Kohlenhydrate zur Energiegewinnung heran. Ein morgendliches Muskelaufbautraining vor dem Frühstück ist also nicht ratsam, da dafür die notwendige Energie fehlt. Der ideale Zeitpunkt für ein Krafttraining, also ein Muskelaufbautraining, ist der Abend, möglichst vor dem Abendessen. Dem Training sollte sich eine proteinreiche und kohlenhydratfreie Abendmahlzeit anschließen. Der erhöhte Energieumsatz durch das Muskeltraining kann 12 bis 24 Stunden anhalten.

Es muss nicht das Fitnessstudio sein oder das eigene Trainingsgerät zu Hause. Sie können Ihre Muskulatur einfach mit Gymnastik oder einem Thera-Band stärken. In den ersten zwei Monaten ist ein sanftes Krafttraining mit einem

Durchgang von 15 bis 25 Wiederholungen pro Übung sinnvoll. Wählen Sie den Widerstand so, dass Sie die eine oder andere Wiederholung noch schaffen könnten. Ab dem dritten Monat steigern Sie sich auf zwei Durchgänge und erhöhen den Widerstand, dazwischen jeweils 90 Sekunden Pause.

Test: Wie fit sind Sie?

- Wann haben Sie sich zum letzten Mal längere Zeit intensiv an der frischen Luft bewegt?
- Gibt es bereits Alarmsignale Ihres Körpers, die auf mangelnde Fitness oder erste Krankheitssymptome hinweisen, die ihre Ursache in zu geringer körperlicher Bewegung haben könnten?
- Sind Sie selbst mit Ihrer Leistungsfähigkeit völlig zufrieden oder beunruhigt es Sie, dass Sie heute nicht mehr so viel schaffen wie früher, dass Sie schneller ermüden und längere Zeit brauchen, um sich von Anstrengungen wieder zu erholen?
- Schaffen Sie sich Klarheit über Ihren Fitnesszustand, indem Sie zunächst einmal die folgenden Aussagen bestätigen oder verneinen.

Aussagen zur körperlichen Belastbarkeit	Ja	Nein
Wenn ich eine Treppe mit mehr als 15 Stufen hinaufgehe, gerate ich außer Atem.		
Ich brauche heute wesentlich länger als früher, mich von körperlichen Anstrengungen wie Treppensteigen zu erholen.		
Nach einer relativ kurzen körperlichen Anstrengung, zum Beispiel einem Bus hinterher zu rennen, fühle ich mich wie ausgepumpt.		
Ich leide häufig an Muskelverspannungen.		
Eine halbe Stunde intensiv Tennis oder Fußball zu spielen, würde ich zur Zeit kaum durchhalten können.		
Wenn ich mich einmal sportlich betätige, leide ich danach oft tagelang an Muskelkater.		
Am Ende eines Arbeitstages bin ich meistens so erschöpft, dass ich keine Energie mehr habe, irgendetwas zu unternehmen.		
Ich bin häufig auch tagsüber müde und körperlich erschöpft.		
Ich bin heute reizbarer als noch vor ein paar Jahren.		
Die Reaktionen meines Körpers auf körperliche Anstrengungen (starkes Herzklopfen, Atemnot usw.) machen mir Angst.		

Nur wenn Sie alle Fragen wahrheitsgemäß mit Nein beantworten konnten, ist Ihr Fitnesszustand so gut, dass es nichts mehr zu verbessern gibt. Sie müssten jetzt lediglich noch dafür sorgen, dass dies auch in Zukunft so bleibt.

Jede Ja-Antwort ist ein Grund mehr, schon heute damit anzufangen, Ihre körperliche Fitness zu verbessern.

Beachten Sie dabei folgende Regeln:

- Regelmäßigkeit: Ihr Terminkalender ruft nach „bewegten Zeiten"!
- Wohlbefinden: Übertreiben Sie nichts, achten Sie auf die Signale Ihres Körpers!
- Abwechslung: Wählen Sie unterschiedliche Sportarten, Ausdauer und Krafttraining!
- Intensität: Lieber lange langsam!
- Entspannung: Richtige Regeneration nach dem Sport als Trainingsprinzip!
- Alltagstauglich: Treppe, Fahrrad und Co. stehen Ihnen fast immer zur Verfügung!
- Bürofitness: Legen Sie jede Stunde kleine *Fit-Stopps* ein – aufstehen, dehnen, strecken, bewegen!
- Pausenzeiten: Gestalten Sie Ihre Mittagspause aktiv, legen Sie einen kurzen Spaziergang ein!
- Gemeinsam stark: Mit mehreren machen Aktivzeiten mehr Spaß!
- Selbstbewusstsein: Seien Sie stolz auf Ihre bisherigen Erfolge!

5.2 Balance durch Ernährung

Der Mensch ist, was er isst

Geistige Leistungsfähigkeit und psychische Belastbarkeit sind im beruflichen Alltag hohen Anforderungen ausgesetzt. Essen und Trinken sind deshalb genauso wichtige Aspekte eines Persönlichkeitsmanagements wie beispielsweise der Umgang mit Stress. Ohne eine gesunde Ernährungsweise besteht die Gefahr, dass die körperlichen und geistigen Reserven, die für eine erfolgreiche Bewältigung der anstehenden Aufgaben benötigt werden, vorzeitig verbraucht sind. Ernährung ist ein wirksames Instrument zur Erhaltung von Gesundheit, Lebensfreude und Leistungsfähigkeit. Deshalb lohnt es sich, lieb gewonnene Ernährungsgewohnheiten kritisch zu hinterfragen und vielleicht sogar abzulegen.

Geht man von der Fülle der angebotenen Nahrungsmittel und der veröffentlichten Empfehlungen über eine *gesunde* Ernährung in den Medien aus, müssten wir ein Volk gesunder, schlanker und langlebiger Menschen sein. Die Statistik offenbart aber das Gegenteil. Laut WHO (World Health Organisation) sterben bereits heute weltweit mehr Menschen an den Folgen von Über- und Fehlernährung und Bewegungsmangel als an ansteckenden Krankheiten. Ernährungsbedingte Krankheiten und Stoffwechselstörungen verursachen in Deutschland jährlich höhere Kosten (ca. 25 Milliarden Euro) als Herz-Kreislauf-Erkrankungen (ca. 20 Milliarden Euro; Ernährungsbericht 2008). Ein Viertel aller Kinder und Jugendlichen sowie über die Hälfte aller Erwachsenen in Deutschland sind übergewichtig, mit steigender Tendenz. Das Angebot an hochwertigen Lebensmitteln war noch nie so groß wie heute. Aber ebenso groß ist das Angebot von Fertigkost, Burgern und Fritten, von angeblich gesunden Müsli-, Milch- und Schokoriegeln und Energiedrinks. Wir wissen zwar viel über Ernährung, setzen es aber nicht um. Gefangen zwischen widersprüchlichen Botschaften essen wir uns krank: Konsumieren ist großartig – Übergewicht ein Makel.

Das größte Ernährungsproblem stellt die sogenannte unausgewogene Überernährung dar. Wir essen von manchem zu viel und von vielem zu wenig. Wir essen zu fett und zu süß, in der Bilanz heißt das: zu energiedicht und zu nährstoffarm. Wir muten unserem Organismus weit mehr Energie zu, als er verwerten kann. Die Energiebilanz ist nicht mehr ausgewogen, sondern hat sich dauerhaft auf der Seite des Überschusses eingependelt. Doch die Folgen einer Fehlernährung machen sich erst mit Verzögerung bemerkbar. Übergewicht belastet Wirbelsäule, Knochen und Gelenke und ist, noch durch den mit ihm einhergehenden Bewegungsmangel verstärkt, für Leistungsschwäche ebenso verantwortlich wie für chronische Müdigkeit oder Erschöpfung. An den Zivilisationskrankheiten Bluthochdruck, Schlaganfall, Diabetes, Rheuma, Gallensteinen, Gicht und Krebs ist Übergewicht wesentlich und ursächlich beteiligt. Im psychischen Bereich führt Fehlernährung zu Konzentrationsstörungen, Lustlosigkeit. Leicht entsteht ein schwer zu durchbrechender Kreislauf aus mangelndem Selbstbewusstsein, depressiven Verstimmungen, Rückzugstendenzen und erhöhter Kalorienaufnahme nach dem Motto: Jetzt ist es sowieso egal.

Auf Stress, Ärger oder Ängste im Berufsleben reagieren Menschen mit ganz unterschiedlichem Essverhalten. Bei vielen schlägt die Belastung auf den Magen: Der Appetit lässt nach, Mahlzeiten werden vergessen, dem Körper werden dringend benötigte Nährstoffe vorenthalten. Andere Menschen neigen in vergleichbaren Situationen zum Gegenteil: Sie essen unkontrolliert, zu viel, zu süß, zu fett. Sie trösten sich mit Nahrung und fressen ihren Ärger in sich hinein. Der Organismus muss dann mit einer zusätzlichen Belastung, dem Kalorienüberangebot, fertig werden. Nachgewiesen wurde ein enger Zusammenhang zwischen Stresssituationen und Essverhalten: Bei psychischer Belastung werden fettreiche und süße Speisen bevorzugt, zugleich wird Bewegung eingespart.

Die meisten Erwachsenen wissen noch nicht einmal, dass sie sich falsch ernähren. Ernährungsverhalten wird in der Kindheit geprägt. Eltern interpretieren das Schreien ihres Säuglings oft als Zeichen von Hunger und geben ihm etwas zu essen, dabei hat das Kind vielleicht Angst und braucht Trost und Zuwendung. Später belohnen wir uns bei *Frust* mit Schokolade und bekämpfen innere Unruhe mit Süßigkeiten. Essen wird zur Pauschalantwort auf alle negativen Gefühle; Konflikt-, Stress- oder Angstsituationen werden fälschlicherweise als Hunger gedeutet. Die kindliche Prägung unseres Ernährungsverhaltens als Ursache von Gewichtsproblemen ist die eine Seite; Umwelt, Stress und Bewegungsmangel die andere.

Dass bei diesem Ernährungsverhalten Diäten Konjunktur haben, ist kein Wunder. Für Diäten werden jährlich auf dem riesigen Markt von Atkins bis Weight-Watchers, von Heilfasten bis Hollywood-Diät 1,2 Milliarden Euro ausgegeben. Den Brigitte-, Mayo-, Markert-, Fit-For-Life- oder Trennkost-Ratschlägen schenken wir nicht nur nach kalorienreichen Wintermonaten und vor Urlauben, sondern das ganze Jahr über ein offenes Ohr. Mit der immer wiederkehrenden Hoffnung, die überflüssigen Pfunde diesmal sicher und endgültig loszuwerden, folgen wir den Empfehlungen, um nach einigen Wochen zu erkennen, dass auch diese Diät gescheitert ist. Übergewicht ist ein überaus komplexes Phänomen, das nur schwer durch Gegenmaßnahmen in den Griff zu bekommen ist. Heere von Wissenschaftlern versichern uns täglich, dass es allein in unserer Hand liegt, schlank und gesund zu sein. Und doch hindert uns ein übermächtiger innerer Schweinehund daran, unser gesundheitsschädigendes Verhalten zu ändern. Was motiviert uns überhaupt noch, unser Ernährungsverhalten zu ändern? Nicht die Verheißung gesünder zu werden und länger zu leben, sondern eher das bessere Aussehen, die bessere Figur.

Das Ernährungskonzept von *Detlef Pape*, „Schlank im Schlaf", bei dem es sich wohlweislich nicht um eine Diät, sondern um eine Umstellung der Ernährungs- und Bewegungsgewohnheiten handelt, skizzieren wir aufgrund seiner Wirksamkeit kurz. Unser Körper folgt einem natürlichen Rhythmus von Aktivität (Leistungsphase) und Schlaf (Regenerationsphase). In der Leistungsphase während des Tages benötigt der Organismus leicht verwertbare Kohlenhydrate zur Energiegewinnung. In der Schlafphase mobilisiert der Körper die für die Reparaturvorgänge notwendige Energie aus den Fettspeichern durch Fettverbrennung. Der nächtliche Schlaf repräsentiert somit die längste Phase der Fettverbrennung im 24-Stunden-Biorhythmus. Morgens benötigt man zum Start in den Tag Energie, dafür werden Kohlenhydrate gebraucht. Mittags kann geschlemmt werden. Das Abendessen sollte eiweißbetont und möglichst kohlenhydratfrei sein (Insulin-Trennkost), da während der nächtlichen Ruhephase die Kohlenhydrate nicht mehr abgerufen werden und ein hoher Insulinspiegel die Fettverbrennung stört.

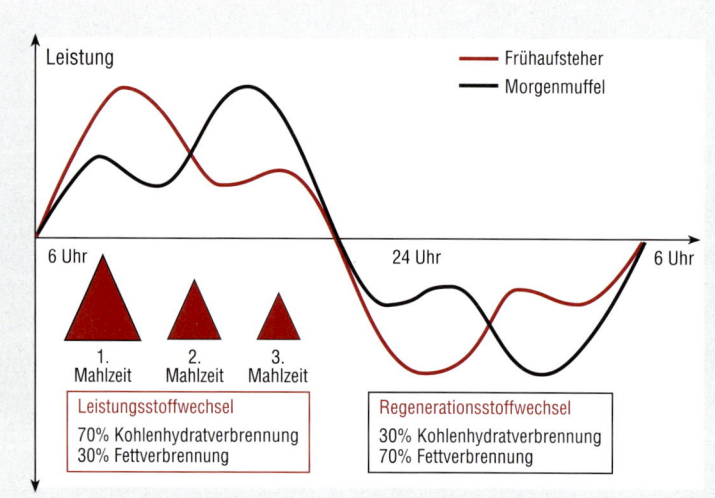

Essen im Rhythmus der Tagesleistungskurve – nur 3-mal täglich.

Nur 3-mal täglich bedeutet: Frühstück, Mittagessen, Abendessen – keine Zwischenmahlzeiten. Rote Kurve: *Frühaufsteher* mit einem Leistungshoch am Vormittag. Schwarze Kurve: *Morgenmuffel* mit einem Leistungshoch am Nachmittag. Beiden gemeinsam ist der physiologische Wechsel gegen 21 Uhr in den Regenerationsstoffwechsel. Der Organismus bezieht jetzt die notwendige Energie für die nächtliche Reparaturarbeit nicht aus der Kohlenhydratverbrennung, sondern aus der Fettverbrennung. Deshalb sollte die letzte Mahlzeit möglichst vor 21 Uhr beendet sein.

Essen mit Genuss und Freude

Ernährungsberatung ist heute zum hochaktuellen, komplexen Thema geworden, zur umfassenden Lebensberatung mit dem Ziel, einerseits Grundsätzliches über Makro- und Mikronährstoffe zu vermitteln und andererseits auf persönliche Bedürfnisse einzugehen. „Rotwein gegen Herzinfarkt", „Tomaten gegen Prostatakrebs", „Grüner Tee gegen Bluthochdruck", „Mittelmeerkost für ein langes Leben" – so oder ähnlich lauten die in Fachzeitschriften, Ratgebern und Publikumsmedien angepriesenen ernährungswissenschaftlichen *Erkenntnisse*. Da die bisherigen Konzepte versagt haben, arbeiten Wissenschaftler längst daran, neben maßgeschneiderten Hungerbremsen fürs Gehirn auch an das persönliche Genprofil angepasste Nahrungsmittel (Nutrigenomics) zu entwickeln. Denn wirklich erfolgreich kann nur ein individuell zugeschnittenes, ganzheitliches Ernährungskonzept sein. Eine typgerechte Ernährung rüttelt an einer zentralen Illusion. Die Vorstellung, dass es eine allgemeine, für alle gültige gesunde Ernährung gäbe, ist ungefähr so einleuchtend wie die Annahme, es gäbe eine ideale Kleidergröße für alle.

So haben bereits vor mehr als tausend Jahren Ärzte Typologien entwickelt, die dem persönlichen Ernährungs- und Lebensstil gerecht werden. Die traditionelle chinesische Medizin (TCM) ordnet den Bedürfnissen des Körpers die fünf Elemente Holz, Feuer, Erde, Metall und Wasser zu. Dasselbe Ziel verfolgt die indische Medizin Ayurveda mit den Prinzipien Vata (Bewegung, Äther, Luft), Pitta (Transformation, Feuer, Wasser) und Kapha (Struktur, Wasser, Erde). Verblüffend ist, wie viel davon in *großmütterlichen Weisheiten* steckt, die wir durch Fortschritt, Modediäten oder Vitaminwahn, aber auch durch veränderte Lebens- und Arbeitsbedingungen vergessen haben: Kühlende Speisen im Sommer (Salate, Fisch, Weißwein), wärmende Speisen im Winter (Fleisch, Kohlgemüse, kräftige Gewürze, Rotwein), um nur einige Beispiele zu nennen.

Gehören Sie auch zu den Menschen, die glauben, beruflicher Alltag oder veränderte Freizeitgewohnheiten ließen regelmäßige Mahlzeiten nicht zu, weil Ihnen die Zeit dafür fehlt? Zeitdruck und Stress verführen zu einem übergangenen Frühstück oder zu einem kurzen Lunch im Stehen. Die im Tagesverlauf physiologisch nachlassende Konzentrationsfähigkeit wird durch ein Mehr an Kaffee und Nikotin wettgemacht. Mittagspausen werden umfunktioniert zu dringlichen Fachgesprächen oder zur Klärung anstehender Probleme. Häufig wird zu Mittag Fastfood, Kuchen oder eine Tafel Schokolade gegessen. Auch das Abendessen ist oft viel zu üppig, zu alkoholreich und zu spät. Zur Senkung des anhaltend hohen Stresspegels wird der Fernseher eingeschaltet, dazu eine

Flasche Wein oder Bier geöffnet und gedankenlos mit Süßigkeiten, Nüssen oder Chips heruntergespült. Man ist so mit anderen Dingen beschäftigt, dass man nicht mehr wahrnimmt, was man isst und trinkt.

Ihr persönliches Ernährungsverhalten sollte vor allem folgenden Forderungen gerecht werden:

- Stellen Sie das, was Sie essen und trinken in Quantität und Qualität so zusammen, dass Sie sich weder körperlich noch geistig zu sehr belasten. Ihre Ernährung soll Ihre Abwehrkräfte stärken, Sie dauerhaft für die Erfüllung hoher Anforderungen stärken und Sie vor gesundheitlichen Beeinträchtigungen schützen. Schauen Sie sich Ihre Ernährungsgewohnheiten kritisch an.
- Die täglichen Mahlzeiten sind Inseln in Ihrem Tagesablauf, Zeiten, in denen Sie Abstand gewinnen, sich von den Anstrengungen des Tages erholen, Entspannung finden, Genuss und Freude erleben. Essen und trinken Sie im Biorhythmus Ihrer Tagesleistungskurve (siehe Abbildung Seite 78).
- Verhalten Sie sich skeptisch gegenüber sogenannten Patentrezepten. Eine für alle richtige Ernährung gibt es nicht. Hören Sie auf Ihren Körper. Finden Sie heraus, was Ihnen gut tut und was Ihnen bekommt. Lassen Sie sich nicht zu Speisen oder Getränken überreden, die Sie nicht mögen, oder von denen Sie wissen, dass sie Ihnen nicht bekommen.
- Machen Sie sich nicht zum Sklaven einer Kalorientabelle. Damit schaffen Sie sich nur zusätzlichen Stress, vor allem, wenn Sie Ihre Vorgaben nicht einhalten. Wenn Sie *sündigen*, tun Sie es mit Überzeugung und ohne schlechtes Gewissen.
- Essen Sie sich satt, dann sind Sie am besten vor Hungerattacken geschützt. Hungern programmiert die nächste Heißhunger-Attacke! Achten Sie jedoch auf Ihr Hungergefühl und hören Sie mit dem Essen auf, wenn Sie satt sind. Häufig signalisiert Ihr Körper Hunger, obwohl Sie eigentlich nur Flüssigkeit brauchen. Wenn Sie genügend trinken, kommen Sie erst gar nicht in die Verlegenheit, Durst mit Hunger zu verwechseln.
- Essen und trinken Sie mit Genuss und Freude. Nehmen Sie sich Zeit. Machen Sie Ihre Mahlzeiten zu einem sinnlichen Vergnügen – Sie erhöhen damit auch Ihre körperliche und psychische Stressstabilität.

Ernährung im Alltag

Das *Frühstück* ist für viele Menschen die wichtigste Mahlzeit für den Start in den Tag. Dabei ist es wichtig zu wissen, dass morgens der Stoffwechsel noch träge ist. Wenn der Magen in dieser Situation als erstes mit einem Glas Orangensaft aus dem Kühlschrank überrascht wird, grenzt es schon an ein Wunder, wenn er das nicht übel nimmt. Sie entscheiden bereits morgens, ob Sie den Anforderungen des Tages optimal gewachsen sind. Wenn Sie jetzt schon in Eile sind und Ihre Gedanken bereits um Probleme am Arbeitsplatz kreisen, werden Sie sich kaum Zeit für ein ruhiges Frühstück nehmen.

Sie trinken vielleicht hastig eine Tasse Kaffee, essen dazu ein oder zwei Brötchen, schlucken ein paar Vitamintabletten, stellen mit einem Blick auf die Uhr fest, dass Sie schon längst unterwegs sein sollten, und verlassen hastig das Haus. Im Büro wartet bereits die nächste und die übernächste Tasse Kaffee, denn Sie wissen aus Erfahrung, dass Ihre Konzentrationsfähigkeit sonst sehr schnell abnimmt.

Hätten Sie sich dagegen in dem Wissen, was in den nächsten Stunden auf Sie zukommt, ausreichend Zeit für ein ruhiges, *nachhaltiges* Frühstück genommen – beispielsweise ein Vollkornmüsli mit frischem Obst – und vielleicht noch einen Blick in die Zeitung geworfen, ein kurzes Gespräch geführt, könnten Sie dem morgendlichen Bürostress mit wesentlich größerer Gelassenheit begegnen.

Ihr Körper braucht morgens vor allem Kohlenhydrate – und zwar nicht zu knapp. Während der Nacht werden die Glykogenreserven in der Leber für die Versorgung des Gehirns benötigt und müssen erneuert werden. Dafür sind Brot, Müsli und Früchte am günstigsten. Damit es aber nicht zu einer überschießenden Insulinreaktion im Blut mit anschließendem Unterzucker und Hungerattacken kommt, sollte das Frühstück möglichst kein tierisches Eiweiß, also keine Eier, Schinken oder Käse enthalten. Müsli oder Vollkornbrot mit Margarine, Marmelade oder vegetarischen Brotaufstrichen (mit Gurke oder Tomate) sind ideal. Sind Sie ein Müslifan, können sich richtig satt essen. Allerdings mit einer Einschränkung: Milch und Milchprodukte sollten Sie durch Orangensaft, Sojamilch oder Sojajoghurt ersetzen.

Das *Mittagessen* soll Ihren beruflichen Alltag unterbrechen. Schweres Essen belastet den Verdauungstrakt und macht müde. Alkohol wirkt mittags auf die meisten Menschen alles andere als beflügelnd. Frisch zubereitet sind Fisch und Fleisch leicht verdaulich, dazu Gemüse, Salat und Obst, als Getränke Fruchtsäfte oder Mineralwasser. Jetzt können Sie Mischkost, also die Kombination von Kohlenhydraten, Fett und Eiweiß essen. Tagsüber ist Ihr Körper in der Lage, die durch die Mahlzeiten bereitgestellte Energie auch abzurufen – eine höhere

Insulinantwort wirkt sich nicht so ungünstig aus wie am Abend. Also: Genießen Sie Pasta oder Reis oder Kartoffeln mit Fleisch oder Fisch oder Eintöpfe. Wenn Sie auf ein Dessert nicht verzichten können, essen Sie es jetzt, direkt nach dem Mittagessen. Machen Sie anschließend einen kurzen Spaziergang, um der *postprandialen* Müdigkeit entgegenzuwirken. Das Mittagessen liefert nicht nur Energie, es ist eine bewusste Pause im beruflichen Alltag. Wenn Sie gemeinsam mit Kollegen zum Essen gehen, achten Sie darauf, dass die Pause für alle Beteiligten eine Zeit der Erholung und Entspannung ist. Vermeiden Sie während der Mahlzeit Fachgespräche, Diskussionen um anstehende Probleme und dergleichen.

Das *Abendessen* beschließt den Tag. Eine ruhige und entspannte Atmosphäre hilft, gedanklich Distanz zu den Ereignissen des Tages zu gewinnen. Angesagt sind Entspannung und Erholung, lustvolle Zufriedenheit. Doch Vorsicht: Spätes Essen, reichhaltige und schwer verdauliche Speisen sowie zu viel Alkohol lassen Sie unruhig schlafen und erschweren Ihnen das Aufstehen am nächsten Morgen. Dinner-Cancelling heißt nichts anderes, als an ein oder zwei Abenden der Woche das reichhaltige Abendessen ausfallen zu lassen und beispielsweise durch eine frisch zubereitete Gemüsesuppe oder ein paar Antipasti vor 19 Uhr zu ersetzen. Ideal sind abends Eiweißmahlzeiten (Gemüse, Fisch, Fleisch, Eier), denn sie behindern die nächtliche Zellregeneration und Fettverbrennung nicht und halten den Insulinspiegel niedrig – ganz im Gegensatz zu einfachen Kohlenhydraten wie Brot, Nudeln oder Reis. Als Beilagen eignen sich Gemüse oder Salate mit Ausnahme von Möhren, Mais und Hülsenfrüchten. Das heißt andererseits: keine stärkehaltigen Beilagen wie Reis, Nudeln oder Kartoffeln, das gilt auch für Brot und mehlige Saucen. Naschen nach dem Essen ist tabu, denn Kohlenhydrate halten den nächtlichen Insulinspiegel hoch und verhindern eine nächtliche Fettverbrennung. Zwischen Mahlzeit und dem Zu-Bett-Gehen sollten möglichst drei bis vier Stunden liegen.

Flüssigkeitsmangel ist oft die Ursache von Kopfschmerzen und Konzentrationsstörungen. Trinken Sie deshalb täglich mindestens zwei bis drei Liter Flüssigkeit. Bevorzugen Sie Leitungswasser, Mineralwasser, Tees und verdünnte reine Fruchtsäfte. Gut geeignet sind auch alle ungesüßten Früchte- und Kräutertees. Bedenken Sie, dass alle sprudelnden Getränke mit Kohlensäure versetzt sind. Damit führen Sie Ihrem Körper ständig Säuren zu; im Extremfall kann es zu einer Übersäuerung des Organismus kommen. Fertige Limonadengetränke und Fruchtnektargetränke sind mit ihrem hohen Zuckeranteil verborgene Dickmacher und schaden den Zähnen, den Knochen (Osteoporose) und dem

Bauch. Auch Fruchtsäfte sind nicht zuckerfrei. Kaffee und schwarzer Tee wirken harntreibend und führen zu Flüssigkeitsverlust. Ein heller Urin zeigt an, dass Sie genug trinken. Verteilen Sie die Flüssigkeitszufuhr möglichst gleichmäßig über den ganzen Tag. Stellen Sie sich z. B. morgens zwei Flaschen Wasser auf den Schreibtisch, die bis abends ausgetrunken sein sollten. Nehmen Sie auch bei jeder Mahlzeit ein Getränk zu sich. Trinken Sie Kaffee oder Espresso ebenso wie Alkohol in Maßen. Bewahren Sie sich alkoholische Getränke als Genuss für besondere Gelegenheiten.

Empfehlungen zur Ernährung (Professor Heufelder)

Menschen, die unter Dauerstress stehen, müssen neben ausreichender körperlicher Aktivität und Maßnahmen zum Stressabbau auf eine optimale Ernährung achten. Wenn Sie die folgenden Ernährungsstrategien konsequent verfolgen, können Sie die mit einer ausgewogenen Ernährung verbundenen positiven Effekte auf Körper und Psyche voll ausschöpfen.

- Vermeiden Sie einfache, sogenannte „schnelle" Kohlenhydrate wie Weißbrot, Kuchen, Kekse oder Süßigkeiten, die eine starke insulinausschüttende Wirkung haben: Diese machen müde, schlapp und dick, provozieren „Heißhunger" und damit die Aufnahme weiterer Kohlenhydrate. Eine von Weißmehlprodukten geprägte Ernährung ist arm an Ballaststoffen, Mikronährstoffen, Vitaminen, Spurenelementen und unverzichtbaren (essentiellen) Fettsäuren. Genau diese Vitalstoffe benötigen Sie in Phasen psychischer und körperlicher Beanspruchung.
- Drei Mahlzeiten täglich sind ausreichend: ein üppiges Frühstück, ein sättigendes Mittagessen, bestehend aus Kohlenhydraten, Eiweiß und Fetten, und ein köstliches, nicht zu schweres Abendessen. Nicht zwischendurch naschen, vor allem nichts Süßes!
- Essen Sie abends möglichst früh, am besten vor 18 Uhr und nicht nach 21 Uhr.
- Essen Sie abends eine große Portion hochwertiges Eiweiß (Fisch, Fleisch, Eier). Das unterstützt die natürliche Sättigung und den Muskelaufbau. Es stellt außerdem die Versorgung mit den Aminosäuren sicher, die der Organismus für eine balancierte Produktion von Neurotransmittern benötigt, besonders für die Produktion von Serotonin. Ergänzen Sie die eiweißreiche Abendmahlzeit durch Gemüse und/oder Salate. Vermeiden Sie Kohlenhydrate wie Kartoffeln, geschälten Reis und Nudeln sowie Brot- und Backwaren.

- Wichtige Eiweißquellen sind fette Meeresfische wie Wildlachs, Thunfisch, Makrelen, Sardinen sowie Huhn, Pute, Wild, mageres Rind- und Schweinefleisch. Weitere Eiweißlieferanten sind Eier, Naturquark und Naturjoghurt. Essen Sie davon täglich mindestens zwei größere Portionen.
- Verwenden Sie großzügig hochwertiges kaltgepresstes Oliven- oder Rapsöl für die Zubereitung von Salaten bzw. zum Kochen oder zum Braten von Fleisch, Fisch und Gemüse. Kürbiskern-, Walnuss- und Leinöl sind ebenfalls gesundheitsfördernde Öle.
- Fette Meeresfische und -früchte enthalten überwiegend langkettige Omega-3-Fettsäuren. Ergänzen Sie Ihre Ernährung durch hochwertige Omega-3-Fettsäurenkonzentrate in geprüfter pharmazeutischer Qualität (d.h. frei von Schwermetallen oder sonstigen Schadstoffen), wie z.B. hochgereinigtes Krill-Öl oder Omega-3-Fettsäurenkonzentrate.
Omega-3-Fettsäuren wirken nicht nur günstig auf Herz, Blutgefäße und Blutgerinnung, sondern sind zugleich allergie- und entzündungshemmend, wirken antioxidativ und in vielfältiger Form stabilisierend auf Nervenfunktionen und die Psyche.
Die optimale Dosierung liegt bei 1–2 Gramm hochwertiger Omega-3-Fettsäuren, bezogen auf die wesentlichen Bestandteile Eicosapentaensäure (EPA) und Docosahexaensäure (DHA). Der Omega-3-Index, der im Blut bestimmt werden kann, sollte über 8%, optimalerweise bei 10–12% liegen.
- Flüssigkeitsmangel ist oft die Ursache von Kopfschmerzen und Konzentrationsstörungen. Trinken Sie tagsüber so viel Flüssigkeit, dass ihr Urin immer eine helle Farbe hat. Vermeiden Sie zuckerhaltige Getränke.
- Kaufen Sie Getränke grundsätzlich nur in Glasflaschen. Plastikflaschen oder Dosen enthalten ebenso wie in Plastik verpackte Lebensmittel gefährliche Chemikalien und künstliche Hormone wie Bisphenyl A (BPA). Diese Stoffe entfalten nicht nur unerwünschte Hormonwirkungen auf das Gehirn, das Nervensystem und andere Organe des Körpers, sondern verstärken auch die Ansammlung von Bauchfett.
- Bier oder Wein, vor allem hochprozentige Alkoholika haben einen ungünstigen Einfluss auf den Fettstoffwechsel und unterstützen nicht die Verdauung. Verzichten Sie bewusst tagsüber bis ca. 18 Uhr und einen Tag in der Woche auf Alkohol. Alkohol, maßvoll getrunken (beispielsweise 0,2 bis 0,25 l) ist nicht bedenklich. Am besten, Sie genießen Alkohol nur zu besonderen Gelegenheiten.

5.3 Muße, Maß und Meditation

Umpolung

Früher war Muße ein Statussymbol, heute ist sie zum Makel geworden. Interessanterweise gehören die Begriffe Muße, Maß und Meditation in einen engen semantischen Zusammenhang, in dessen Zentrum das Nachdenken angesiedelt ist. Nachzudenken über das, was wir täglich tun. Auch darüber, ob es sinnvoll ist und Spaß macht, ob es Zufriedenheit bringt.

Selbstbesinnung ist die Voraussetzung für ein erfolgreiches Persönlichkeitsmanagement. Ein ausgewogenes Verhältnis von Spannung und Entspannung ist die Voraussetzung für körperliches und geistiges Wohlbefinden. Eine der grundlegenden Anti-Burn-out-Strategien ist das Erlernen von Entspannungstechniken, die das hochgeschaukelte Erregungsniveau wieder auf ein Normalmaß zurückführen. Sie stabilisieren das psychosomatische Gleichgewicht, erkennbar an einem deutlichen Nachlassen von Ängsten, Gereiztheit und Nervosität. Alarmsignale, die von anhaltenden Stresssituationen ausgehen, werden besser wahrgenommen. Sich zu entspannen, ist keineswegs mit einem Rückzug aus dem aktiven Leben oder einer Flucht vor der Realität gleichzusetzen, sondern dient vielmehr der inneren Gelöstheit und schöpferischen Ruhe, der Gelassenheit und aktiven Erholung.

Unsere Gesellschaft ist durch Rastlosigkeit gekennzeichnet. Die protestantisch-calvinistische Pflichtauffassung, die den Müßiggang als aller Laster Anfang bezeichnet, ist bis heute prägend. Die Kunst der Muße, die den großen Denkern der Antike wie *Sokrates, Aristoteles* und *Cicero* als „schönster Besitz von allen" galt, ist heute vielen eher suspekt. Innere Ruhe, Ausgeglichenheit, Muße und Entspannung sind für uns fast zu Fremdwörtern geworden. Wir müssen uns eine *Erholungs- und Entspannungskompetenz* [Allmer 1996] erst wieder aneignen, denn sie ist eine der wichtigsten persönlichen Ressourcen eines erfolgreichen Persönlichkeitsmanagements. Dazu gehören:

- **Die Intention:** Die Bereitschaft, sich zu einem bestimmten Zeitpunkt erholen und entspannen zu wollen,
- **die Überzeugung:** „Wenn ich mir jetzt die Zeit intensiver Erholung oder Entspannung nehme, werde ich anschließend wieder genügend Energien haben, um weiteren Anforderungen problemlos gewachsen zu sein", und
- **die Fähigkeit:** Adäquate Entspannungstechniken und Erholungsmaßnahmen, mit denen sich die angestrebten Effekte auch tatsächlich erzielen lassen.

Das Umschalten von der Anspannungs- auf die Entspannungsphase kann passiv ablaufen (zum Beispiel beim Schlafen oder Fernsehen), es kann aber auch aktiv gesteuert werden. Die euphorischen Gefühle nach einem Ausdauerlauf sind dafür ein gutes Beispiel. Während der Entspannung können Gefühle der Leichtigkeit, der wohltuenden Schwere und Wärme, der inneren Ruhe und Gelassenheit auftreten.

Wenn man nicht zu den beneidenswerten Menschen gehört, die sich relativ schnell entspannen können, kann man diese Fähigkeit erlernen. Welche Entspannungs- oder Erholungsform für einen selbst die beste ist, hängt nicht nur von persönlichen Vorlieben ab, sondern auch vom Grad der Erschöpfung. Phasen aktiver und passiver Erholung können zum Beispiel sein:

- Pausen im Alltag: Regelmäßige und rechtzeitige Pausen während der Arbeitszeit verhindern, dass das Erholungsdefizit im Laufe des Tages so anwächst, dass die am Feierabend und in der Nacht verbleibende freie Zeit irgendwann nicht mehr ausreicht, um es auszugleichen. Die Erholungsphasen müssen noch nicht einmal besonders lang sein. Der Organismus hat sich bereits nach wenigen Minuten so weit erholt, dass die anschließende Arbeitsleistung höher ist als ohne Pause. Wichtig ist es, während dieser Auszeit wirklich abzuschalten und körperlich und geistig zu den gerade anstehenden Problemen auf Distanz zu gehen. Ein kurzer Spaziergang an der frischen Luft, ein paar Atem-, Dehnungs- oder Entspannungsübungen am geöffneten Bürofenster oder kurz die Füße hochlegen reicht oft schon aus. Die kurzen Pausen vergeuden keine wertvolle Arbeitszeit, denn unser Gehirn nimmt sich alle 90 Minuten eine *Auszeit*, die sich auch durch erhöhten Kaffee- oder Zigarettenkonsum nicht überspielen lässt [Lugger et al. 2001].

- Anregende Freizeitaktivitäten: Wer sich ausgebrannt fühlt, braucht vor allem Abwechslung und die Aktivierung brachliegender Kräfte und Fähigkeiten. Alle Aktivitäten, die eine Loslösung von der Alltagsroutine, Tagesaufgaben und belastendem Stress durch „Bindung der Bewusstseinskapazität an andere Inhalte unterstützen" [Richter et al. 1998], sind geeignet. Dazu gehören Urlaubsreisen in fremde Länder, anregende Theater-, Konzert- oder Kinobesuche oder sportliche Aktivitäten und Hobbys, die eine körperliche oder intellektuelle Herausforderung sind.

- Entspannende Freizeitaktivitäten: Erschöpfung und Ermüdung sprechen optimal auf Spaziergänge, Wanderungen in der Natur, leistungsfreie sportliche Aktivitäten, Lesen oder Musikhören an. Geeignet sind alle Unternehmungen, die selbstbestimmt und mit Freude ausgeübt werden, die mit positiven Erlebnissen, Gedanken und Empfindungen verknüpft sind und von belastenden Situationen ablenken. Viele Klöster bieten die Möglichkeit an, für ein Wochenende oder länger Abstand vom Alltag zu gewinnen und durch Kontemplation zu sich zu kommen und ruhig zu werden.

Erholsamer Schlaf

Wenn Stressreaktionen nicht in einer Erholungsphase enden, hinterlassen sie tiefe Spuren. Im Organismus herrscht Daueralarm, ein Zustand, den er nicht lange überstehen kann, ohne Schaden zu nehmen. Ständige Müdigkeit, Gereiztheit und Nervosität sind deutliche Symptome. Häufig kommt es trotz großer Müdigkeit zu Einschlaf- und Durchschlafstörungen, weil die Gedanken unentwegt um unerledigte Probleme kreisen. Wenn die Nachtruhe nicht die erhoffte Erholung bringt, sind oft auch falsche Erwartungen und abendliche Aktivitäten dafür verantwortlich.

Im Gegensatz zur bewussten Ernährung und körperlichen Bewegung können wir erholsamen Schlaf nicht willentlich beeinflussen oder gar erzwingen. Wir können lediglich die Voraussetzungen und Rahmenbedingungen dafür schaffen. Wenn man nicht gerade eine Phase starker psychischer Belastungen durchlebt, kann man sich bei gelegentlichen Schlafstörungen im Allgemeinen darauf verlassen, dass sich unser Körper auch ohne äußere Hilfsmittel wie Schlaftabletten oder Alkohol spätestens nach einigen Tagen selbst zu seinem Recht auf Schlaf verhelfen wird. Schlafmittel verhindern zwar das Wachliegen, sie beseitigen aber nicht die Ursachen der Schlafstörung. Der durch sie hervorgerufene Schlaf gleicht eher einem Betäubungszustand. Das normale Schlafmuster ist gestört, die für die Erholung unverzichtbaren REM-Phasen sind deutlich verkürzt und meistens wacht man nicht ausgeruht auf. Die natürliche Regenerationsfähigkeit unseres Organismus ist so groß, dass schon eine einzige Nacht ausreichen kann, das Schlafdefizit einer ganzen Woche wieder auszugleichen. Auch kurze Ruhepausen während des Tages können nächtlichen Schlafmangel zumindest teilweise kompensieren.

Nicht selten werden Schlafstörungen durch falsche Erwartungen verursacht: Man hat tagsüber intensiv gearbeitet, fühlt sich todmüde und erwartet, nun bestimmt und ohne Probleme sofort einschlafen zu können. Man weiß, dass am kommenden Tag wichtige Entscheidungen bevorstehen, für die man topfit sein muss, und wartet nun darauf, endlich einzuschlafen, schaut ständig auf die Uhr und befiehlt sich immer wieder, nun endlich einzuschlafen. Solche Erwartungen führen nicht zum erhofften Ziel. Sie erzeugen im Gegenteil eine innere Anspannung. Sie aktivieren den Organismus – und gerade dies macht ein Einschlafen unmöglich. Erfolg versprechender wäre es, sich ganz bewusst zu entspannen und Übungen (zum Beispiel autogenes Training und Meditation) durchzuführen. Man kann es auch mit der Formel versuchen: „Es macht gar nichts, wenn ich jetzt nicht einschlafe. Das entspannte Gefühl tut mir ebenso gut." Einschlafen wird so zur Spontanreaktion des Organismus, die im entspannten Zustand gelingt.

Die ersten Schritte auf dem Weg zum erholsamen Schlaf können wie folgt aussehen:

- Finden Sie zunächst einmal heraus, wie viele Stunden Schlaf Sie wirklich pro Nacht benötigen, um am nächsten Morgen ausgeschlafen und erholt zu sein.
- Nutzen Sie jede Möglichkeit zu körperlicher Bewegung, um einen möglichen Affektstau (Stresshormone) abzubauen. Vermeiden Sie aber zu späte sportliche Aktivitäten.
- Machen Sie es sich zur Regel, Belastungen und Probleme des Tages grundsätzlich nicht im Bett zu überdenken. Reservieren Sie hierfür einen Zeitraum, der einige Stunden vor Ihrer Schlafenszeit liegt. Halten Sie die Abendstunden möglichst von Aufregungen frei. Beschäftigen Sie sich in dieser Zeit mit Dingen, die Ihnen Freude machen, die Sie entspannen und beruhigen. Lassen Sie den Tag bewusst ausklingen. Führen Sie ein Tagebuch.
- Richten Sie Ihr Schlafzimmer so ein, dass Sie sich darin wohlfühlen. Sorgen Sie dafür, dass es weder zu warm noch zu kalt ist. Sorgen Sie für ausreichend frische Luft und dafür, dass Sie möglichst wenig durch Licht und Geräusche von außen gestört werden.
- Gehen Sie ins Bett, wenn Sie sich wirklich müde fühlen. Wenn Sie mögen, lesen Sie noch einige Seiten oder hören Sie noch ein paar Minuten entspannende Musik. Lassen Sie aber den Fernseher ausgeschaltet und gewöhnen Sie sich ab, im Bett noch zu arbeiten oder schnell ein Telefongespräch zu erledigen. Ihr Handy sollte grundsätzlich ausgeschaltet sein und nicht neben dem Bett liegen.
- Gewöhnen Sie sich nicht an Schlafmittel. Auch Alkohol ist keine erholungsfördernde Einschlafhilfe. Bevorzugen Sie stattdessen die alten Hausmittel wie ein Glas warme Milch, einen beruhigenden Tee oder ein warmes Bad.

- Sobald Sie das Licht ausgeschaltet haben, schließen Sie die Augen. Konzentrieren Sie sich auf Ihren Körper. Lassen Sie Ihre Aufmerksamkeit zwanglos durch ihn schweifen. Beobachten Sie einfach, wie Sie ruhig und gleichmäßig ein- und ausatmen. Ärgern Sie sich nicht darüber, dass Sie immer noch nicht eingeschlafen sind. Versuchen Sie, an etwas Angenehmes zu denken.
- Falls Sie nicht einschlafen können, sollten Sie wieder aufstehen. Probieren Sie einmal aus, sich mit einer warmen Decke gemütlich in einen Sessel zu kuscheln. Schauen Sie aus dem Fenster, betrachten Sie den Nachthimmel, machen Sie sich leise Musik an, schreiben Sie Ihre Gedanken auf. Gehen Sie erst dann wieder zurück in Ihr Bett, wenn Sie müde sind.
- Wenn das alles nichts nützt, versuchen Sie, einmal eine ganze Nacht lang wach zu bleiben und auch am folgenden Tag nicht zu schlafen. Am nächsten Abend werden Sie so müde sein, dass Sie sofort einschlafen. Haben Sie Vertrauen zu Ihrem Körper. Er holt sich den Schlaf, den er braucht.

Ergänzend zum nächtlichen Schlaf sind ein kurzer Mittagsschlaf oder eine 15-minütige Entspannungsübung wichtige Erholungsmaßnahmen. Langzeituntersuchungen haben gezeigt, dass bereits wenige Minuten Schlaf in den Tiefphasen des Biorhythmus nicht nur das Herzinfarktrisiko um 30% senken, sondern auch die Arbeitsleistung und Leistungsmotivation deutlich verbessern. Firmen wie SAP und Siemens haben deshalb Ruhezonen für ihre Mitarbeiter eingerichtet, die individuell genutzt werden können. Mitarbeiter, in deren Unternehmen solche Möglichkeiten noch nicht existieren, sollten keine Scheu haben, am Schreibtisch oder in einem bequemen Sessel oder auf einer Couch für wenige Minuten zu schlafen. Wichtig ist, dass man den richtigen Einschlafzeitpunkt herausfindet und den Organismus an eine gewisse Regelmäßigkeit gewöhnt.

Entspannungsmethoden

Da viele Erholungsmaßnahmen wegen des bereits stark erhöhten psychophysischen Erregungsniveaus unter Daueranspannung oft nicht den angestrebten Erholungseffekt haben können, sollte man im Rahmen seines persönlichen Anti-Burn-out-Managements zunächst einmal dem Erwerb effektiver Entspannungskompetenzen Priorität einräumen.

Spannung und Entspannung sind zwei Gegenpole unseres Befindens. Ein gleichmäßiger Wechsel zwischen den Polen, ein ausgewogenes Verhältnis beider zueinander ist Voraussetzung für unser Wohlbefinden. Anhaltende Störungen dieses Gleichgewichts, wie sie für Zeiten hoher Anforderungen kennzeichnend sind, führen zu Beeinträchtigungen, die sich zum Beispiel als Verspannungen, Kopfschmerzen, Nervosität, innere Unruhe oder Angstgefühle manifestieren können.

Entspannung lässt sich als Zustand des ganzheitlichen Wohlbefindens, der körperlichen und geistig-seelischen Gelöstheit definieren. Entspannung ist eine psychophysische Regeneration, in der unser Organismus die Möglichkeit erhält, verbrauchte Energien wieder aufzutanken. In Phasen der Entspannung erleben wir, dass Körper und Psyche eine untrennbare Einheit bilden. Es ist nahezu unmöglich, sich körperlich zu entspannen, solange man psychisch unter Druck steht. Wir können nicht entspannt in unserem Sessel sitzen, während wir gleichzeitig eine schwierige Diskussion mit unserem Vorgesetzten oder eine Auseinandersetzung mit einem Mitarbeiter führen. Diese enge Wechselbeziehung zwischen körperlicher und seelischer An- und Entspannung eröffnet uns die Möglichkeit, durch Entspannungsmaßnahmen, die an einem der beiden Pole ansetzen, auch den anderen Pol mitzubeeinflussen. Während der Entspannung empfinden Sie ein Gefühl der Leichtigkeit oder auch der wohltuenden Schwere und Wärme, der inneren Ruhe und Gelassenheit.

Auf dem Weg dahin sind die von Medizinern und Psychologen entwickelten Methoden zur systematischen Entspannung – vor allem das autogene Training, die progressive Muskelentspannung und unterschiedliche Meditationstechniken – eine wichtige Hilfe. Die einzelnen Verfahren unterscheiden sich in der Art und Weise, wie sie die Entspannungsreaktion hervorrufen: entweder durch überwiegend körperliche Aktivitäten wie bei der progressiven Muskelentspannung, bei Yoga und Tai-Chi oder durch gedankliche Übungen wie beim autogenen Training und der Meditation.

Die Entscheidung, welche der beschriebenen Methoden infrage kommt, ist eine Frage der Mentalität und der Lebensgewohnheiten. Der Test: „Welche Entspannungsmethode passt zu mir?", kann Ihnen bei der Wahl eine Hilfestellung bieten.

Theoretisch lässt sich jede Entspannungstechnik im Selbstverfahren erlernen. Das Angebot an praxisnaher Einführungsliteratur ist groß. Dennoch empfiehlt es sich, die gewählte Technik unter Anleitung eines ausgewiesenen Trainers einzuüben, nicht nur um Fehler zu vermeiden, sondern vor allem, um gar nicht erst in die für Burn-out-Gefährdete immer vorhandene Falle der Selbstüberforderung zu geraten.

Test: Welche Entspannungsmethode passt zu mir?

Dieser Test gibt Ihnen keinen Hinweis darauf, an welcher Stelle der Burn-out-Spirale Sie sich gerade befinden. Er identifiziert die für Ihre persönliche Burn-out-Prophylaxe und -Therapie angeratene Entspannungsmethode, indem er die für Sie typischen Stressreaktionen systematisiert.

Durchführung

- Prüfen Sie bei jeder Aussage, inwieweit sie für Sie persönlich zutrifft.
- Kreuzen Sie das entsprechende Kästchen an.
- Gehen Sie zügig vor, halten Sie sich nicht zu lange bei einzelnen Aussagen auf.
- Seien Sie sich selbst gegenüber ehrlich und aufrichtig.

		6 oft	4 häufiger	2 ab und zu	0 nie
1.	Ich bin innerlich unruhig und nervös.				
2.	Morgens wache ich völlig zerschlagen auf.				
3.	Ich leide unter Appetitlosigkeit.				
4.	Mich quälen düstere Gedanken und ich bin ängstlich gestimmt.				
5.	Ich leide unter Kurzatmigkeit.				
6.	Mich plagen Nacken- und Schulterschmerzen (beziehungsweise allgemeine Rückenschmerzen).				
7.	Ich bin physisch schnell erschöpft.				
8.	Ich ertappe mich dabei, unaufmerksam und vergesslich zu sein.				
9.	Ich habe Magen- oder Verdauungsbeschwerden.				
10.	Es fällt mir schwer, mich auf eine Sache zu konzentrieren.				
11.	Ich spüre ein Ziehen oder Schmerzen in der Brust.				
12.	Ich schlafe schlecht.				
13.	Ich habe das Gefühl, die Übersicht zu verlieren.				
14.	Herzklopfen oder Herzstechen treten unvermittelt auf.				
15.	Es fällt mir schwer, mich richtig zu entspannen.				
16.	Ich leide unter kalten Händen oder Füßen.				
17.	Ich habe Sodbrennen.				

18.	Während der Arbeit hänge ich gedankenverloren irgendwelchen Wunschträumen nach.				
19.	Ich fühle mich körperlich verspannt.				
20.	Wenn ich etwas Schweres hebe, zittern meine Arme und Beine.				
21.	Ich schwitze übermäßig.				
22.	Ich habe Schwierigkeiten mit meinem Gedächtnis.				
23.	Es kommt vor, dass Muskeln zucken oder sich verkrampfen.				
24.	Es gibt Tage, an denen mir nichts Gutes einfällt.				

Auswertung

Tragen Sie nun in die drei Blöcke die angekreuzten Werte ein.

A:

1	4	8	10	13	18	22	24

Summe A:

B:

3	5	9	12	14	16	17	21

Summe B:

C:

2	6	7	11	15	19	20	23

Summe C:

Bilden Sie nun für jeden Block die Summe der eingetragenen Werte.

Die Stresssymptome lassen sich drei Bereichen zuordnen: motorisch, vegetativ und kognitiv

	Summe in Block A:	kognitive Ebene
	Summe in Block B:	vegetative Ebene
	Summe in Block C:	motorische Ebene

Der Block mit dem höchsten Summenwert weist auf diejenige Reaktionsebene hin, bei der Ihre Stressanfälligkeit am höchsten ist.

Ebenen	Erregung	Spezifische Störung	Allgemeine Techniken
Subjektiv-kognitiv	subjektive Gefühls-benennung	Gereiztheit, Ängstlichkeit, Übernervosität, Unsicherheit, Entscheidungsangst, reduziertes Selbstwertgefühl, depressive Verstimmung, kurzzeitige hysterische Ausgelassenheit, Aggressivität, Konzentrations- und Gedächtnisstörung	meditative Techniken (Beeinflussung der Wahrnehmung)
Vegetativ	diffuse sympathische Aktivität, spezifische vagotonische Aktivität	erhöhte physiologische Erregung, Kreislauf, Atmung, Herz, Schweiß, vegetative Dystonie, Schädigung einzelner (psychosomatisch dominanter) Organbereiche, z. B. Gastritis, Verdauungsbeschwerden, Kurzatmigkeit, Appetitlosigkeit, Anfälligkeit gegenüber Infektionen, Schlafstörungen	suggestive Techniken (autogenes Training, Hypnose)
Motorisch	muskuläre Anspannung	allgemeine Verspannung, Schulter-/Nacken-Bereich, Haltungsschäden, Rückenschmerzen, Kopfschmerzen, Erschöpfungsgefühle, Krampfanfälligkeit, Muskelzittern, allgemeine Unfähigkeit zur Entspannung	muskulär entspannende Techniken (systematische Entspannung)

Wirkungsfelder der Entspannungstechniken.

Gegen Stress auf der motorischen Ebene hilft *progressive Muskelentspannung;* auf der vegetativen Ebene hilft *autogenes Training;* auf der kognitiven Ebene hilft *Meditation.* Wenn alle drei Summen in den Blöcken A, B und C etwa gleich sind, empfiehlt sich Yoga als ganzheitliche Entspannung.

Methodenüberblick

Die progressive Muskelentspannung (PMR)
Die progressive Muskelentspannung, auch progressive Muskelrelaxation, kurz PMR genannt, wurde bereits in den 1930er Jahren von dem Amerikaner *Edmund Jacobson* entwickelt [Jacobson 1938]. Sie ist das wohl am einfachsten zu erlernende Entspannungsverfahren. Von vielen beruflich stark engagierten Menschen wird sie vor allem deshalb bevorzugt, weil

- sie bereits von der ersten Anwendung an deutlich wahrnehmbare Erfolge zeigt,
- nur einen relativ geringen Zeitaufwand erfordert
- und praktisch überall – also auch während der Arbeitszeit – durchgeführt werden kann.

Die progressive Muskelentspannung macht sich die einfache Tatsache zunutze, dass Angst und Erregung immer mit einer deutlichen Muskelverspannung einhergehen und andererseits jede Abnahme der Muskelspannung gleichzeitig ein Absenken des Erregungsniveaus des gesamten Organismus zur Folge hat. *Jacobson* entwickelte ein sehr einfaches und einleuchtendes Verfahren, das es uns ermöglicht, über das systematische Anspannen und Entspannen bestimmter Muskelpartien schnell und effektiv zur mentalen Entspannung zu finden. Er ging von der Tatsache aus, dass Muskeln ermüden, nachdem sie belastet wurden. Progressiv, das heißt fortschreitend von einer Muskelgruppe zur anderen, lernt der Übende, nacheinander die wichtigsten Muskelgruppen seines Körpers zunächst bewusst anzuspannen und anschließend zu entspannen. Ziel der progressiven Muskelentspannung nach *Jacobson* ist eine Entspannung einzelner Muskeln und die damit einhergehende Verbesserung des körperlichen und seelischen Befindens. Schon nach kurzer Zeit ist es dem Anwender mit Hilfe dieser Entspannungstechnik möglich, relativ schnell von Anspannung auf Entspannung umzuschalten.

Man beginnt zunächst bei den Händen, anschließend folgen nacheinander die Unterarme, dann die Oberarme, der Schulter-Nacken-Bereich, das Gesicht, der Rücken, Bauch, Brust und Gesäß und schließlich die Beine, Füße und Zehen. Jeder Bereich wird zunächst intensiv angespannt – zum Beispiel die Hände zu Fäusten geballt, die Lippen fest zusammengepresst, der Bauch eingezogen, das Gesäß zusammengekniffen – und anschließend völlig entspannt. Die Anspannungsphase sollte jeweils ca. 5–6 Sekunden dauern und mit hohem Krafteinsatz erfolgen, anschließend sollte die Spannung schlagartig gelöst werden. Wenn am Ende sämtliche Muskelpartien gelöst und frei von Spannungen sind, erlebt man in der Regel ein Gefühl wohltuender Müdigkeit und psychischer Entspannung.

Das bewusste An- und Entspannen einzelner Muskeln und Muskelgruppen hat zusätzlich noch einen weiteren Effekt: Es erhöht unsere Wahrnehmungsfähigkeit für Spannungsunterschiede im Bereich der Skelettmuskulatur. Wir werden auf diese Weise allmählich sensibler für die wechselnden Spannungszustände unseres Organismus. Nach und nach schulen wir damit unseren *Muskelsinn* und lernen, Anspannungs- und Entspannungszustände genauer zu unterscheiden. Damit wird es uns möglich, Anspannungen und beginnende Verspannungen früher als bisher wahrzunehmen und gezielt darauf zu reagieren.

Das autogene Training
Der Begriff *autogenes Training* kommt aus dem Griechischen und bedeutet *aus dem Selbst entstehendes Üben*. Das Verfahren wurde von dem Berliner Psychiater *Johannes H. Schultz* ebenfalls in den 1930er Jahren entwickelt. Es

beruht im Wesentlichen auf der zur Hypnose verwandten Technik der Autosuggestion. Ziel ist es, das vegetative Gleichgewicht wiederherzustellen und gleichzeitig einen Zustand entspannter Ruhe zu erreichen. Dies geschieht mithilfe bestimmter Formeln, die man sich immer wieder vorsagt, sowie durch konzentrierte gedankliche Begleitung und Beobachtung der körperlichen Veränderungen, die während dieser Selbsthypnose stattfinden.

Das Standardprogramm des autogenen Trainings, von *Schultz* als *Grundstufe* bezeichnet, umfasst die folgenden sechs Übungen, die regelmäßig nacheinander ausgeführt werden sollten [Schultz 1982]:

- die Schwereübung
- die Wärmeübung
- die Atemübung
- die Herzübung
- die Sonnengeflechtsübung
- die Stirnkühleübung

Bei jeder Einzelübung wird mit Hilfsformeln („Mein rechter Arm ist ganz schwer", „Meine Beine sind ganz schwer und warm") und durch passive, nicht bewertende Beobachtung der stattfindenden Veränderungen, zunächst nur für einen und anschließend für mehrere Teile des Körpers, ein Zustand der Schwere und Wärme herbeigeführt, der mit Entspannung einhergeht. Die Übungen sind so aufeinander abgestimmt, dass sie eine tiefe Entspannung des gesamten vegetativen Bereichs bewirken. Vom Blutkreislauf über die Atmung bis hin zum Verdauungssystem werden alle inneren Organe auf Ruhe umgestellt. So wird eine Erholung des gesamten Organismus erreicht.

Wer die sechs Grundübungen zuverlässig beherrscht, kann anschließend sein Übungspensum auf die sogenannten Oberstufenübungen ausweiten. Nachdem man den Zustand einer ganzheitlichen Entspannung erreicht hat, werden konkret formelhafte Imaginationen eingesetzt. Dies sind kurze, prägnante Sätze, die dem Übenden für sein Wohlbefinden wichtig sind oder ihm helfen sollen, seine speziellen Alltagsprobleme zu bewältigen (zum Beispiel „Der Konflikt mit meinem Kollegen ist lösbar").

Welche Themen man für seine formelhaften Vorsätze wählt, ist ganz den persönlichen Wünschen und Bedürfnissen überlassen. Wenn man eine wirksame Formel gefunden hat, sollte man sie über mehrere Wochen hinweg täglich in seinem Übungsprogramm anwenden und dabei darauf achten, dass man sich nicht zu viele Formeln zur gleichen Zeit zumutet. Wichtig ist nicht in erster Linie, wie viele Vorsätze man in welcher Zeit verwirklichen konnte, sondern dass man das, was man erreicht hat, durch Geduld und Gelassenheit selbst bewirkt hat.

Die Wirksamkeit des autogenen Trainings beruht auf den beiden Grundprinzipien Konzentration und Passivität. Die Konzentration soll durch das beständige Wiederholen der immer gleichen Vorstellungsinhalte („Mein rechter Arm ist ganz schwer", „Meine Beine sind ganz schwer und warm") erreicht werden. Passivität bedeutet, dass der Übende bewusst nicht in den Entspannungsprozess eingreift, sondern die Dinge mit sich geschehen lässt und sich darauf beschränkt, die stattfindenden Veränderungen zu registrieren, ohne sie zu bewerten („Ich merke, wie mein rechter Arm allmählich wärmer und viel schwerer als vorher ist"). Richtig oder falsch gibt es hier nicht mehr.

Vor allem das Gebot der Passivität einzuhalten, fällt den meisten Anfängern sehr schwer. Gerade in der Anfangsphase ist man noch besonders ungeduldig, möchte das Gefühl der Wärme oder der Schwere unbedingt spüren und ist häufig enttäuscht, wenn dies nicht gelingt. Entspannung zu beherrschen, erfordert Zeit und Geduld. Für das autogene Training sollte man deshalb eine Lernzeit von circa einem halben Jahr einkalkulieren, vorausgesetzt man übt täglich. Danach genügen meistens wenige Minuten, in denen man sich die entsprechenden Formeln gedanklich vorspricht, um eine tiefe und erholsame Entspannung zu erzielen. Wegen der einschneidenden vegetativen Veränderungen, zu denen es im Verlauf des autogenen Trainings kommen kann, sollte man dieses Verfahren allerdings nicht ohne Anleitung und Kontrolle erlernen.

Meditation und geistige Wachheit
Meditation ist eine uralte Technik der Kontemplation und Entspannung. Techniken der Meditation wurden praktisch von allen großen Kulturen entwickelt. Fast alle in entsprechenden Kursen vermittelten Methoden wie Yoga oder unterschiedliche Formen der Zen-Meditation stammen ursprünglich aus fernöstlichen Kulturen. Daneben hat es aber immer auch eine christlich-abendländische Meditationstradition gegeben. Viele Klöster bieten auch heute sogenannte *Exerzitien-Tage* an, in denen man die Möglichkeit bekommt, in klösterlicher Abgeschiedenheit und Stille durch die Teilnahme an geistigen Versenkungs- und Kontemplationsübungen innere Verspannungen zu lösen, wieder zu sich selbst zu finden und aus dieser Selbstfindung heraus neue Kraft zu schöpfen für die Anforderungen des Alltags.

Der Begriff *Meditation* leitet sich aus dem Lateinischen *meditari* ab und meint sowohl nachdenken, nachsinnen und überdenken als auch sich vorbereiten, sich einüben in eine neue Form des Denkens, Empfindens und Handelns. Meditation ist die beste Möglichkeit, Gelassenheit und Vertrauen zu sich selbst und in die Zukunft zu gewinnen oder sich zurückzuerobern. Wer oft meditiert, dem fällt es leichter, neue Einstellungen oder Ansichten zu entwickeln, neue Wege zu finden und diese in seinem Alltag auch zu verwirklichen. Wenn es gelingt, die Erfahrung der Ruhe und Gelassenheit aus der Meditation in den Alltag einzubringen, wirkt sich dies nicht nur stabilisierend auf die Person, sondern auch stabilisierend auf das Immunsystem aus.

Während der Meditation lernen Sie, Ihre Aufmerksamkeit von Wünschen und von Bedürfnissen, aber auch von Belastungen und Ängsten abzulenken und den gegenwärtigen Augenblick mit Achtsamkeit zu leben. Sie lernen, sich selbst und Ihr tägliches Leben in einer neuen Art und Weise zu sehen. Sie lernen, nach und nach eine innere Distanz zu dem zu gewinnen, was Sie belastet und Ihr Denken immer wieder auf die gleichen Punkte fixiert. Über die Meditation können Sie einen Zustand tiefer ganzheitlicher Entspannung und Ruhe erreichen, Belastendes fällt von Ihnen ab, Sie werden wieder offen und gewinnen eine gelassene Haltung sich selbst und Ihrem Schicksal gegenüber. Sie erleben eine Ausweitung der in Ihnen liegenden Kräfte und Möglichkeiten und schaffen sich eine Basis für den Aufbau einer positiven Grundhaltung. Sie erkennen, dass das Leben sinnvoll sein kann und dass es genügend Gründe gibt, daran mitzuwirken, das Leben für sich selbst und die Menschen, die ihnen wichtig sind, befriedigend und beglückend zu gestalten.

Meditation ist für westliche Menschen meistens kein Weg zur Erleuchtung, sondern die Suche nach einem wachen Geist und einer ausgeglichenen Seele. Es existieren zwei Meditationsweisen: passiv und aktiv. Die passive Variante ist eine ins Innere gerichtete, kontemplative, meist im Sitzen praktizierte. Die aktive Variante geschieht in der Bewegung (Gehen, Tanzen, Yoga, Bogenschießen) oder mit Gebeten und Rezitationen. Meist wird Meditation heute als passive Form in der östlichen Tradition praktiziert. Verbreitet sind Vipassana und Zazen. Zentral ist hier die Achtsamkeit, das gleichmütige Wahrnehmen aller inneren und äußeren Reize ohne Bewertung.

In Deutschland hat *Johannes Michalak* von der Universität Bochum die achtsamkeitsbasierte Psychotherapie angewandt und erforscht seither ihre Wirkmechanismen. Er hat auch die empirischen Grundlagen untersucht und ist

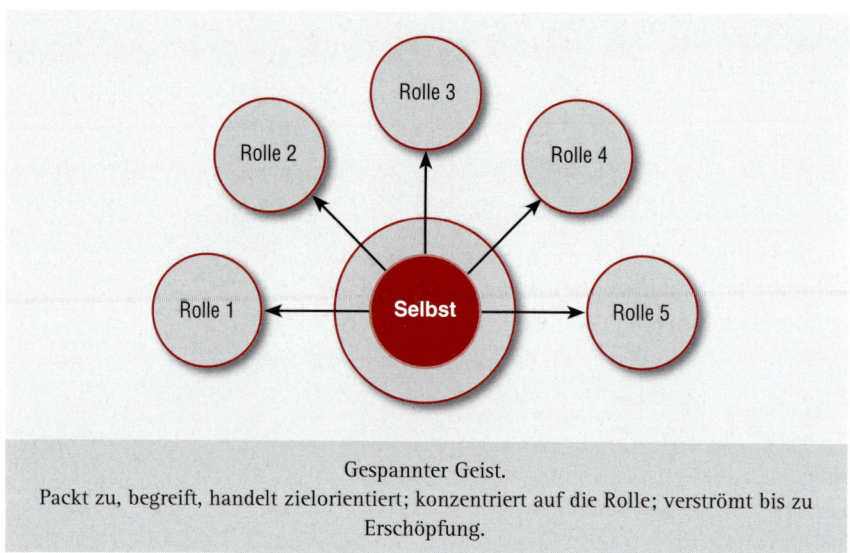

Gespannter Geist.
Packt zu, begreift, handelt zielorientiert; konzentriert auf die Rolle; verströmt bis zu Erschöpfung.

sicher: „Das Achtsamkeitsprinzip hat das Potenzial, die Behandlungsmöglichkeiten von psychischen Störungen zu erweitern". [Die Welt, 30. 08. 2008]

Im Rahmen der Burn-out-Prophylaxe kann vor allem das konzentrierte Betrachten eines einfachen Gegenstandes oder das kontemplative Hören eines Musikstückes, dem man ganz bewusst über mehrere Minuten hinweg in entspanntem Zustand seine volle Aufmerksamkeit zuwendet, eine gute Hilfe sein, um sein Denken und seinen Geist von Fixierungen zu befreien. Wenn wir uns in entspanntem Zustand intensiv einem einzigen Gegenstand zuwenden und uns, wenn unsere Gedanken uns *davonlaufen*, immer wieder beharrlich zu der gestellten Aufgabe zurückrufen, dann werden wir auf diese Weise allmählich erleben, wie unsere Abwehrkraft gegenüber Zerstreuungen und unsere Fähigkeit, uns auf das Wesentliche einer bestimmten Situation zu konzentrieren, zunehmen. Hektik, Stress, berufliche Schwierigkeiten oder Probleme werden uns dann weniger leicht aus dem Gleichgewicht bringen.

Der Philosoph und Physiker *Carl Friedrich von Weizsäcker* hat seine meditativen Erfahrungen einmal so beschrieben:

„Es ist eine Stillwerdung des bewussten Getriebes und es meldet sich, es zeigt sich etwas, was auch vorher immer da war. Überhaupt, man wird durch die Meditation kein anderer, sondern man wird der, der man immer gewesen ist.

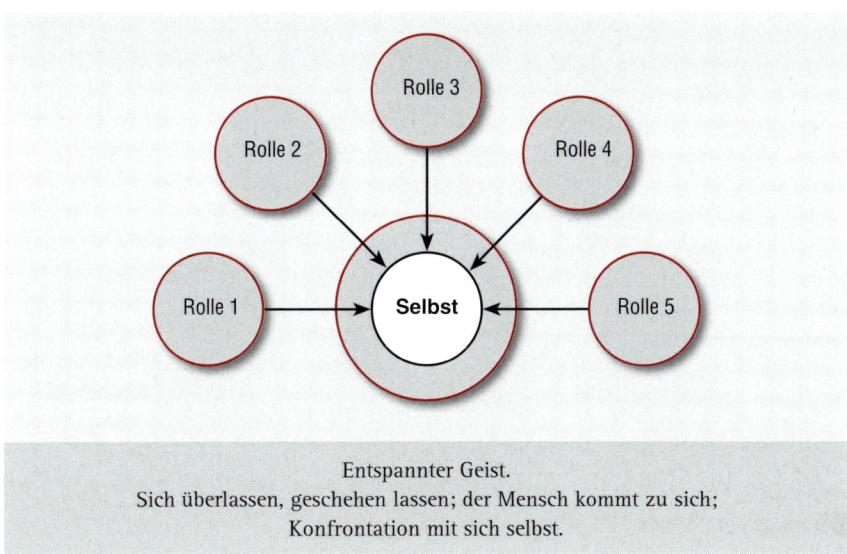

Entspannter Geist.
Sich überlassen, geschehen lassen; der Mensch kommt zu sich;
Konfrontation mit sich selbst.

Aber dies zeigt sich so, dass das, war wir normalerweise das Bewusstsein nennen, anfängt, etwas davon zu spüren und dadurch dann auch verändert wird .... Ich sah mich wie eine Metallkugel, die auf eine blanke Metallfläche fällt und, nach der Berührung eines Augenblicks, zurückspringt, woher sie kam. Ich war jetzt ein völlig anderer geworden: Der, der ich immer gewesen war."

Dies hat nichts zu tun mit einer Flucht aus der Realität in die eigene Innerlichkeit, mit einer Abkehr von den Erfordernissen der Realität und den Bedürfnissen der Mitmenschen – im Gegenteil. Der vorübergehende Rückzug während des Meditierens geschieht nur, damit wir nachher umso erfüllter und vollständiger in unser Lebensumfeld zurückkehren. Dennoch liegt, wie wir von vielen Beispielen wissen, für den Meditierenden die Gefahr einer Weltflucht nahe. *Meister Eckhart* gab deshalb seinen Schülern folgende Regel: „Wärest Du in einer Ekstase, so tief wie diejenige des hl. Paulus, und begehrte ein Kranker einen Teller Suppe von Dir, so wäre es für Dich besser, Du kehrtest aus der Ekstase zurück und brächtest dem Kranken um der Liebe willen die Suppe."

Die äußere Situation sollten Sie bei der Meditation, zumindest in der Anfangszeit, in der gleichen Weise gestalten wie bei der progressiven Muskelentspannung und beim autogenen Training. Ziehen Sie sich in ein Zimmer zurück, in dem Sie niemand stört. Nehmen Sie sich ein wenig Zeit, in der Sie nichts anderes tun wollen, in der Sie einfach da sind, ganz dem Augenblick hingegeben.

Welche Form der Meditation einem selbst am ehesten liegt, sollte man ausprobieren. Der Zeitaufwand von ein- oder zweimal 20 Minuten täglich reicht aus, um eine größere Gelassenheit, mehr Energie, Kreativität und Lebensfreude zu gewinnen.

Übungen zur Meditation

Atemmeditation

Das Atmen ist eine der wichtigsten Lebensfunktionen, das Anzeichen für Leben schlechthin. Eine Vielzahl von Metaphern weist darauf hin, dass der Atem eine ganz besondere Bedeutung für das Leben hat (... das Leben aushauchen, die Seele wurde eingehaucht). Unterschiedliche Gemütszustände haben ihren eigenen Atemrhythmus; so kann man z. B. am Atemrhythmus erkennen, ob jemand wirklich schläft oder sich nur schlafend stellt. Bei Hetze und Stress atmen wir schnell und flach, bei Krankheit schwer, bei Entspannung gleichmäßig und tief. Wenn wir unsere Umgebung ablehnen, atmen wir flach und wenig – gleichsam um uns nicht innerlich zu infizieren. Aus diesen kurzen Bemerkungen geht hervor, welche Bedeutung das Atmen für die richtige Entspannung hat. Ohne den richtigen Atemrhythmus gibt es keine Entspannung. Einige Alltagstechniken geben Hinweise, z.B. das „Erst-mal-tief-Luftholen" bei Erregung ist eine Methode, den Atem zu beruhigen.

Eine der bekanntesten Grundübungen der östlichen Meditationsschulen besteht darin, dass man lernt, alle anderen Wahrnehmungen dadurch auszuschalten, dass man sich ausschließlich auf sein Atmen konzentriert. Dabei wird der Atmungsvorgang selbst in keiner Weise beeinflusst. Man beobachtet ihn nur. Man überlässt sich seinem Rhythmus. Man zählt die Atemzüge und versucht, nichts anderes mehr zu beachten als das eigene Atmen. Sobald irgendwelche anderen Sinneswahrnehmungen oder Gedanken auftauchen, ruft man sich sanft, aber bestimmt zu der Aufgabe des Zählens zurück. Ganz allmählich merkt man, dass es einem immer besser gelingt, wirklich nur diese eine Sache auf einmal zu tun, sich ihr so vollständig wie möglich hinzugeben.

Sie gehen bei dieser Übung so vor:

ausatmen	=	1
einatmen	=	und
ausatmen	=	2
einatmen	=	und

ausatmen = 3
einatmen = und
ausatmen = 4

Lassen Sie sich Zeit. Zählen Sie so lange Sie mögen. Wenn dieses Tun so selbstverständlich für Sie geworden ist, dass Ihre Gedanken Ihnen nicht mehr davonlaufen, versuchen Sie, Ihre gesamte Aufmerksamkeit auf den Vorgang des Ein- und Ausatmens zu richten. Folgen Sie Ihrem Atemstrom auf seinem Weg durch den Körper; aber hören Sie nicht auf zu zählen. Versuchen Sie, ganz in Ihrem Atmen zu sein. Beenden Sie die Übung mit einigen einfachen Lockerungsübungen; dehnen Sie sich wie morgens nach dem Aufwachen.

Luftblasenmeditation

Die Luftblasenmeditation ermöglicht Ihnen, Ihr eigenes Bewusstsein meditativ zu betrachten, zu lernen, jede Wahrnehmung und jeden Gedanken gesondert für eine annähernd gleich lange Zeitspanne zu betrachten und dann wieder loszulassen.

Stellen Sie sich vor, Sie sitzen ruhig und gemütlich auf dem Grund eines klaren Sees. Sie wissen, wie langsam große Luftblasen im Wasser aufsteigen. Stellen Sie sich nun jeden Gedanken, jede auftauchende Wahrnehmung, jedes Gefühl als eine solche Luftblase vor, die, von Ihnen verfolgt, im Raum langsam aufsteigt und ihn wieder verlässt. Beobachten Sie einen Gedanken ganz einfach, bis er von selbst wieder verschwindet – wie die Luftblase. Wenn er geht, sollten Sie nicht versuchen, ihn festzuhalten oder zurückzuholen, sondern ruhig und gelassen auf den nächsten warten, etwa in der Haltung: „Ach, das denke ich nun. Wie interessant." Es sollte Sie dabei nicht beunruhigen, wenn Sie keinen Zusammenhang zwischen den einzelnen „Luftblasen" sehen können oder wenn mehrfach die gleichen „Luftblasen" aufsteigen. Wenn Sie lange genug an dieser Aufgabe festhalten, werden Sie merken, wie sich die verworrensten Gedankengänge klären.

Sollte Ihnen die Vorstellung, auf dem Grund eines Sees zu sitzen, unangenehm sein, wählen Sie z.B. die Vorstellung, in der Prärie an einem Lagerfeuer zu sitzen, das von Zeit zu Zeit Rauchwolken aussendet.

Stellen Sie sich vor, Sie sitzen ruhig und gemütlich auf einer Wiese an einem Lagerfeuer. Von diesem steigen von Zeit zu Zeit Rauchwolken auf. Stellen Sie sich nun jeden Ihrer Gedanken, jede Wahrnehmung und jedes Gefühl als eine solche Rauchwolke vor, die langsam aufsteigt, der Sie nachschauen, wie sie sich allmählich auflöst, von einer neuen abgelöst wird. Beobachten Sie jeden Gedanken ganz einfach, bis er von selbst wieder verschwindet – wie diese Rauchwolke. Wenn er geht, sollten Sie nicht versuchen, ihn festzuhalten. Warten Sie in aller Ruhe und Gelassenheit auf das, was ihm folgen wird. Seien Sie nicht beunruhigt, wenn Sie keinen Zusammenhang zwischen den einzelnen „Rauchwolken" erkennen können oder wenn mehrmals die gleichen Wolken aufsteigen.

Sie können sich auch vorstellen, auf einer Bank an einem Fluss zu sitzen, Ihre Gedanken schweben zu lassen, sie zu betrachten und sie dann im Fluss wegschwimmen zu lassen.

Wenn Sie lange genug an dieser Aufgabe festhalten, werden Sie merken, wie sich auch verworrene Gedankengänge klären. Diese Übung ist eine sehr gute Hilfe, sich von belastenden Gedanken und Gefühlen freizumachen, Distanz zu sich selbst zu gewinnen.

Sinnmeditation

Hierbei sollen Sie herausfinden, welche Werte, Ziele und Wünsche bisher für Ihr Leben bestimmend waren und wer Sie eigentlich sein möchten. Ziel ist die Erarbeitung einer eigenen, selbstbestimmten, realisierbaren Wertehierarchie, an der Sie Ihr zukünftiges Handeln und Entscheiden ausrichten.

Es geht um die Erforschung des Sinnes Ihres Lebens einschließlich seines Endes, um das „Finden der eigentlichen Mitte". Versuchen Sie Fragen zu lösen wie: „Wer bin ich?"; „Welchen Sinn müsste ich meinem Leben jetzt geben, damit es einmal als Ganzes ein sinnvolles Leben sein wird?" Das Finden einer Sinnantwort ist ein langwieriger Prozess, für den Sie viel Geduld und Beharrlichkeit benötigen. Eine endgültige Antwort ist nicht möglich, da wir uns ständig verändern. Wenn Sie eine Antwort (oder einen Teil der Antwort) gefunden haben, sollten Sie Ihr zukünftiges Handeln an ihr ausrichten und sie gleichzeitig auf ihre Richtigkeit hin überprüfen – ohne sich im Falle eines Misserfolgs Selbstvorwürfe zu machen. Eine Sinnantwort sollte Ihr Selbstvertrauen und Ihr Selbstbewusstsein stärken helfen und nicht schwächen.

Eine der bekanntesten Lehren, die auf einer Wortmeditation gründet, ist die der transzendentalen Meditation (TM). Der Meditierende richtet seine Aufmerksamkeit auf den Klang eines Mantras (Spruch, Denkbegriff, Wortsilben), das von Meditationslehrern für den Übenden ausgesucht wurde. Auch in der christlichen Meditation gibt es die Begriffsmeditation, in der Worte wie Ruhe, Vertrauen, Licht, Gott u. a. eine wesentliche Rolle spielen. Es empfiehlt sich, ein Wort zu wählen, das dem eigenen Empfinden auf der Suche nach dem Weg zu Gott am wirksamsten zu sein scheint – etwa Frieden, Stille, Vater usw. Man sagt es in Gedanken, ohne es auszusprechen, erst halbschnell, dann immer langsamer vor sich hin, bis alles andere Denken zur Ruhe kommt und schließlich ganz aufhört. Wenn das Wort die Gedankenstille herbeigeführt hat, lässt man es fallen und überlässt sich ganz der großen Stille des Bewusstseins ohne Gedanken. Nun sind wir frei und offen für das Wirken des in uns verborgenen Lebens. Der einzige Zweck des Wortes ist, die Gedankenstille herbeizuführen in völliger Entspannung und innerer Offenheit. Warten ohne Erwartung.

Yoga
Yoga ist das älteste überlieferte Übungssystem für eine bewusste Entwicklung des menschlichen Körpers, des Geistes und der Gefühle, das sich mit dem Menschen in seiner Ganzheit befasst. Es wurde bereits vor rund 5000 Jahren in Indien angewandt; die älteste schriftliche Zusammenfassung der Regeln und Übungen entstand vor 2500 Jahren. Seitdem wurde es vor allem im asiatischen Kulturraum praktiziert und weiterentwickelt. Die ersten europäischen Yoga-Schulen entstanden zu Beginn des vorigen Jahrhunderts. Heute wird Yoga bereits von mehr als drei Millionen Deutschen regelmäßig praktiziert.
Die Yoga-Schulen lassen sich in zwei große Gruppen einteilen:

- Das Hatha-Yoga, bei dem der Weg zur entspannten Einheit von Körper, Seele und Geist über bestimmte Körperstellungen, die sogenannten Asanas, führt. Es ist vor allem für Europäer geeignet, für alle diejenigen, die Entspannung und innere Ausgeglichenheit bei Hektik und Stress suchen.
- Das Yoga der Meditation, bei dem das gleiche Ziel der ganzheitlichen Harmonie auf rein kontemplativem Weg angestrebt wird.

Hatha-Yoga basiert auf der Grundannahme, dass allein der Zustand des Geistes das tägliche Handeln bestimmt. Ein unruhiger, vom Wesentlichen abgelenkter Geist verschwendet im Grunde kostbare Energie und lässt den Menschen sein Dasein als unglücklich und sinnentleert erleben. Geist und Seele können erst dann ruhig, ausgeglichen und frei von Belastungen sein, wenn man seinen Körper beherrscht. Eine Versenkung kann nur gelingen, wenn keine gestörten

Körperfunktionen oder Schmerzen die Konzentration verhindern. So wie man die Schönheit einer Landschaft bei großem Lärm nicht richtig wahrnehmen kann, kann man sich auch nicht konzentrieren, wenn der Rücken schmerzt [Zebroff 1995].

Der Weg zur Körperbeherrschung und von da zur ganzheitlichen Harmonie und Entspannung führt über zahlreiche Übungen, bei denen – nach dem Vorbild der Raubkatzen – einzelne Muskelgruppen langsam und aufmerksam nach bestimmten Regeln gestreckt werden. Es gibt spezielle Übungen gegen Rückenschmerzen, Bandscheibenschäden, Schlaflosigkeit, Kreislaufbeschwerden oder zum Abbau von Verspannungen und Schmerzen aller Art.

Regelmäßiges, halbstündiges Üben, bei dem man nichts zu erzwingen versucht und sich vor allem nicht mit anderen vergleicht, sondern nur den persönlichen Fortschritt registriert, kräftigt bereits nach kurzer Zeit die gesamte Muskulatur. Körperliche Schmerzen werden gelindert, Funktionsstörungen des Organismus beseitigt, Verspannungen abgebaut. Der Übende findet zu innerer Ruhe und Ausgeglichenheit. Er fühlt sich verjüngt und voller neuer Energien, erlebt ein intensives Körpergefühl und eine neue äußere und innere Leichtigkeit. Er fühlt sich den Anforderungen des Alltags wieder gewachsen.

5.4   Urlaub – Zeit für Muße

Immer mehr Menschen äußern in Befragungen zu ihren Urlaubs- und Freizeiterwartungen, dass sie im Grunde von einem *Urlaub der Muße* träumen. Die wohltuendste Wirkung scheinen die Stunden zu haben, in denen man ungestört mit sich allein ist und in Ruhe die Natur genießen kann. Muße ist das Gegenteil von *Muss*: ein selbstbestimmtes, entspanntes, zweckfreies Sein. Sich treiben zu lassen, das Hier und Jetzt zu genießen. Muße und Genießen sind untrennbar miteinander verbunden.

Während Schlaf eine passive psychophysische Regeneration ist, ist Urlaub die wichtigste aktive Erholungsmaßnahme. Urlaub und Erholung sind keineswegs identisch, denn die dem Urlaub zugeschriebene Erholungsfunktion stellt sich nicht automatisch ein. Urlaub ist nur dann erholsam,

- wenn die dafür vorgesehene Zeit frei von Hektik, Stress und belastenden Anforderungen ist,
- wenn die Leistungsorientierung, die den beruflichen Alltag bestimmt, abgelegt wird.

Der Urlaub ist die einzige Zeit im Jahr, die frei von Fremdbestimmung, frei von sozialen Zwängen und frei von der Hektik des Alltags gestaltet werden kann. Doch das tatsächliche Urlaubsverhalten sieht anders aus: Ferien- und Freizeitindustrie oder die Feriengewohnheiten anderer bestimmen über die *schönste Zeit des Jahres*. Wichtiger als das *Was* ist das *Wie*. Urlaub ist nur dann die wirksamste Antistress-Maßnahme, wenn ein großes Maß an Selbstentfaltung und positiver Selbstbestätigung möglich ist. Erholung und Entspannung stellen sich ein, wenn man das tut, was einem selbst Freude macht. Dann kann man auch hoffen, Abstand von den Problemen und Anforderungen des Alltags zu gewinnen. Jeder Urlaub sollte dazu beitragen, ein neues Gleichgewicht und eine gelassenere Einstellung zu sich selbst zu finden.

Man unterscheidet grundsätzlich drei Urlaubsarten:

- Konsum-Urlaub: faulenzen, amüsieren, Angebote am Urlaubsort wahrnehmen.
- Ausruh-Urlaub: ausspannen, abschalten, Zeit mit Familie und Freunden verbringen, wieder eins werden mit sich und der Umwelt (mindestens 21 Tage).
- Aktiv-Urlaub: Städte besichtigen, Sport treiben, Hobbys gestalten.

Physiologisch gesehen gibt es zwei Risikofaktoren, die man bei der Urlaubsgestaltung beachten sollte: das Klima und den Umstellungsrhythmus. Das Klima kann zum ausgesprochenen Reiz- und Stressfaktor werden. Der Aufenthalt im Hochgebirge mit Bergtouren in großen Höhen fordert vom Organismus eine sehr starke Anpassungsleistung. Für Menschen mit Hang zu Bewegung und Sport ist der Urlaub am Meer mit starker Reizstufe besonders geeignet. Andere dagegen werden leicht überreizt und reagieren mit Schlaflosigkeit und Nervosität. Urlaub im Mittelgebirge sorgt für beruhigenden Ausgleich – sinnvoll für Menschen mit hohem Blutdruck. Im Winterurlaub herrscht hier ein Reizklima besonderer Art. Dabei übt nicht nur das Gebirgsklima Einfluss auf den Organismus aus, sondern auch das helle Licht, das von den Schneeflächen reflektiert wird. Dies wirkt sich besonders günstig bei niedrigem Blutdruck und Depressionen aus.

Auch der Umstellungsrhythmus sollte berücksichtigt werden: Wer im Berufsalltag ständig von Termin zu Termin hetzt, bei dem kann die plötzliche Ruhe zu gesundheitlichen Störungen und depressiven Verstimmungen führen. Immer öfter sprechen Ärzte vom sogenannten Feriensyndrom. Oft fühlt man sich nach dem Urlaub erschöpft, hat ein erhöhtes Schlafbedürfnis und Angstgefühle. Jeder vierte Urlauber kommt unerholt an seinen Arbeitsplatz zurück. Daher ist es wichtig, seine persönlichen Bedürfnisse zu kennen und sich auch im Urlaub nach ihnen zu richten.

Die Urlaubsforschung rät:

- Da ein Urlaub von mehr als drei Wochen nur einen relativ geringen zusätzlichen Erholungswert hat, ist es besser, lieber zweimal im Jahr zu verreisen.
- Im Urlaub sollte man sich zunächst langsam an die veränderten Bedingungen gewöhnen. Man unterscheidet drei Urlaubsphasen: Die erste beginnt drei Stunden nach dem Arbeitsende; man wird sich bewusst, dass der Druck der Arbeit weg ist. Der nächste Erholungsabschnitt – die Eingewöhnungsphase – beginnt am dritten Urlaubstag. Der Eingewöhnungsprozess geht dann in die dritte, die Entspannungsphase über.
- Was Sie im Urlaub unternehmen, sollte Ihnen Freude machen. Orientieren Sie sich nicht am Urlaubsverhalten anderer. Versuchen Sie, diese wenigen Wochen im Jahr so selbstbestimmt wie möglich zu leben.
- Denken Sie daran: Der erholsamste Urlaub ist wirkungslos, wenn Sie am letzten Urlaubstag viele hundert Kilometer mit dem Auto nach Hause rasen, um gleich am nächsten Morgen wieder pünktlich an Ihrem Arbeitsplatz zu sitzen. Nach der Rückkehr sollte man noch drei Tage zum Einleben einplanen.
- Versuchen Sie, positive Erfahrungen, die Sie im Urlaub mit sich selbst gemacht haben, auch in die Gestaltung Ihrer täglichen Freizeit einfließen zu lassen. So wirkt die Erholung länger nach.

Es gibt höchst unterschiedliche Formen der Muße und des schöpferischen Nichtstuns: In der Badewanne oder der Hängematte rumliegen, am Strand ins Wasser schauen und einfach die Gedanken schweifen lassen, aus dem Fenster in einen blühenden Garten blicken. Oder sich die Zeit nehmen, um in Ruhe zu malen, zu musizieren oder mit Genuss ein Buch zu lesen. So paradox es klingt, das Nichtstun ist eine Tätigkeit; denn auch wer nichts tut, beobachtet seine Umgebung, lässt seine Gedanken schweifen, meditiert. Gemeinsam ist allen Formen des genussvollen Müßiggangs und des kreativen Nichtstuns, dass sie unspektakulär und frei von prestigeträchtigem Aktionismus sind.

Anregungen zum kreativen Nichtstun

- Die Natur erleben.
- Machen Sie einen längeren Spaziergang, am besten allein. Lassen Sie sich Zeit und durchstreifen Sie die Landschaft – ohne festes Ziel und ohne zeit-

liche Begrenzung. Lassen Sie alles, was Sie sehen, hören, riechen oder fühlen auf sich wirken. Lassen Sie Ihre Gedanken schweifen.
- Die Umgebung genießen.
- Legen Sie sich an einem warmen Sommertag entspannt in einen Liegestuhl. Genießen Sie die Natur – die Wolkenbilder, die unterschiedlichen Düfte der Blumen, das Zusammenspiel der Farben, den Gesang der Vögel, Licht und Schatten. Lassen Sie Ihren Gedanken freien Lauf.
- Leihen Sie sich ein Hausboot und tuckern gemächlich durch Fluss- oder Seenlandschaften, sodass sich während der Fahrt Denken, Wahrnehmen und Handeln ganz von selbst entschleunigen. Wichtig ist nicht die zurückgelegte Entfernung, sondern das Unterwegssein.
- Slowfood, das Gegenstück zum Fastfood, inspiriert zu genussvollem Essen und Trinken sowie einer kreativen Zubereitung der Mahlzeiten aus hochwertigen Nahrungsmitteln.
- Ein Schaufensterbummel ohne Kaufzwang, das Beobachten anderer Menschen, Zeitunglesen in einem Straßencafé, sind ein echtes *Muss* für erholsame Mußestunden.

Je selbstverständlicher Muße wird, desto mehr verändert sich unsere Einstellung und unser Lebensstil. Unser Alltag wird weniger von Fremdbestimmung geprägt. Wir erleben, wie wir Autonomie zurückgewinnen. Damit werden wir nicht nur weniger anfällig gegenüber negativen Stresseinwirkungen, wir gewinnen auch Zufriedenheit und Lebensfreude zurück.

Muße oder Müßiggang sind nichts Suspektes, das mit dem heutigen Leben nicht vereinbar wäre, sondern ein wesentlicher Bestandteil einer ausgewogenen selbstbestimmten Lebensgestaltung. Medizinische Untersuchungen zeigen eindeutig, dass regelmäßige Mußestunden vorzeitigem Verschleiß und Krankheiten vorbeugen.

Erholung und Entspannung erhöhen nicht nur die Stressstabilität, sondern schärfen auch die Sensibilität, das Wesentliche vom Unwesentlichen zu unterscheiden. Veränderte Prioritäten bestimmen Denken und Handeln. Nicht mehr der randvolle Terminkalender, das ständig klingelnde Handy, die 60- bis 70-Stunden-Woche als Statussymbol sind gut und wichtig, sondern sinnvolle Tätigkeiten, die Freude und Zufriedenheit ermöglichen.

Kapitel 6:
Psychische Balance – Einstellungsveränderung

6.1 Risikofaktoren im Lebens- und Arbeitsstil

„Willst du den Körper behandeln, musst du zunächst die Seele heilen."

(Platon)

So unverzichtbar Fitnesstraining, gesunde Ernährung, regelmäßige Erholung und Entspannungstechniken auch sind, um die drohende Erschöpfungsgefahr so gering wie möglich zu halten, wirklich effektiv wird eine persönliche Burn-out-Prophylaxe erst, wenn sie

- die individuelle Person,
- die Lebenshintergründe,
- die Lebenseinstellungen
- und die Lebensziele

einbezieht.

Die wissenschaftliche Analyse des Burn-out-Phänomens hat vor allem eines gezeigt: Überforderung und chronische Erschöpfung haben ihre Ursachen nicht nur in den tatsächlich gegebenen, oft sehr hohen alltäglichen Belastungen. Ebenso wenig sind Situationen für jeden Menschen in gleicher Weise belastend. Sie werden es erst aufgrund der subjektiven Wahrnehmung, der persönlichen Einstellungen, Überzeugungen, Wertvorstellungen, Gedanken, Empfindungen und Bewertungen desjenigen, der die gegebenen Umstände erlebt. Diese Faktoren beeinflussen, ob wir unter den Anforderungen unseres Alltags physisch oder kognitiv-emotional leiden oder ob Gesundheit, Zufriedenheit und Wohlbefinden für unser Lebensgefühl bestimmend sind.

Für die Burn-out-Prophylaxe ist es hilfreich, wenn Sie sich Ihre eigenen Verhaltensmuster, Einstellungen und Überzeugungen bewusst machen. Unser Verhalten unterliegt bestimmten Mustern, die wir bereits in frühester Kindheit von unserer Familie gelernt haben und die uns Sicherheit vermitteln. Daher ist es sehr schwierig, diese vertrauten – häufig sogar unbewussten – Verhaltensmuster zu erkennen oder gar zu ändern. Doch nur, wenn Sie schädliche Verhaltensmuster, Einstellungen und Überzeugungen erkennen, haben Sie die Möglichkeit, diese zu hinterfragen und langfristig zu verändern.

Noch heute wird der Arbeit von den meisten Menschen ein hoher sinnstiftender Wert zuerkannt. Wie sehr bei vielen Menschen die berufliche Tätigkeit zum zentralen Wert ihres Lebens geworden ist, lässt sich daran ablesen, dass der Eintritt in den Ruhestand, ein unerwarteter Karriereknick oder der Verlust des Arbeitsplatzes überproportional häufig Depressionen, Lebensängste und Sinnkrisen auslösen. Wer in unserer Gesellschaft etwas gelten will, muss beruflich erfolgreich sein. Es gilt als selbstverständlich, dass man in den mittleren Lebensjahren seine Zeit und Kraft vor allem in den Beruf investiert und andere Interessen während dieser Zeit zurückschraubt. Der Wert der Arbeit wird dabei oft am zeitlichen Aufwand, weniger an der Qualität bemessen. Eine Führungskraft, die an den Abenden noch im Büro arbeitet, Akten während des Wochenendes zu Hause wälzt, in ihrer Freizeit und im Urlaub jederzeit für die Firma erreichbar ist und im Notfall sogar auf ihren Urlaub verzichtet, gilt immer noch als besonders fleißig und effizient und damit als prädestiniert für einen weiteren beruflichen Aufstieg. Erst vereinzelt beginnt sich die Erkenntnis durchzusetzen, dass jemand, der übermäßig lange und intensiv arbeitet, auf Dauer nicht nur sich selbst, sondern auch dem Unternehmen mehr Schaden als Nutzen zufügt.

Wir lernen bereits im Kindergarten, unsere Leistungen an denen anderer zu messen, und werden in erster Linie für gute Leistungen belohnt. In der Schule zählten vor allem die alten *preußischen Tugenden* wie Fleiß, Ordnung, Pünktlichkeit, weniger hingegen Phantasie und Kreativität. Sehr früh schon lernen wir, dass eine ständige Leistungsbereitschaft zur Erlangung guter Noten die Voraussetzung dafür ist, dass wir es im Leben einmal zu etwas bringen. Nur ein guter Notendurchschnitt ermöglicht den Eintritt ins Gymnasium – schon im Alter von 10 Jahren werden in Deutschland die Weichen gestellt. Bereits jetzt werden *Gewinner* von *Verlierern* getrennt. Und wir erkennen, dass wir später nur dann zu den Gewinnern zählen werden, wenn wir uns ständig anstrengen, um unsere Leistungen zu verbessern – ein roter Faden, der sich von der Grundschule bis in unser Erwachsenenalter durchzieht.

Irgendwann steht außer Frage, dass man gute Leistungen erbringen muss, wenn man Lob und Zuwendung erhalten will. Nur wer ständig leistungsbereit und besser ist als die anderen, wird bei Bewerbungen überzeugen und einen der begehrten Topjobs bekommen, beruflich Karriere machen und gesellschaftliches Ansehen genießen. Hierfür ist man bereit, alle Kräfte einzusetzen, persönliche Bedürfnisse zurückzustellen und eigene Belastbarkeitsgrenzen zu negieren. Irgendwann reicht es nicht mehr, *nur* gute Leistungen zu erbringen, man will und muss sich und anderen beweisen, dass man perfekt ist, besser und effektiver als alle anderen. Und so setzt man sich noch stärker ein und lässt sich immer weitere Aufgaben und Verantwortungsbereiche übertragen.

Angesichts der allgegenwärtigen Präsenz eines Leistungsprinzips, das sich vor allem an der Aufgabenfülle orientiert, kann es eigentlich nicht verwundern, dass die überwiegende Mehrzahl der Führungskräfte sich während ihrer Berufslaufbahn einen besonderen Maßstab zu eigen gemacht hat. Viel zu tun, keine Zeit zu haben, unentbehrlich zu sein, auf Wochen hinaus einen randvollen Terminkalender zu haben, über Fax, E-Mail und Handy jederzeit und überall erreichbar zu sein, ist gerade für diese Personengruppe nicht nur Statussymbol, sondern auch eine Art Lebenselixier, das ihnen, zumindest für eine gewisse Zeit, positive Kräfte und Gefühle verleiht, die sie schon bald nicht mehr missen möchten. Gerade die nach Selbstverwirklichung strebenden Singles tun alles, um nicht ein einziges Wochenende mit sich allein sein zu müssen. Eine britische Journalistin hat diese Situation einmal folgendermaßen beschrieben: „Millionen sehnen sich heute nach Unsterblichkeit, aber sie wissen nicht, was sie mit sich selbst an einem verregneten Sonntagnachmittag anfangen sollen." [Rosch, 1995]

Berufliche Verantwortung und Erfolg sind für solche Menschen die zentralen Werte, die mit Abstand vor allen anderen Werten rangieren. Sie wirken sich auf ihre Bewertung aller Werte und Überzeugungen aus – eine innere Richtschnur, die den Menschen in ihrer Einseitigkeit häufig gar nicht bewusst ist. Doch wer ständig unter dem Zwang lebt, Leistungen auf höchstem Niveau erbringen zu müssen, und dabei die Erwartungen an sich selbst immer höher schraubt, gerät mit großer Wahrscheinlichkeit in Gefahr, an seinen eigenen Ansprüchen zu scheitern und von ihnen in die Burn-out-Spirale gesogen zu werden.

6.2 Arbeitssucht

Übermäßiges Arbeiten kann leicht zur Sucht werden. Diese Sucht unterscheidet sich in ihrer Gefährlichkeit für Leistungsfähigkeit und psychophysische Gesundheit nicht von anderen Süchten, sie hat letztendlich die gleichen zerstörerischen Folgen. Genau wie bei Alkohol-, Spiel- oder Tablettenabhängigkeit ist auch bei der Arbeitssucht der Einstieg oft eher zufällig und harmlos: Jeder Mensch kann irgendwann einmal in eine Situation geraten, die nur mit außergewöhnlicher Einsatzbereitschaft und hohem zeitlichem Aufwand erfolgreich zu bewältigen ist. Der Student, der kurz vor seinem Abschlussexamen steht, wird oft bis spät in die Nacht hinein an seiner Diplomarbeit arbeiten und vielleicht einen lang geplanten Urlaub ausfallen lassen. Der Ingenieur, der gerade seine erste Stelle in einem größeren Unternehmen angetreten hat, wird in den ersten Wochen regelmäßig Überstunden machen, Arbeitsunterlagen am Feierabend oder am Wochenende mit nach Hause nehmen, um möglichst schnell allen Erwartungen gerecht werden zu können. Der Arzt, der gerade seine eigene Praxis übernommen hat, die Anwältin, die sich selbstständig gemacht hat: Sie wissen, dass sie in den nächsten Monaten ihr Privatleben vernachlässigen werden, weil sie zunächst einmal all ihre Zeit und Kraft für Praxis und Kanzlei brauchen werden. Es ist auch durchaus nicht ungewöhnlich, dass Menschen sich in Arbeit stürzen, wenn sie sich nach einer Scheidung oder dem Tod eines nahe stehenden Menschen in einer Krise befinden. Um sich abzulenken, ihren Schmerz oder ein belastendes Problem, das sie im Augenblick nicht bewältigen können, zu vergessen, machen sie freiwillig Überstunden und richten ihr Leben ganz auf die berufliche Dimension aus.

Während die einen, sobald der aktuelle Anlass für die viele Arbeit überwunden ist, ihr tägliches Arbeitspensum wieder auf das gewohnte Maß zurückschrauben und zu ihrem früheren Lebensrhythmus zurückfinden, ist für die anderen ein solcher Anlass bereits der Einstieg in die Droge Arbeit und damit der Beginn ihrer Abhängigkeit. Sie sind dabei, zum *Workaholic* zu werden, für den die berufliche Arbeit der bestimmende Faktor des Lebens ist. Schon bald werden sie auf das rauschähnliche Hochgefühl, das die Droge Arbeit in ihnen auslöst, nicht mehr verzichten können. Sie werden in Kauf nehmen, dass familiäre Beziehungen und Freundschaften in die Brüche gehen und in ihrem Leben bald kein Platz mehr für außerberufliche Interessen, für Muße und Freude sein wird. Selbst das Wissen, dass mit dieser Droge genau wie mit jeder anderen auf Dauer ein massiver Persönlichkeitsabbau einhergeht, dass sie auf diese Weise ihre Gesundheit und ihre Leistungsfähigkeit ruinieren, wiegt für sie den Genuss, den sie aus ihrer Droge ziehen, nicht auf.

Arbeitssüchtige findet man in allen Berufen. Besonders gefährdet aber scheinen diejenigen zu sein, die das Ausmaß ihrer Tätigkeit und ihres Engagements relativ frei bestimmen können ohne gebremst zu werden, wie allein lebende Freiberufler oder gehobene Manager. Stark gefährdet sind auch diejenigen, bei denen ständige Präsenz und Einsatzbereitschaft zum beruflichen Selbst- und Fremdbild gehören. Neben Politikern und Gewerkschaftern finden sich hier auch Ärzte und Führungskräfte in der obersten Risikogruppe.

Während Alkohol- oder Drogenabhängige weithin als willensschwache Versager angesehen werden, genießen Workaholics allgemein ein hohes Ansehen – zumindest bis zu dem Zeitpunkt, an dem die Sucht ihre Persönlichkeit und

Gesundheit sichtbar geschädigt und ihre Kräfte aufgezehrt hat. Sie erhalten nicht nur von ihren Vorgesetzten, sondern auch von Bekannten und Freunden Anerkennung für ihre Einsatzbereitschaft, ihren weit überdurchschnittlichen Fleiß. Sie werden anderen gerne als Vorbild dargestellt. Sie machen schnell Karriere und werden mit steigenden Gehältern belohnt. Diese Faktoren bestärken die Abhängigen in ihrem Suchtverhalten.

Arbeit ist die einzige „ehrbare Droge", die unsere Gesellschaft zulässt. Nicht nur für den Betroffenen, sondern auch für das soziale Umfeld ist es schwierig, eine Arbeitssucht rechtzeitig zu erkennen. Workaholics fällt die Einsicht in ihre Abhängigkeit oft noch schwerer als anderen Suchtkranken. Nicht jeder, der regelmäßig größere Mengen Alkohol konsumiert, erkrankt an Alkoholismus, nicht jeder, der viel arbeitet, ist notwendigerweise von Arbeitssucht bedroht. In beiden Fällen spielen neben situativen Faktoren auch bestimmte Persönlichkeitsmerkmale eine wichtige Rolle. Arbeitssüchtige sind in der Mehrzahl hochgradig talentierte und überdurchschnittlich leistungsorientierte Menschen. Auf Außenstehende wirken sie oft zu enthusiastisch. Unter dieser Oberfläche versteckt sich aber häufig eine depressive Grundstimmung.

Besonders gefährdet sind Menschen,

- die ein hohes persönliches Anspruchsniveau haben, die grundsätzlich mehr tun, als von ihnen erwartet wird,
- die dabei gleichzeitig zur Selbstabwertung neigen („Wenn ich das nicht schaffe, bin ich ein Versager"), weil ihr Selbstwertgefühl instabil ist,
- die in ihrem Denken eher von der Angst vor Misserfolg als von der Hoffnung auf Erfolg bestimmt werden,
- die zum Perfektionismus neigen,
- denen es schwer fällt, eigene Fehler zu akzeptieren,
- die nicht zwischen erreichbaren und unerreichbaren Zielen unterscheiden können,
- die ein übermäßig hohes Kontrollbedürfnis haben,
- denen es schwer fällt, Aufgaben, die eigentlich unter ihrem Niveau liegen, zu delegieren,
- die den „Einzelkämpfer-Mythos" so verinnerlicht haben, dass sie anderen nur wenig zutrauen und häufig die Bedeutung der eigenen Person überschätzen,
- die Schwierigkeiten haben, mit anderen Menschen enge Bindungen einzugehen, sich aber gleichzeitig nach Anerkennung und Achtung sehnen und ein starkes Bedürfnis haben, anderen zu gefallen.

Im fortgeschrittenen Stadium ihrer Sucht ordnen Workaholics sämtliche Lebensbereiche ihrer Arbeitssucht unter:

- Sie suchen immer neue Gründe, warum sie so viel arbeiten müssen: „Ich würde ja gerne weniger arbeiten, aber ...". Gleichzeitig fällt es ihnen immer schwerer, zwischen wichtigen und unwichtigen Aufgaben zu unterscheiden. Sie investieren Zeit und Kraft in Tätigkeiten, die ihre Mitarbeiter ebenso gut ausführen könnten. Sie sind auch in ihrer Freizeit innerlich mit ihrer Arbeit beschäftigt. Auch außerhalb ihres Berufsfeldes sind sie ständig auf der Suche nach weiteren Pflichten und Aufgaben, mit denen sie ihre Sucht befriedigen können. Sie übernehmen beispielsweise immer neue ehrenamtliche Tätigkeiten. Wenn sie, den Ratschlägen ihres Arztes folgend, ihrer Gesundheit zuliebe tatsächlich Mitglied in einem Sportverein werden, gehören sie auch hier mit großer Wahrscheinlichkeit schon bald zum Vorstand. Sie finden fast immer einen Weg, auch ihre Freizeitaktivitäten in Arbeit zu verwandeln. So reizt sie etwa am Golfsport nicht die Bewegung an der frischen Luft, sondern die Möglichkeit, an Wettkämpfen teilnehmen zu können und dafür regelmäßig hart und ausdauernd trainieren zu müssen.
- Sie nehmen sich nicht genug Zeit zum Essen, oft nicht einmal zum gründlichen Kauen dessen, was sie in Eile zu sich nehmen. Sie lassen sich beispielsweise irgendein Fastfood-Essen ins Büro bringen, das sie dann gedankenlos verzehren, während sie gleichzeitig angeblich dringliche Aufgaben erledigen. Häufig finden sie nicht einmal die Zeit, ihr Essen auszupacken. Sie merken nicht, dass sie Hunger haben. Am liebsten wäre ihnen eine Tablette mit allen lebensnotwendigen Nährstoffen.
- Sie halten es für Zeitverschwendung, ihrem Organismus die notwendigen Schlaf- und Erholungsphasen zuzugestehen, machen selten Urlaub, haben keine Zeit für Geselligkeit und kulturelles Engagement.
- Ebenfalls aus Zeitmangel schränken sie ihre körperliche Bewegung immer weiter ein. Sie legen auch kürzeste Strecken grundsätzlich mit dem Auto zurück, statt zu Fuß zu gehen. Sie fürchten, ihre beruflichen Pflichten zu vernachlässigen, wenn sie beispielsweise eine halbe Stunde pro Tag in ein Fitnessprogramm investieren würden.
- Wie Alkoholsüchtige vernachlässigen sie ihr Äußeres. Ihr Aussehen, ihre Kleidung und damit ihre Wirkung auf andere Menschen werden ihnen weniger wichtig.
- Kollegen und Mitarbeiter, die einen anderen Arbeitsstil als sie selbst haben, behandeln sie mit rücksichtsloser Härte. Sie machen ihre Sucht zur Normalität und setzen das eigene Arbeitspensum als Maßstab für die Beurteilung

ihrer Mitarbeiter. Mit besonderer Rücksichtslosigkeit werden vermeintliche Konkurrenten behandelt.
- Da das eigene berufliche Engagement für sie Vorrang hat, erwarten sie, dass auch ihr Partner, ihre Kinder, Freunde und Bekannte bei ihren Planungen darauf Rücksicht nehmen.
- Die innere Verbindung zu anderen, die bei ihnen nie besonders ausgeprägt war, wird noch schwächer. Die soziale Sensibilität geht verloren, das eigene Gefühlsleben verarmt. Tauchen im privaten oder familiären Bereich Schwierigkeiten auf, so ist dies ein willkommener Anlass, sich in weitere Arbeit zu flüchten und die Probleme gar nicht erst an sich herankommen zu lassen. Lösungen werden nicht mehr gesucht, eventuelle Bemühungen anderer als lästige Störung abgewehrt. Für soziale Kontakte, Gedankenaustausch oder gemeinsame Aktivitäten bleibt immer weniger Zeit und Kraft. Auf ihr Verhalten angesprochen, reagieren sie ausgesprochen aggressiv. Private Bindungen lösen sich auf, die soziale Isolation wird deutlich.
- Wenn sich dann im weiteren Verlauf der Sucht massive Schlaf-, Konzentrations- und Denkstörungen sowie beunruhigende psychosomatische Beschwerden einstellen, hat der Arbeitssüchtige in seinem engeren sozialen Umfeld meistens niemanden mehr, mit dem er über seine Ängste vor dem Verlust seiner Leistungsfähigkeit, dem beruflichen Versagen, dem Abgeschobenwerden, Krankheit und Tod sprechen könnte. Er ist seinen Ängsten hilflos ausgeliefert. Allein hat er in diesem Stadium meistens nicht mehr die Kraft, die Kontrolle über sein Leben zurückzugewinnen. Deshalb kennzeichnen Selbstmordversuche, chronische Depression oder totale Apathie und Hilflosigkeit neben vorzeitigem körperlichem und geistigem Verfall und akuten organischen Schädigungen (Herzinfarkt, Magengeschwür, Darmerkrankungen etc.) in vielen Fällen das Endstadium der Arbeitssucht.

Arbeitssucht ist eine Krankheit mit hohen Kosten. Die zunehmende Anzahl Arbeitssüchtiger wird durch die heutigen Arbeitsbedingungen begünstigt, denn im Anfangsstadium bringt diese Sucht für die Betroffenen viele persönliche Vorteile (Ansehen, Karriere) mit sich. Ihr Verlauf ist genauso zerstörerisch wie der anderer Süchte, doch ist sie schwerer therapierbar, weil sich der Süchtige jederzeit problemlos neuen *Stoff* beschaffen kann. Ein Entzug bei gleichzeitiger Berufstätigkeit ist kaum durchführbar. Deshalb ist es so wichtig, bereits die ersten Anzeichen zu erkennen und rechtzeitig gegenzusteuern.

6.3 Gefährdete Persönlichkeitstypen

Als die beiden Mediziner *Friedman* und *Rosenman* ihre Abhandlung „Der A-Typ und der B-Typ" über die Zusammenhänge zwischen Infarkt-Risiko, Lebensstil und Persönlichkeitsmerkmalen veröffentlichten, stießen sie weltweit vor allem in Managementkreisen und bei Arbeitsmedizinern auf breite Resonanz. Genetische Veranlagung, Übergewicht, hoher Blutdruck oder Rauchen – bisher als Risikofaktoren vorausgesetzt – reichten nicht mehr aus, den dramatischen Anstieg von Herz-Kreislauf-Erkrankungen jener Jahre in den Industriestaaten zu erklären. *Friedman* und *Rosenman* [Friedmann et al. 1975] glaubten, eine fundamentale Krankheitsursache entdeckt zu haben: die hektische Lebensweise des modernen Menschen.

Ihr Bild vom ständig gehetzten Entscheider im Dauerstress, der nie Zeit hat, der dauernd von einem Termin zum nächsten jagt, immer mit mehreren Dingen gleichzeitig beschäftigt ist und, sofern er sein Verhalten nicht drastisch ändert, unweigerlich dem Herztod entgegeneilt, ist seitdem fast zum Sinnbild für eine äußerst gefährliche, aber weit verbreitete und scheinbar unabänderliche Lebensweise geworden.

In ihrem verhaltensorientierten Modell, das *Friedman* und *Rosenman* auf der Grundlage medizinisch-psychologischer Daten entwickelten, stellten sie zwei Persönlichkeitstypen einander gegenüber:

- den Infarkt-gefährdeten Typ-A
- und den nicht gefährdeten Typ-B.

Die Forscher meinten anhand ihrer Daten beweisen zu können, dass die Wahrscheinlichkeit von Herzerkrankungen bei gleich hohem Blutdruck und Cholesterinspiegel und gleich starkem Rauchen bei Typ-A-Personen mehr als doppelt so hoch sei wie bei Menschen, die eher dem Typ-B zuzuordnen sind.

Das von ihnen in die wissenschaftliche Diskussion eingebrachte Typ-A-Verhaltensmuster ist gekennzeichnet durch:

- ein äußerst starkes Leistungsstreben
- hohe körperliche und geistige Handlungs- und Anstrengungsbereitschaft
- den starken Willen, das eigene Leben aktiv beeinflussen und etwas bewirken zu wollen
- ein ständiges Bedürfnis nach Anerkennung, Vorwärtskommen und Überlegenheit

- extremes Konkurrenzverhalten
- innere Ruhe- und Rastlosigkeit, Ungeduld mit sich selbst und mit anderen, Unfähigkeit zu warten oder zuzuhören
- eine Tendenz, die Ausführung aller Handlungen zu beschleunigen
- ein starkes Bedürfnis, die eigene Umwelt unter Kontrolle zu bringen, alles „im Griff" zu haben
- eine Tendenz, unter Zeitdruck mehrere unterschiedliche Dinge gleichzeitig zu erledigen („Multitasking")
- eine überdurchschnittlich hohe Aggressivität

Dieses Verhaltensmuster wird auch als Ursache erhöhter Burn-out-Gefährdung angesehen.

Während Typ-A ein rastloses, hektisches, kämpferisches, primär karriereorientiertes Leben führt und damit praktisch ständig „im selbst verursachten Stress" steht, kennzeichnet Typ-B das genaue Gegenteil: Er ist ruhig, besonnen, ausgeglichen, unaufgeregt, gelassen und achtet darauf, sich nicht zu verausgaben. Er lässt nur wenig Ehrgeiz erkennen. Neben Beruf und Karriere gibt es für ihn noch andere, ebenso wichtige Lebensbereiche. Er meidet unkalkulierbare Risiken und schont seine Kräfte, während Personen des A-Typs dazu neigen, bis an ihre Leistungsgrenzen zu gehen und Erschöpfungssignale zu unterdrücken, um mehr zu erreichen. Ähnlich wie Burn-out-Gefährdete und Arbeitssüchtige verkörpert auch der A-Typ eine Lebensform, die durchaus dem modernen Zeitgeist entspricht und in unserer Gesellschaft akzeptiert und honoriert wird.

Das unbestreitbare Verdienst von *Friedman* und *Rosenman* liegt vor allem darin, dass sie als erste dafür plädiert haben, die Therapie koronarer Herzerkrankungen nicht länger ausschließlich auf eine organzentrierte Heilung zu konzentrieren, sondern dem Patienten beziehungsweise dem gefährdeten Noch-nicht-Patienten die psychosomatischen Hintergründe des Krankheitsgeschehens deutlich zu machen. Prävention und Rehabilitation sollten in erster Linie darauf abzielen, mit den als Typ-A diagnostizierten Menschen Veränderungen ihrer Lebensweise und ihres Verhaltens zu trainieren, ihnen beim *Entschleunigen* zu helfen.

Während die Grundannahme der beiden Forscher, dass der Lebensweise ein entscheidender Anteil an der Entstehung koronarer Herzerkrankungen zukommt, heute unumstritten ist, gibt es inzwischen erhebliche Zweifel an der Richtigkeit der Typologie. Groß angelegte Folgeuntersuchungen, wie sie beispielsweise 1982 das amerikanische „National Heart, Lung and Blood Institute" an 12 000 Männern durchführte, kamen zu dem überraschenden Ergebnis, dass sich bei ihren Probanden zwischen Herz-Kreislauf-Erkrankung und der Zugehörigkeit zum Typ-A kein statistisch signifikanter Zusammenhang nachweisen ließ. Die als Typ-A identifizierten Personen waren genauso gefährdet wie alle übrigen Teilnehmer [Ernst 1988]. Eine Untersuchung an deutschen Industriearbeitern [Friczewski 1988] ergab, dass Infarktpatienten sich über die ganze Bandbreite menschlicher Eigenschaften und Lebensstile verteilen. Unter ihnen finden sich sowohl Angepasste, Konfliktscheue und Aggressionsgehemmte wie auch Lebhafte, Risikofreudige und Hyperaktive mit starkem Dominanzstreben.

So einleuchtend die Einteilung in A- und B-Typen auf den ersten Blick ist, ihr Wert als Diagnoseinstrument wird heute von Medizinern und Psychologen als gering angesehen. Dies hat mehrere Gründe: Zum einen sind die den beiden Typen zugeordneten Merkmale kaum objektiv zu erfassen. Dies gilt für Fremd- und Selbsteinschätzung gleichermaßen. Diagnostiker, die selbst eher dem B-Typ entsprechen, neigen dazu, einen Patienten schon bei den geringsten Anzeichen einer hektischen Lebensweise als eindeutigen A-Typ einzustufen. Und umgekehrt tendieren A-Typ-Personen dazu, jemanden, der weniger leistungsfreudig zu sein scheint als sie selbst und bedächtig auf ihre Interviewfragen reagiert, eindeutig dem B-Typ zuzuordnen. Auch kann ein A-Typ von dem Fragestil eines nervösen Interviewers so abgestoßen sein, dass er in dieser Situation eher wie ein B-Typ reagiert. Außerdem ist der A-Typ und die ihm zugeschriebenen Risiken durch zahllose Veröffentlichungen allgemein bekannt, sodass sich kaum noch jemand selbst unbefangen als A-Typ einstufen wird. Schließlich ist der A-Typ in reiner Form selten anzutreffen, die meisten ihm zugeordneten Personen weisen lediglich einige der typischen Merkmale auf. Bis heute ist nicht geklärt, welches die wirklich gefährlichen Verhaltens- und Persönlichkeitsmerkmale sind und ob in der Auflistung der Merkmale nicht entscheidende Aspekte fehlen.

Einige A-typische Verhaltensweisen – wie die selbst erzeugte Panikmache, das ausgeprägte Konkurrenzstreben, die Ungeduld mit sich selbst und anderen – können bei entsprechenden situativen Bedingungen zu starken psychischen Stressoren werden. Zusammen mit der Neigung, Erschöpfungssymptome so lange wie irgend möglich zu ignorieren, wird es bei den Betroffenen langfristig mit hoher Wahrscheinlichkeit zu gesundheitlichen Schäden kommen. Das für A-Typen kennzeichnende, stark ausgeprägte Bedürfnis, alles im Griff zu haben, und der Wille, sein Leben selbst zu kontrollieren und aktiv zu beeinflussen, haben sich aber gerade dann bei vielen Patienten als äußerst hilfreiche Eigenschaften erwiesen, wenn es darum geht, die eigene Lebensweise aus gesundheitlichen Gründen umzustellen. Mit der gleichen Intensität, Energie und Willenskraft, die ihren bisherigen Lebensstil ausgemacht haben, widmen sie sich nach einer ernsthaften Erkrankung der Wiederherstellung ihrer Gesundheit.

So hat sich beispielsweise gezeigt, dass Typ-A-Männer nur halb so gefährdet sind wie Typ-B-Männer, einen sogenannten Re-Infarkt, also eine zweite, oft tödliche Herzattacke zu erleiden. Typ-A-Verhalten scheint diesen Ergebnissen zufolge nach einem Infarkt geradezu eine vorbeugende Wirkung zu haben, während das Typ-B-Verhalten hier eher risikoverstärkend ist [Ragland et al. 1988].

Die dem Typ-A zugeschriebenen Verhaltensgewohnheiten und Persönlichkeitseigenschaften sind zwar starke potentielle Stressoren. Menschen dieses Typs geraten vergleichsweise schneller in belastende Stresssituationen als die eher bedächtigen und ausgeglichenen B-Typen. A-Typen sind auch für ihre Mitmenschen nicht selten eine permanente Stressquelle. Das Infarktrisiko scheint allerdings nicht allein von diesen Faktoren abzuhängen. Das „Leben nach dem Infarkt" ist sogar für Letztere besser und mit deutlich positiverer Prognose zu bewältigen.

6.4 Ärgermentalität

Spätere Untersuchungen über die Wechselwirkung zwischen Persönlichkeitsstruktur und Infarktgefährdung [Mees 1993] deuten darauf hin, dass vor allem die sogenannte Ärgermentalität das Infarktrisiko erheblich vergrößert. Menschen, die dazu neigen, sich häufig und nachhaltig zu ärgern, schädigen damit auf Dauer ihre Gesundheit. Wie sehr Ärger dem Herzen schadet, geht aus einer 25 Jahre umfassenden Langzeitstudie an amerikanischen Ärzten hervor. Bei den Teilnehmern mit einer stark ausgeprägten Ärgerneigung war die Sterblichkeit um das Siebenfache höher als bei der Vergleichsgruppe.

Ärger lässt nicht nur den Puls hochschnellen, er führt im Organismus auch zu einem massiven Anstieg des oxidativen Stresses, der das *schädliche* LDL-Cholesterin noch gefährlicher macht. Während gesunde Menschen auf Ärger gewöhnlich mit einer Erhöhung der Pumpleistung des Herzens reagieren, nimmt bei Patienten mit einer Vorschädigung der Herzkranzgefäße die Pumpleistung des Herzens deutlich ab. Der Herzmuskel wird nicht mehr ausreichend mit Sauerstoff und Energieträgern versorgt, sodass es zu einem koronaren Schwächeanfall (Angina Pectoris) kommen kann. Die Redewendung: „Er hat es sich zu sehr zu Herzen genommen", beschreibt diesen Zusammenhang anschaulich. Bei vielen Menschen reicht schon die Erinnerung an ein Ereignis oder eine Person, über die sie sich besonders stark geärgert haben, um den Blutdruck in die Höhe schnellen zu lassen.

Dabei scheint es keinen Unterschied zu machen, ob man seinen Ärger lautstark und aggressiv äußert oder ihn stumm in sich hineinfrisst. In beiden Fällen nimmt die Herzfunktion langfristig Schaden. Die positivste Wirkung für Gesundheit und Wohlbefinden scheint es zu haben, wenn Menschen versuchen, sich mit dem Problem oder der Person, über die sie sich geärgert haben, offen und um Klärung bemüht auseinanderzusetzen und dabei eine möglichst positive Sicht der Dinge zu bewahren.

Ärger ist eine emotionale Reaktion, die bevorzugt bei herausfordernden Leistungssituationen und im zwischenmenschlichen Bereich auftritt: Wir ärgern uns, weil etwas nicht so läuft, wie wir es uns vorgestellt oder vorgenommen haben oder weil jemand sich nicht so verhalten hat, wie wir es von ihm erwartet haben. Der berufliche Alltag einer Führungskraft mit seinen vielen kleinen zwischenmenschlichen Ärgernissen, Rivalitäten und Spannungen, Sympathien und Antipathien, den oft nicht klar definierten Kompetenz- und Verantwortungsbereichen, den vielen nicht vorhersehbaren Störungen und dem ständigen Zeitdruck bietet Menschen mit der entsprechenden Persönlichkeitsstruktur viele Anlässe, sich zu ärgern. Dies könnte ein Grund sein, warum gerade Führungskräfte in Wirtschaft und Politik häufiger als andere, ebenfalls stark eingespannte Personengruppen von koronaren Erkrankungen und Ereignissen bedroht sind.

Die 2004 veröffentlichte Interheart-Studie hat klar herausgestellt, dass psychosoziale Faktoren das Risiko eines Herzinfarktes stark erhöhen. Sie sind zwar seltener für einen Infarkt verantwortlich als das Rauchen, aber vergleichbar relevant wie Bluthochdruck, ungünstig verteilte Blutfette oder die abdominale Adipositas (Bauchfettsucht). Somit sind psychosoziale Risikofaktoren von sehr viel größerer Bedeutung als bisher angenommen und wichtige ursächliche Faktoren bei vielen Patienten mit akutem Herzinfarkt oder plötzlichem Herztod.

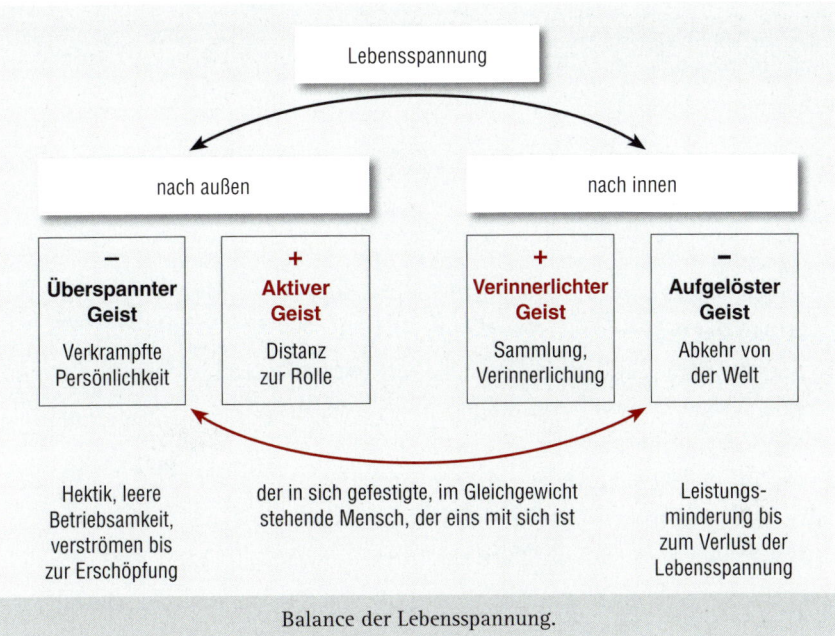

Balance der Lebensspannung.

 Empfehlungen: Die „richtige" Einstellung

- Übernehmen Sie offen und ehrlich die volle Verantwortung für Ihr Leben. Für ein *schlechtes* Leben ist nicht weniger Mühe und Arbeit nötig als für ein *gutes*.
- Handeln Sie selbstständig, kein Mensch *muss müssen*. Verwenden Sie anstatt des Zwangs („Ich muss") die freiwillige Entscheidung („Ich habe beschlossen, ...").
- Überlegen Sie, was Sie selbst beeinflussen können. Erbanlagen und bestimmte Umweltbedingungen können Sie nicht verändern. Den psychischen Faktor Ihrer Zufriedenheit jedoch haben Sie selbst zu verantworten. Und dies ist Ihre stärkste Waffe gegen den Stress.
- Versuchen Sie, innerhalb Ihres fremdbestimmten gesellschaftlichen und beruflichen Umfelds Selbstbestimmtheit und Autonomie im Umgang mit sich selbst zu erreichen – trotz ungünstiger Rahmenbedingungen. Akzeptieren Sie aber auch Fremdbestimmungen, die unabänderlich sind.
- Die Verletzung oder die Nichterfüllung eigener Bedürfnisse birgt ein hohes Stresspotenzial. Machen Sie sich die Bedürfnisse bewusst, die Sie im Arbeits- und Berufsleben realisieren wollen. Überprüfen Sie diese Ziele immer wieder auf ihre Realisierbarkeit. Setzen Sie sich Prioritäten!

- Entwickeln Sie ein starkes Selbstwertgefühl, indem Sie möglichst nach Ihrer Überzeugung handeln, und orientieren Sie sich an Vorbildern.
- Suchen Sie nach Anerkennung, auch außerhalb Ihres Berufs, zum Beispiel in der Öffentlichkeit. Jeder möchte als Mensch und nicht nur als Berufstätiger geschätzt werden. Auch Liebe und Geborgenheit sind Voraussetzungen für ein erfolgreiches Handeln im Berufsleben.
- Überprüfen Sie ein zu starkes Geltungsbedürfnis; dies kann, ebenso wie ein zu starkes Sicherheitsbedürfnis, in einem mangelnden Selbstwertgefühl begründet sein.
- Bekennen Sie sich auch zu Fehlern. Versagen gehört zum Menschsein, ohne sich deshalb minderwertig fühlen zu müssen. Nehmen Sie Rückschläge und Niederlagen mit mehr Gelassenheit hin.
- Lernen Sie, Nein zu sagen. Vermeiden Sie das Ja-Sagen, nur um Anerkennung zu bekommen oder Konflikten auszuweichen. Lernen Sie, Ihre Grenzen zu erkennen und zu wahren.

6.5 Eu- und Distress

Die Wirkung eines Stressors hängt von seiner Bewertung ab, d.h. Stress ist individuell.

Stress kann bewertet werden als:

- **Herausforderung:** Man sieht die Chance einer erfolgreichen Bewältigung, eine vielleicht schwer erreichbare, vielleicht risikoreiche, aber mit positiven Folgen verbundene Bewältigung der Anforderung beziehungsweise deren Nutzen.
- **Bedrohung:** Potenzielle negative Konsequenzen werden antizipiert. Eine negative Folge, die noch nicht eingetreten ist, wird zu Recht oder Unrecht befürchtet.
- **Schaden/Verlust:** Diese Bewertung bezieht sich auf eine bereits eingetretene Schädigung, zum Beispiel eine beeinträchtigende Verletzung.

Während Bedrohung und Schaden/Verlust mit unlustbetonten, negativen Emotionen (Angst, Ärger, Depression) einhergehen, ist Herausforderung durch ein eher positives emotionales Befinden gekennzeichnet; Energien werden bereitgestellt und auf die Bewältigung des jeweiligen Stressors gerichtet. Der

Umgang mit Stress, die sogenannte Stresskompetenz, kann gelernt werden. So kann man kurzfristig versuchen, sich in der Situation zu entspannen, man kann die Aufmerksamkeit von der stressauslösenden Situation auf etwas anderes lenken, positive Selbstgespräche führen oder sich zum Beispiel durch Sport abreagieren. Langfristig ist es wichtig, gewisse, immer wiederkehrende Stressquellen aufzudecken, sie zu lösen versuchen, das eigene Zeitmanagement zu verbessern, seine Einstellungen zu ändern und Entspannung ins Alltagsleben zu integrieren. Wichtig ist eine genaue persönliche Stressanalyse, um zum richtigen Interventionszeitpunkt mit geeigneten Methoden auf Belastungen antworten zu können. Eine individuell angepasste Kombination dieser Stressbewältigungstechniken führt zu einer Reduktion von Stress und Stressfolgeschäden, etwa von Stress-Typ-A-Verhalten, das wurde nachgewiesen. Zielgruppenorientierte und wissenschaftlich fundierte Methoden zur Stressbewältigung finden erst in den letzten Jahren Zugang zu Maßnahmen der Gesundheitsförderung, zum Beispiel der betrieblichen Gesundheitsförderung. Allzu oft werden Standardseminare zum Stressmanagement oder isolierte Einzelmaßnahmen (Zeitmanagement, Entspannung etc.) – wider besseren Wissens – bevorzugt.

Obwohl das Burn-out-Syndrom heute in allen Schichten der Bevölkerung anzutreffen ist, sind keineswegs alle Menschen, die unter vergleichbaren Bedingungen arbeiten, in gleicher Weise gefährdet. Burn-out ist eine individuelle Reaktion auf eine subjektiv als Überforderung empfundene Situation. Ob jemand tatsächlich ausbrennt oder nicht, hängt auch von ihm selbst ab, von seiner Persönlichkeit, seiner individuellen Lebensgeschichte, von seinen Werten und Motiven. Neuere wissenschaftliche Untersuchungen [Schaarschmidt et al. 2001] kommen zu dem Ergebnis, dass ein Burn-out-Syndrom wesentlich mehr mit der jeweiligen Persönlichkeit zu tun hat als mit den tatsächlichen Belastungen [Hillert et al. 2006].

Der gleiche Reiz kann an einem Tag eine negative Stressreaktion auslösen und an einem anderen Tag als positiv empfunden werden. Stress wird also nicht nur von außen an uns herangetragen. Stress entsteht vor allem in unserem Kopf – ein Phänomen, gegen das kaum jemand immun ist. Wie oft haben wir Ängste durchgestanden oder uns mit Befürchtungen gequält, die sich hinterher als grundlos erwiesen. Häufig wird bereits die Angst vor den eigenen Reaktionen zum eigentlichen Stressfaktor. Das Ergebnis eines *individuellen Einschätzungsprozesses* entscheidet also darüber, ob wir eine bestimmte Situation als Belastung oder als Herausforderung erleben – als Eu- oder Disstress.

Stress ist für das Überleben notwendig. Stress heißt wörtlich nichts anderes als *Druck* oder *Spannung*. Zu wenig Druck ist genauso schädlich wie zu viel. Nicht der Druck, die Spannung an sich sind schädlich, sondern Spannung ohne Entspannung. Richtig dosiert hat Stress auch positive Seiten. In der Stressforschung hat sich deshalb die Unterscheidung zwischen *Disstress* und *Eustress* durchgesetzt.

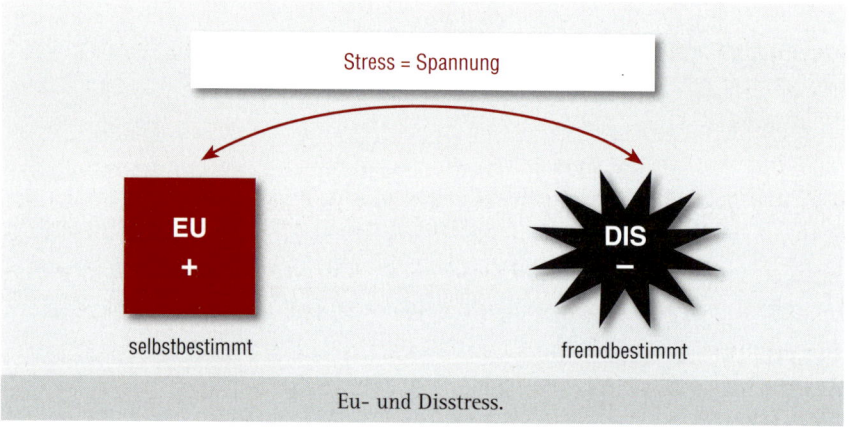

Eu- und Disstress.

Disstress ist der Stress, den wir in Überforderungssituationen erleben, in Situationen, die uns Angst machen, von denen wir nicht wissen, wie wir mit ihnen fertig werden sollen. Wir erleben uns selbst als Objekt der Situation, als *fremdbestimmt*, als jemand, der nur die Möglichkeit hat, reaktiv mit den Gegebenheiten fertig zu werden.

Wenn Disstress über einen längeren Zeitraum massiv auf uns einwirkt, findet unser psychophysisches Spannungsniveau nicht wieder zu seiner normalen Lage zurück, ein Zustand, der starke negative Auswirkungen auf unser Erleben und Befinden hat. Disstress mindert die Lebensfreude und unseren Optimismus, demotiviert, ist kräftezehrend und lässt uns innerlich nicht zur Ruhe kommen. Er schädigt das Selbstvertrauen, führt zu Selbstzweifeln und Resignation. Wir werden zunehmend ungeduldiger, nervöser und reizbarer und fühlen uns schneller erschöpft. Weil Disstress uns dazu zwingt, unsere Belastungsgrenzen immer wieder zu überschreiten, greift dieser Zustand auf Dauer die Gesundheit an. Unsere Leistungsfähigkeit ist psychisch und physisch am Limit, die Lebensfreude nimmt ab.

Eustress erfahren wir immer dann, wenn wir Herausforderungen erfolgreich bewältigen. Wir erleben uns dann als *selbstbestimmt handelndes* Subjekt und nicht als passiv erleidendes Objekt. Eustress wirkt sich äußerst positiv und beglückend auf unser Erleben und Befinden aus. Er steigert unser Wohlbefinden, unsere Selbstzufriedenheit und unser Selbstwertgefühl. Er erhöht den Schaffensdrang und ermutigt uns, neue Herausforderungen anzunehmen. Er stimmt uns optimistisch und ruft Glücksgefühle hervor. Eustress spornt zu körperlichen und geistigen Höchstleistungen an, erhöht die körperliche und psychische Belastbarkeit und *stärkt das Immunsystem.* Er regt die Produktion von Hormonen (Endorphinen) an, die ihrerseits wieder gefährliche Disstress-Hormone (Cortisol) neutralisieren.

6.6 Steigerung der Stresstoleranz

Für viele Menschen kommt es einer Offenbarung gleich, wenn sie erkennen, dass es an ihnen liegt, wie sie ein bestimmtes Ereignis beurteilen und dass ihre Interpretation großen Einfluss auf ihre Stresswahrnehmung hat. Dabei ist es unerheblich, ob die Anforderungen von außen kommen oder sich aus den eigenen Leistungsansprüchen, unrealistischen Vorstellungen, Ängsten, Befürchtungen, Hoffnungen oder Wünschen herleiten. Praktisch zeitgleich mit dieser Wahrnehmung laufen kognitive Einschätzungs- und Bewertungsprozesse ab. Wir bewerten

- die Wichtigkeit, die dieses Ereignis für uns persönlich hat (hohe Bedeutung, niedrige Bedeutung, keine Bedeutung),
- unsere persönlichen Einwirkungs- und Kontrollmöglichkeiten, unsere Kompetenzen, unsere Handlungsalternativen, unsere Leistungsfähigkeit (Bewältigung ist möglich oder nicht möglich, erfordert hohen oder relativ geringen Einsatz),
- die Konsequenzen eines Handelns beziehungsweise Nichthandelns (irrelevant, angenehm-positiv, stressrelevant).

Kommen wir zu der Einschätzung: „Dieses Ereignis ist für mich aufgrund eines oder mehrerer der oben genannten Kriterien stressrelevant", wird die Bewertung weiter differenziert nach den Merkmalen Schädigung/Verlust, Bedrohung, Herausforderung.

Ob jemand ein bestimmtes Ereignis als stresshaft erlebt, hängt zum einen von der momentanen Befindlichkeit ab (Gesundheitszustand, körperliche Fitness, Müdigkeit etc.). Wer müde und abgespannt ist oder etwa erste Anzeichen einer Erkältung verspürt, kann schon die einfache Frage eines Kollegen, die er normalerweise problemlos beantwortet, als Überforderung erleben. Zum anderen spielen frühere Erfahrungen, die man in einer ähnlichen Situation gemacht hat, eine nicht unwesentliche Rolle. Wer beispielsweise immer wieder erlebt, dass verlegte Gegenstände irgendwann wieder auftauchen, wichtige Kundenverhandlungen trotz eigener Unzufriedenheit erfolgreich abgeschlossen werden, wird sich künftig in solchen Situationen weniger irritieren lassen. Doch noch wesentlich größeren Einfluss als die momentane Befindlichkeit oder Erfahrung haben persönliche Strukturen wie Intelligenz, Kompetenz, Ausdauer, Selbstbewusstsein und Selbstvertrauen.

Es müssen keineswegs besondere Situationen oder sogenannte kritische Lebensereignisse sein, die ein intensives negatives Stresserlebnis auslösen. Häufig sind es der Verkehrsstau auf dem Weg zur Arbeit, der gehetzte Einkauf in der Mittagspause, das Verlegen eines Gegenstandes, das eigene Aussehen, die Krankheit eines Familienmitglieds, Arbeiten am Haus oder im Garten, schulische Probleme der Kinder oder belastende berufliche Termine. Jedes dieser täglichen Ereignisse kann irritieren und nerven. Zu einem negativen Stressereignis, zum sogenannten *daily hassle*, wird es allerdings nur dann, wenn es von der betreffenden Person entsprechend bewertet wird.

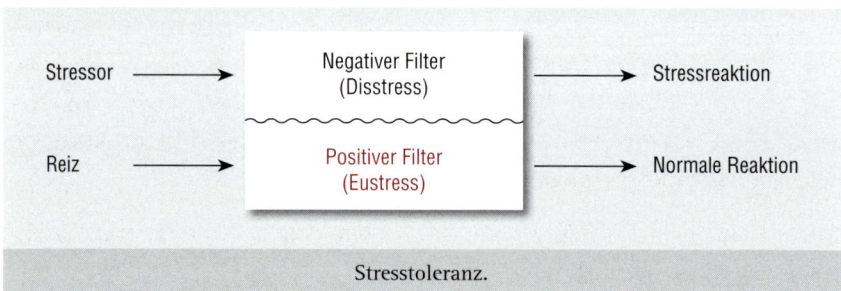

Wer seine Stresstoleranz erhöhen will, sollte möglichst viel Positives und Schönes wahrnehmen, Freude und Erfolg erleben. Erfolgserlebnisse erhöhen die Stresstoleranz, negative Erlebnisse senken sie. Ein *dickes Fell*, eine größere Stresstoleranz, macht zufriedener und hilft, nicht schon bei der geringsten Kleinigkeit die Beherrschung zu verlieren.

Mit Freude und Erfolg bewusst umzugehen, will gelernt sein, denn überhöhte Ansprüche schaffen ihrerseits neue Stressoren. „Ein jeder Wunsch, wenn er erfüllt, kriegt augenblicklich Junge", so *Wilhelm Busch*. Jeder Erfolg erhöht automatisch unsere Erwartungen und Ansprüche. Das

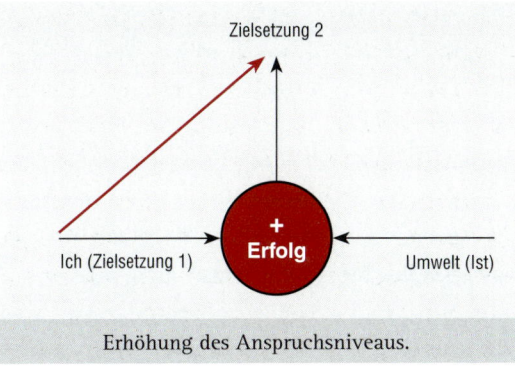

Erhöhung des Anspruchsniveaus.

Erreichte wird selbstverständlich: der neue Wagen, das neue Haus, vielleicht sogar der neue Partner. Dieses Streben nach neuen Zielen kann gefährlich werden, wenn die Ziele so formuliert sind, dass eine Erfüllung nicht mehr möglich ist: *Stress entsteht, wenn die Schildkröte versucht, das Rennpferd zu überholen.*

Die Folgen überhöhter Ansprüche an sich selbst sind nicht selten Enttäuschung, Frustration, Verbitterung oder Unzufriedenheit mit sich selbst. Ein übertrieben anspruchsvoller Mensch steht so lange unter *Erfolgszwang*, bis er erkennt, dass die Anforderungen, die er selbst an sich stellt, unerfüllbar bleiben müssen. Voraussetzung für eine realistische, den eigenen Fähigkeiten und Möglichkeiten angemessene aktive Lebensgestaltung ist, sich selbst und die eigenen Grenzen zu erkennen, anzuerkennen und sich selbst gegebenenfalls rechtzeitig Einhalt zu gebieten. Zunächst sollten die eigenen Zielsetzungen überprüft werden. Übersteigerte und wirklichkeitsferne Erwartungen und Ansprüche, für die es keine objektiven Erfüllungsmöglichkeiten gibt, sollten aufgegeben und durch realisierbare Ziele ersetzt werden. Genauso wichtig ist es, dass gerade Menschen, die sich permanent hohen Anforderungen und Belastungen gegenübersehen, wieder lernen, auch kleine Erfolge zu genießen, Freude an alltäglichen Dingen zu empfinden.

Vielen von uns ist die Fähigkeit, sich über etwas zu freuen, mit etwas zufrieden zu sein, im Laufe des Lebens verloren gegangen. Und dies trägt nicht unwesentlich dazu bei, dass wir unsere Erfolge nicht mehr als solche erleben und genießen können. Nicht nur Kinder, auch Sammler, Hobbyköche, Rosenzüchter und Schachspieler können sich beispielsweise über besonders gelungene Ergebnisse und erfüllte Ziele freuen. Sie alle haben ein selbstgestecktes konkretes Ziel, mit dem sie Freude, Erfolg und Zufriedenheit verbinden. Warum sollte dies nicht auch im Alltag, in zwischenmenschlichen Beziehungen, im Berufsleben gelingen können?

6.7 Positive Gelassenheit

Griechische und römische Philosophen nannten den Zustand der *Gelassenheit ataraxia* oder *tranquillitas animi* – Seelenruhe; sie sahen in ihm eine der höchsten menschlichen Tugenden. Gelassenheit ist uns, die wir uns als aktiv Gestaltende unseres Lebens und unserer Umwelt verstehen, keineswegs angeboren. Wer gelassen ist, vergeudet seine Kräfte nicht an Sinnloses oder Auswegloses, lässt sich nicht von Ängsten oder Emotionen gefangen nehmen. Gelebte Gelassenheit bedeutet, frei zu sein von Fremdbestimmtheit oder Unterwerfung unter ein scheinbar unabwendbares Schicksal, frei zu sein im Umgang mit sich selbst, offen zu sein für eine Zukunft, die man, im Wissen um die Begrenztheit unserer menschlichen Möglichkeiten und um die Unausweichlichkeit des eigenen Todes, entsprechend eigenverantwortlich und selbstbestimmt gestaltet. Je mehr wir uns von unserem individuellen Stresspotenzial lösen, desto offener werden wir wieder für das, was um uns herum geschieht. Wir erleben, wie Psyche und Geist allmählich zu Ruhe finden, und werden nach und nach gelassener.

Das positive Denken ist der wichtigste Schlüssel für Gelassenheit. Menschen, die Freude an ihrer Arbeit haben, leiden kaum oder gar nicht unter Stress und Überforderung. Freude an der Arbeit – dies ist eine Sache, die jeder selbst in der Hand hat. Bei allem, was man tut oder erlebt, kann man seine Aufmerksamkeit entweder auf die Schattenseiten oder auf die Sonnenseiten konzentrieren. Je nach Betrachtungsweise ist das Weinglas entweder *noch halb voll* oder *schon halb leer*. Diesen kleinen Unterschied der Sichtweise kann man auch auf den eigenen Alltag, die eigene Arbeit übertragen. „Humor ist, wenn man trotzdem lacht."

Humor kann helfen, schwierige Lebenssituationen zu meistern, Stress und Angst abzubauen und die Gesundheit zu stärken – er erleichtert belastende Situationen. Eine positive Gefühlslage wird erzeugt. Humor erleichtert den Perspektivenwechsel, indem man einen Schritt zur Seite tritt und sich selbst und die jeweilige Situation mit heiterer Distanz betrachtet. Er setzt sich über alle Beschränkungen hinweg, ist respektlos und durchbricht Tabus. Dies führt zu Spannungs- und Stressabbau. Anwandlungen von Perfektionismus und andere irrationale Überzeugungen werden relativiert, Denkblockaden aufgelöst. Kreativität und Effizienz werden gesteigert und neue Lösungswege können leichter gefunden werden.

Alles, was den Teufelskreis negativer Gefühle und Gedanken durchbricht, was dem momentanen freudlosen Gefühlszustand entgegenwirkt, trägt dazu bei, unsere Psyche zu entlasten, und hilft uns, unsere innere Ruhe wiederzufinden:

- Negative Gedanken und Gefühle schwächen das Immunsystem; sie begünstigen das Auftreten von Krankheiten und erschweren den Gesundungsprozess.
- Positive Gedanken und Emotionen stärken das Immunsystem; sie regen den körperlichen Heilungsprozess an und unterstützen ihn wirksam.

Es geht darum, den Teufelskreis negativer Gedanken und quälender Ängste zu durchbrechen. Erst wenn es Ihnen gelingt, sich von Ihren Fixierungen zu befreien und Distanz zu Ihren Ängsten zu gewinnen, können Sie in sich selbst die Kraft und die Zuversicht finden, die Sie brauchen, um trotz einer Krankheit weiterzuleben und wieder gesund zu werden. Ständiges Grübeln darüber, wo denn die Ursachen für die Erkrankung liegen könnten, hilft dem Gesundungsprozess nicht weiter. Im Gegenteil, für Ihre Psyche ist es eine zusätzliche Belastung, unablässig Krankheitssymptomen nachzuspüren. Besser ist es herauszufinden, was Sie gesund machen kann, was Ihr Leben weiterhin lebenswert macht und warum es sich lohnt, nicht aufzugeben. Halten Sie sich vor Augen, wie Sie in der Vergangenheit Krisen erfolgreich gemeistert haben, und machen Sie sich klar, über welches hohe Maß an Krisenbewältigungskompetenz Sie verfügen. Ihre eigene Mitte wiederzufinden, ist Grundlage für eine neue Beziehung zu Ihnen selbst und zu Ihrem Umfeld („Wer bin ich jetzt?" „Was ist mir jetzt wichtig?").

Die Überwindung schädlicher Einstellungen

Innere Überzeugungen – auch Glaubenssätze genannt – prägen unser Denken, Fühlen und Handeln. Der amerikanische Psychologe *Albert Ellis* hat darauf hingewiesen, dass vor allem in den westlichen Gesellschaften viele Menschen ein ganzes Bündel höchst irrationaler Vorstellungen und Glaubenssätze mit sich herumschleppen, die dazu führen, dass sie

- Katastrophen sehen, wo keine sind,
- sich völlig grundlos als nutzlos und unwürdig empfinden und
- sich immer wieder selbst bestrafen.

Wenn diese Glaubenssätze mit einer perfektionistischen und stark wertenden Sichtweise gekoppelt sind, führen sie bei denen, die sich in ihrem Denken und Verhalten daran orientieren, zu unrealistischen Erwartungen an andere und an sich selbst und damit häufig zu selbst verursachten Enttäuschungen, Frustration, Misserfolgserlebnissen, Ärger und Schuldgefühlen. Somit sind sie eine ständig aktivierbare Quelle für Stresserlebnisse.

Zu solchen rational nicht begründbaren Voreingenommenheiten, „fixen Ideen" und unreflektierten Stereotypen gehören zum Beispiel die folgenden Überzeugungen:

- Es komme einer Katastrophe gleich, wenn man nicht von allen Menschen geliebt oder anerkannt wird.
- Man sei nur dann ein wertvoller Mensch, wenn man in möglichst vielen Bereichen kompetent und erfolgreich ist.
- Menschen, die einem selbst Unrecht zufügen, seien schlecht und böse und müssten bestraft werden.
- Die Folgen früherer Ereignisse könnten nie überwunden werden.
- Man könne sein Leben nicht selbstbestimmt gestalten und sollte sich deshalb immer nach anderen, Mächtigeren, richten.

Wohl jeder Mensch hat die eine oder andere Überzeugung, die in solch einen irrationalen Glaubenssatz einmündet: Wenn man selbst oder wenn andere Fehler machen, wenn die anderen einem nicht die erwartete Liebe oder Anerkennung entgegenbringen, wenn nicht alles gleich so gut geht, wie man erwartet, neigt man dazu, dies als katastrophalen Schicksalsschlag zu empfinden und sich enttäuscht, niedergeschlagen, entmutigt, ärgerlich oder resignativ zu fühlen. Blickt man im Abstand von einigen Tagen oder Wochen auf diese angeblichen Katastrophen zurück, erscheinen die Ereignisse meistens relativ unbedeutend. Wirkliche Katastrophen ereignen sich glücklicherweise höchst selten und vielen Schicksalsschlägen lässt sich im Nachhinein sogar noch etwas Positives abgewinnen.

Versuchen Sie, sich solche irrationalen Glaubenssätze bewusst zu machen, um sie aus Ihrem Denken und Handeln zu verbannen. Ersetzen Sie sie durch Überzeugungen, die sich auf Ihr eigenes Erleben und Empfinden positiv auswirken! Beobachten Sie sich selbst: Sind nicht auch bei Ihnen gelegentlich solche irrationalen Glaubenssätze letztlich der Grund dafür, dass Sie bestimmte Ereignisse als besonders schlimm und dramatisch erleben – zum Beispiel wenn Sie besonders ärgerlich, emotional getroffen oder zutiefst deprimiert sind?

Versuchen Sie, Ihren inneren Monolog in neue Bahnen zu lenken. Ängste und Panikattacken lassen sich auch vertreiben oder abschwächen, indem Sie Dinge tun, die Sie zumindest vorübergehend auf andere Gedanken bringen und von Ihren Sorgen und Nöten ablenken. Auch wenn Sie sich momentan vielleicht schwach und antriebslos fühlen, geben Sie dieser Schwäche nicht passiv nach: Es kostet kaum Kraft, das Radio, den Fernseher oder den CD-Player einzuschalten, ein vertrautes Musikstück zu hören, einen heiteren Film anzusehen oder einer interessanten Diskussion zuzuhören. Bitten Sie um Hilfe, wenn Ihnen das selbst nicht möglich ist. Selbst ein nur wenige Minuten dauerndes Hör- oder Seh-Erlebnis kann dazu beitragen, abends entspannt einzuschlafen. Eine ähnlich wohltuende Wirkung hat das Lesen oder Vorlesen von Gedichten oder heiteren Geschichten. Trotz Burn-out gibt es Momente des Glücks und der Freude. Genießen Sie sie bewusst; halten Sie diese Momente vielleicht in einem Tagebuch fest, um sich in Stunden der Resignation und der Depression wieder an sie zu erinnern.

Wenn Sie diesen Punkt erreicht haben, können Ihnen meditative Techniken helfen, Ihre innere Ruhe und Gelassenheit weiter zu stärken, mehr und mehr Dinge, die im Grunde unwichtig sind, loszulassen und Ihren Geist und Ihre Psyche so weit zu enttängstigen, dass Sie sich „gelassen dem Strom des Lebens überlassen" können. Dabei hilft Ihnen die *positive Affirmation* [Schmelcher 2003].

Wir müssen die alten Programme durch neue ersetzen. Wir müssen, um ein Programm zu ändern, im Unterbewusstsein eine neue Gedankenbahn anlegen. Hierbei sind allerdings zwei Umstände zu beachten:

- Zwischen Bewusstsein und Unterbewusstsein sitzt ein *Zensor*, eine Art Wächter. In dem Augenblick, da wir einen neuen Gedanken feststellen (z. B. „Ich bin kräftig und mutig und voller Energie") und dieser Gedanke den gespeicherten Programmen widerspricht, sagt der Zensor: „Stimmt ja gar nicht – bist Du gar nicht", und lässt den neuen Gedanken gar nicht erst ins Unterbewusstsein gelangen. Wir nennen diesen Zensor häufig auch unseren inneren *Schweinehund* oder unser schlechtes Gewissen.
- Selbst wenn ein neuer Gedanke *ungehindert* ins Unterbewusstsein gelangt, so ist seine Wirkung zunächst noch sehr schwach. Zwar wird auch er eine neue Bahn anlegen, allerdings nicht dauerhafter als die Spur, die man hinterlässt, wenn man über eine feuchte Wiese läuft: In kurzer Zeit hat sich das Gras wieder aufgerichtet und die Spur ist verschwunden.
- Die Lösung ist jedoch erstaunlich einfach. Sie lautet: regelmäßige Wiederholung desselben neuen Gedankens.
- Worauf beruht das Geheimnis der Wiederholung? Um bei den oben ge-

nannten Bildern zu bleiben: Je häufiger wir dasselbe denken, desto schneller wird es dem Zensor *langweilig* und er *schläft* ein, d.h. der Bewusstseinsfilter schaltet sich aus, der neue Gedanke wird gar nicht erst bewusst registriert (wohl aber unterbewusst!).

- Jede Wiederholung verfestigt im Unterbewusstsein die neue Bahn, genauso wie wenn man immer auf der gleichen Spur über eine Wiese läuft. Nach und nach entsteht ein Trampelpfad – ein neuer Gedankenpfad, eine neue Bahn im Gehirn.

Hier einige Beispiele allgemeiner positiver Affirmationen. Sie werden Ihnen helfen, den manchmal beschwerlichen Weg zu Ihrem Ziel gestärkt zu gehen. Bitte wählen Sie sich die Affirmationen aus, die zu Ihnen passen oder noch besser, Sie nehmen diese Sätze als Anregung, um Ihre eigenen Affirmationen zu formulieren.

- Ich bin gesund und voller Energie.
- Wenn ich etwas erreichen möchte, bin ich diszipliniert und konsequent.
- Durch klare Lebensziele und positive Gedanken bin ich ruhig und gelassen.
- Ich gebe mit Freude und werde dadurch immer reicher.
- Jeden Tag lerne ich etwas dazu, mein ganzes Leben ist ein Lernprozess.
- Ich strahle Ruhe und Vertrauen aus.
- Ich übernehme die Verantwortung für mein Leben.
- Ich setze meine Zeit für mich sinnvoll ein.
- Ich nehme mich so an, wie ich bin.

Lachen ist gesund

Lachen ist für unsere Gesundheit essenziell, wie die Gelotologie – die Lachforschung – nachgewiesen hat. Denn Lachen baut zum Beispiel Stress ab, stärkt das Immunsystem, stabilisiert den Kreislauf und vertieft die Atmung. Es wurde sogar herausgefunden, dass Menschen, die mindestens 3-mal täglich herzlich lachen, eine bis zu vier Jahre höhere Lebenserwartung haben. Fröhliche Menschen können sich an lustige Ereignisse doppelt so schnell erinnern – und sich dabei gleich noch einmal amüsieren – als eher negativ programmierte Menschen.

„Lachen ist die beste Medizin", weiß der Volksmund. Auch die fernöstliche asiatische Medizin ist davon überzeugt. Wenn Sie lächeln, bekommen die Gehirnabschnitte, die für Ihre Stimmungen zuständig sind, über die Gesichtsmuskeln Signale, die mit Heiterkeit, Freude und Gelassenheit assoziiert sind. Beim

Lächeln übermitteln Sie Ihrem Immunsystem positive Signale, die bewirken, dass sich Ihre Ängste verringern, Ihre Gelassenheit aber zunimmt. Gleichzeitig ist Ihr Lächeln ein Signal an Ihre Mitmenschen, das es jenen leichter macht, entspannter und gelassener mit Ihnen und Ihren Problemen umzugehen. Humor ist auch für zwischenmenschliche Beziehungen von großer Bedeutung. Er kann verfahrene Situationen entkrampfen und es Menschen ermöglichen, einen neuen Zugang zueinander zu finden und emotionalen Beziehungsstress abzubauen. Gemeinsames Lachen hat eine gruppenstärkende Funktion, da sich die Gruppenmitglieder durch das Lachen wechselseitig ihrer Sympathie versichern und sich gegenseitig motivieren können.

Wer es schafft, sich selbst zu motivieren, positiv mit sich und den beruflichen Anforderungen umzugehen, hat mehr Spaß bei der Arbeit und erbringt bessere Leistungen als jemand, der sich lustlos durch seinen Berufsalltag schleppt. Dazu gehört, auch einmal Unlust zu akzeptieren, um dann wieder Lust erleben zu können. Wichtig ist letztlich, dass die Lust-/Unlustbilanz positiv ausfällt. Hierzu einige Empfehlungen:

- Beginnen Sie jeden Tag mit etwas, das Ihnen Freude macht (wachen Sie mit Musik auf; singen Sie unter der Dusche oder beim Autofahren; frühstücken Sie mit jemandem, den Sie mögen).
- Verwöhnen Sie auch einmal sich selbst.
- Unternehmen Sie ab und an etwas, das Sie sich schon lange gewünscht haben – auch wenn es verrückt klingen mag!
- Sehen Sie das Leben nicht als eine überwiegend ernste, mühselige Sache an, sondern freuen Sie sich so oft als möglich an den kleinen Dingen, die Sie bisher vielleicht übersehen haben.
- Entwickeln Sie Sinn für Humor; lachen Sie ruhig auch einmal über sich selbst.
- Versuchen Sie, in negativen Erfahrungen auch etwas Gutes zu finden.
- Nehmen Sie Rückschläge und Misserfolge mit mehr Gelassenheit hin, versuchen Sie, aus ihnen zu lernen!
- Beunruhigen Sie sich nicht schon im Voraus über mögliche Stresssituationen, sondern stellen Sie bedrohlichen Ereignissen lohnende Ziele und positive Ereignisse gegenüber.
- Nehmen Sie sich abends Zeit, die gesamte Leistung des Tages noch einmal zu überblicken, und prägen Sie sich Ihre Erfolge gut ein.
- Machen Sie es sich zur Regel, erst dann über ein negatives Ereignis weiter nachzudenken, wenn Sie ihm in Gedanken drei positive Ereignisse gegenübergestellt haben.

- Die meisten Menschen wissen, dass sie am leistungsfähigsten sind, wenn sie positive Energie verspüren. Viele sind aber überrascht, dass sie ohne diese Energie kaum in der Lage sind, gut zu arbeiten oder erfolgreich zu führen.
- Es gibt einfache, aber wirkungsvolle Rituale, mit denen eine negative Psyche umgepolt werden kann. Meditative Atemübungen gehören zum Beispiel dazu.
- Die Psyche lässt sich bewusst steuern, etwa mit der Entscheidung, sich selbst regelmäßig Anerkennung zu schenken oder Probleme mit einer positiveren Grundeinstellung zu betrachten. Je detaillierter und spezifischer das Lob, desto größer die Wirkung.

Test: Analyse stresshafter Lebensstile

1. Testen Sie, welcher Lebensstil auf Sie zutrifft. Kreuzen Sie die entsprechende Ausprägung an (x). Verbinden Sie diese Kreuze zu einer Kurve (Ist-Profil).

stresshaft		stressarm
1. Ich empfinde beständigen und unvermeidbaren Disstress.	1 2 3 4 5 6 7	1. Ich empfinde überwiegend herausfordernden, positiven Eustress.
2. Ich gerate oft in Situationen, die keine Distanzierung ermöglichen.	1 2 3 4 5 6 7	2. Ich habe „Rückzugszonen", die gelegentliche Distanzierung und Entspannung erlauben.
3. Ich gebe mich mit Arbeit ab, die inhaltsleer, langweilig, schädlich oder unangenehm ist.	1 2 3 4 5 6 7	3. Ich nehme Arbeit an, deren Erledigung für mich eine Herausforderung ist und mit deren Erfüllung eine Belohnung verbunden ist.
4. Ich füge mich einschränkenden sozialen Rollen, die hohe Ansprüche an mich stellen (Fremdbestimmung).	1 2 3 4 5 6 7	4. Ich lebe ein verhältnismäßig rollenfreies Leben und bin fähig, meine Bedürfnisse, Wünsche und Gefühle auszudrücken, ohne mich rechtfertigen zu müssen (Selbstbestimmung).
5. Ich akzeptiere widerstandslos Situationen, die starken Druck oder Disstress mit sich bringen. Ich leide in Stille.	1 2 3 4 5 6 7	5. Ich handle selbstbestimmt, um Drucksituationen umzugestalten. Ich werfe unhaltbare Termine um. Ich vermeide es, mich selbst in unnötige Zwangslagen zu manövrieren.

stresshaft		stressarm
6. Ich stehe immer unter Zeitdruck.	1 2 3 4 5 6 7	6. Ich bewahre mir ein ausgewogenes und herausforderndes Arbeitspensum. Überlastungen und Krisen werden durch Zeiten des Aufatmens ausgeglichen.
7. Meine Aktivitäten sind einseitig oder unausgeglichen. (Ich werde zum Beispiel nur von meiner Arbeit in Anspruch genommen.)	1 2 3 4 5 6 7	7. Ich verteile meine Kraft auf verschiedene Bereiche, die mich – alle zusammengenommen – befriedigen (Arbeit, Familie, Kultur, Erholung usw.).
8. Mich beunruhigen unangenehme Ereignisse, die möglicherweise auf mich zukommen.	1 2 3 4 5 6 7	8. Ich stelle bedrohlichen Ereignissen lohnende Ziele und positive Ereignisse gegenüber, auf die ich mich freue.
9. Ich finde es schwer, mir einfach eine schöne Zeit zu machen, mich zu entspannen und den Augenblick zu genießen.	1 2 3 4 5 6 7	9. Ich finde Freude auch an einfachen Aktivitäten, ohne das Gefühl zu haben, mich für spielerisches Verhalten rechtfertigen zu müssen.
10. Ich sehe das Leben als eine ernste und schwere Sache an. Ich habe wenig Sinn für Humor.	1 2 3 4 5 6 7	10. Ich freue mich am Leben und kann über mich selbst lachen. Ich habe einen gut entwickelten Sinn für Humor.
11. Ich beschäftige mich überwiegend mit der Vergangenheit. Ich kann frühere Fehler schlecht vergessen. Kritik an meiner Person löst bei mir Selbstvorwürfe und Zweifel aus.	1 2 3 4 5 6 7	11. Ich bin überwiegend zukunftsorientiert. Nicht das Vergangene, sondern die Zukunft zählt. Ich versuche, aus Fehlern zu lernen und Kritik an meiner Person als Anregung und Hilfe zu sehen.
12. Ich versuche, perfekt zu sein, und möchte jedes Problem im Detail lösen. Mit meinem Fachwissen halte ich mich für unentbehrlich.	1 2 3 4 5 6 7	12. Ich versuche, das Beste aus der jeweiligen Situation zu machen. Ich stelle mich öfter infrage und nehme mich selbst nicht so wichtig.
13. Andere Meinungen zu tolerieren, fällt mir schwer. Auch die Meinungen anderer Menschen über mich (Fremdbild) interessieren mich nicht. Lob ist sowieso nicht ehrlich.	1 2 3 4 5 6 7	13. Toleranz erleichtert das Zusammenleben. Ich versuche, mich mit den Augen anderer zu sehen, kann gut zuhören und freue mich über anerkennende Worte.

stresshaft		stressarm
14. Ich mühe mich mit stresshaften sozialen Beziehungen ab (Familie, Ehepartner, Vorgesetzte, Mitarbeiter usw.). Ich habe nur „Funktionsfreunde".	1 2 3 4 5 6 7	14. Ich verteidige eigene Rechte und Bedürfnisse, respektiere andere und möchte auch von ihnen respektiert werden. Ich wähle meine Freunde sorgfältig aus und gehe stärkende Beziehungen ein.
15. Ich erfahre sexuelle Aktivitäten als unangenehm, nicht lohnend oder „sozialprogrammiert".	1 2 3 4 5 6 7	15. Ich freue mich über mein ausgefülltes Sexualleben und bringe meine sexuellen Bedürfnisse ehrlich zum Ausdruck.
16. Ich habe gesundheitsschädigende Gewohnheiten (Essen, Trinken, Rauchen) und treibe keinen Sport.	1 2 3 4 5 6 7	16. Ich halte mich körperlich fit, ernähre mich bewusst, rauche und trinke wenig oder gar nicht.

2. Gehen Sie nun noch einmal die Aussagen durch und kennzeichnen Sie mit einem Kreis (O), welche Verhaltensweisen Sie selbstbestimmt verändern wollen. Seien Sie realistisch! Verbinden Sie die Kreise. diesesmal zu einer gestrichelten Kurve (Soll-Profil).

3. Vergleichen Sie nun Soll- und Ist-Profil und kennzeichnen Sie mit Pfeilen (→ Vektoren) die Stärke Ihrer Veränderungsabsicht. Die Länge der Pfeile zeigt Ihnen die Prioritäten für Ihren Aktionsplan. Bilden Sie nun die Summe der absoluten Differenzwerte.

   Summe: _____

4. Listen Sie nun – nach Prioritäten geordnet – Ihre Zielsetzungen auf.

   Ich will verändern:
   _____
   _____
   _____
   _____
   _____

Kapitel 7:
Berufliche Balance

7.1 Das „gesunde" Unternehmen

Untersuchungen zeigen, dass Unternehmen, in denen der Mitarbeiter ganzheitlich als soziales Wesen ernst genommen wird, wesentlich produktiver sind als solche, die ihr Personal ständig überlasten. Die mit der Entwicklung unternehmerischer Work-Life-Balance-Konzepte verbundenen Kosten werden durch Einsparungen aufgrund verringerter Ausfall- und Fehlzeiten und geringerer Fluktuation mehr als wettgemacht. So sind die Kosten für die klinische Behandlung eines Burn-out um ein Vielfaches höher als beispielsweise ein durchdachtes Betriebsfreizeit- und Sportprogramm [Seiwert et al. 2003]. Mit der Einführung von Work-Life-Balance-Maßnahmen kann ein positiver *return on investment* (ROI) realisiert werden; in einer auf die betrieblichen Controllingdaten gestützten Modellrechnung sogar ein ROI von bis zu 25% [Steiner 2004]. Dennoch ist Deutschland im betrieblichen Gesundheitsmanagement noch Entwicklungsland. Nur knapp 30% der Unternehmen haben ein betriebliches Gesundheitsmanagement.

Dabei sehen *Maslach* und *Leiter* die zentralen Ursachen für das Burn-out-Syndrom im Umfeld der Arbeit und in ihrer inhaltlichen Gestaltung. Das Burn-out sei „nicht das Problem der Menschen selbst, sondern das Problem des sozialen Umfeldes, in dem die Menschen arbeiten". Besonderes Stresspotenzial sehen sie dabei in erster Linie in der immer schneller und komplexer werdenden menschlichen Kommunikation. Selbstredend spielen auch bei *Maslach* und *Leiter* die individuellen Aspekte, etwa die individuelle Verarbeitung einer Stresssituation, bei der Entstehung eines Burn-out eine nicht zu unterschätzende Rolle.

Eine Arbeitsplatzgestaltung, die dem Ausbrennen der Mitarbeiter vorbeugt, lohnt sich also auch für die Unternehmen. Denn ein ausgebrannter Mitarbeiter fügt seinem Unternehmen mit Sicherheit Schaden zu. Obwohl die Investition in Burn-out-Prophylaxe auf lange Sicht die intelligentere und sparsamere Lösung ist, setzt sich dieser nachvollziehbare Gedanke in den Unternehmen erst ganz allmählich durch. Das mag auch daran liegen, dass sich der betriebliche Gewinn einer breiten Gesundheitsförderung nur schwer errechnen lässt.

Doch ist künftig entscheidend für die Produktivität eines Unternehmens, wie sich Mitarbeiter fühlen, wie sie kooperieren können, welche Kompetenzen sie in ihrem beruflichen Umfeld haben, wie sehr sie sich mit ihrer Aufgabe identifizieren. Unternehmensberater und Analysten beziffern die soziale und kommunikative Kompetenz eines Unternehmens, die *social facts*, mit über 40 % des Unternehmenswerts. Zum ersten Mal in der Geschichte stehen damit nicht *Technik* und *Rohstoff* im Mittelpunkt der Ökonomie, sondern die sogenannten *weichen Faktoren*: emotionale, geistige und soziale Kompetenz. Vordringliches Ziel einer zukunftsorientierten Unternehmensführung ist es, weiche Faktoren zu harten werden zu lassen. Firmenkulturen richten sich deshalb immer mehr auf das Bild eines *ganzheitlich gesunden* Mitarbeiters aus und investieren viel Geld in die Mitarbeiterförderung. Gesundheitliche Aspekte und Dienstleistungen im Gesundheitsbereich werden damit ein Teil der Arbeitskultur.

Durch Maßnahmen, die die Work-Life-Balance der Beschäftigten – von der Unternehmensseite gesehen das betriebliche Ressourcenmanagement – fördern, lassen sich eindeutig Wettbewerbsvorteile erzielen. Hierzu gehören:

- individuelle Arbeitszeitmodelle
- Flexibilität im Tagesablauf
- Anpassung der Arbeitsorganisation an die Bedürfnisse der Mitarbeiter
- familienfreundliche Personalpolitik
- Berücksichtigung familiärer Zeitbedürfnisse
- zu Hause für das Unternehmen arbeiten
- Unterstützung bei der Kinderbetreuung
- Gestaltung von Elternzeit und Wiedereinstieg ins Berufsleben
- eine Unternehmenskultur, die durch Vertrauen und Rücksicht auf die familiäre Situation und die privaten Bedürfnisse der Mitarbeiter gekennzeichnet ist

Unternehmenskultur ist nicht objektivierbar, sie ist die gelebte und erlebte ethische Haltung. Unternehmenskultur drückt sich nicht in harten Fakten und Zahlen aus, sondern vor allem durch emotionale Qualitäten. In jedem Unternehmen gibt es eine Unternehmenskultur. Sie bestimmt die Spielregeln im täglichen Umgang. Normen und Werte sind Steuerungsgrößen, die das Verhalten emotionalisieren. Sie reduzieren Komplexität, indem sie Klarheit schaffen darüber, was als gut und schlecht gilt, was belohnt oder bestraft wird. Sie machen für jeden Beteiligten das berufliche Umfeld verstehbar und berechenbar. Viele Menschen verbinden mit dem Wort *Ethik* einen Normenkatalog zur eigenen Orientierung in der Selbstverantwortung. Das Ziel ethisch verantworteten

Handelns ist die Erhaltung und Entfaltung personalen Lebens. „Handle stets so, dass Du Dein und fremdes personales Leben eher mehrst denn minderst" [Löhner 1997].

In vielen Unternehmen sieht es jedoch noch immer ganz anders aus. Hier sind traditionelle Werte wie Pflichtbewusstsein, Fleiß und ausgedehnte Arbeitszeiten noch immer karriereentscheidend. Karrieren werden immer noch in der Arbeitszeit nach Feierabend entschieden. Einzelne Work-Life-Balance-Elemente sind eher Benefits zur Mitarbeiterbindung, die es schon lange gibt und die heute – vielleicht aus Imagegründen – nach außen als Fördermaßnahmen zur Work-Life-Balance dargestellt werden [Oechsle 2002].

Angesichts dieser Realität ist zu vermuten, dass Work-Life-Balance – trotz ihres unbestreitbaren gesellschaftlichen, ökonomischen und individuellen Nutzens – noch für einen längeren Zeitraum sowohl auf der unternehmerischen als auch auf der gesellschaftlichen und der privaten Ebene ein nur mühsam zu realisierendes Ziel bleiben wird. Obwohl der unternehmerische Nutzen unmittelbar einleuchtet, ist Skepsis angebracht, was die Realisierungschancen anbelangt. Bisher hat nur eine Minderheit der Unternehmen umfassende Konzepte realisiert.

Unternehmen, die für ihre Mitarbeiter und Führungskräfte Maßnahmen und Programme im Bereich der Vereinbarkeit von Arbeit und Privatleben planen, sollten daher zunächst einmal sicherstellen, dass die Betroffenen weitgehend frei von Befürchtungen um ihre berufliche Zukunft in diese Programme hineingehen können.

Außerdem ist es wichtig, dass Gesundheitsthemen nicht „übergestülpt", sondern beispielsweise mithilfe von firmeninternen Multiplikatoren erarbeitet werden. Der Transfer kann gesichert werden durch Integration im System und durch Identifikation mit einem gesundheitsbewussten, lustvoll arbeitenden, sozialkompetenten Vorgesetzten. In der Praxis scheitern viele Gesundheitsförderprogramme daran, dass die direkten Vorgesetzten die Maßnahmen nicht selbst praktizieren und deswegen auch nicht glaubwürdig vermitteln können.

Veränderungen von unternehmerischen und organisatorischen Rahmenbedingungen sind für sich allein genommen noch keine ausreichende Burn-out-Prävention, auch wenn die Unternehmenskultur maßgeblich ist, ob Mitarbeiter irgendwann ausbrennen. Positiv wirken sich aus: Vertrauen in die Zukunft des

Unternehmens, klare Zielsetzungen, konstruktives Feedback und Autonomie am Arbeitsplatz.

Für Mitarbeiter und Führungskräfte eines Unternehmens sind jedoch die folgenden individuellen Aspekte noch wesentlicher [Cherniss 1999]:

- eine sinnvolle und wertschöpfende Sicht der eigenen Tätigkeit
- eine veränderte Einstellung sich selbst, den Kollegen, Mitarbeitern und Klienten gegenüber
- möglichst realistische persönliche Ziele
- ein positives, auf Vertrauen basierendes allgemeines Lebenskonzept

Die Ursachen eines Burn-out-Syndroms lassen sich nur bedingt in den äußeren Umständen suchen, die wesentlichen Auslöser finden wir in uns selbst.

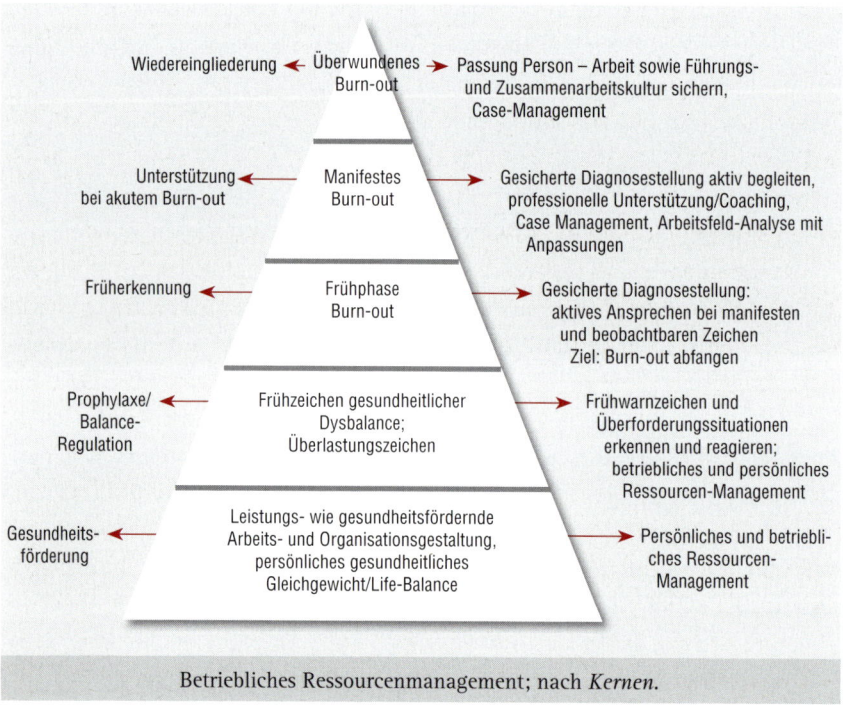

Betriebliches Ressourcenmanagement; nach *Kernen*.

7.2 Die „neue" Berufsrealität – zunehmende Fremdbestimmtheit

Wie wir gesehen haben, hängt der subjektiv erlebte Stress vor allem von persönlichen Bewertungen, Erfahrungen und Persönlichkeitsstrukturen ab. Doch gibt es auch objektiv Situationen, die das individuelle Stresserleben erhöhen:

- neue Situationen, für die es noch keine Form der Bewältigung gibt
- unklare Situationen, die beispielsweise aufgrund mangelnder Informationen nicht eindeutig eingeschätzt werden können
- Situationen mit einem hohen Zeitdruck
- Situationen, die mit einem hohen Erwartungsdruck einhergehen
- unerwartete Situationen

Erschöpfung entsteht aus dem „Dauerstress" des täglichen Lebens, d. h. aus ständigen geistigen, körperlichen und emotionalen Belastungen zum Beispiel durch:

- Zeitdruck über lange Zeiträume hinweg
- Entscheidungsdruck ohne ausreichende Zeit und ohne ausreichende Information
- zu viel Ärger und Konflikte
- Wettbewerbsdruck in Beruf, Familie, sozialer Umgebung
- unklare Rollendefinition in Beruf, Familie und sozialem Umfeld
- zu wenig Rückmeldung, Anerkennung, sachliche und emotionale Unterstützung

Grundsätzlich gilt: Jeder Mensch kann fast alles verkraften, was ihm unter dem Sammelbegriff *Stress* begegnet – Krisen, extreme Belastungen, höchste Anforderungen. Doch starke psychische Belastungen über einen *längeren Zeitraum* ohne Schädigung zu ertragen, dazu sind wir nicht in der Lage.

Der berufliche Alltag ist zunehmend geprägt durch widersprüchliche Erwartungen und Zielkonflikte, von denen wir nicht wissen, wie sie sich lösen lassen, falls es überhaupt eine Lösung geben sollte. Das globale Umfeld, in dem Unternehmen heute bestehen müssen, ist komplex und oft kaum durchschaubar. Wo früher die eine oder die andere Alternative zum Ziel führte, muss heute sorgfältig abgewogen und die Marschroute unterwegs immer wieder neu überdacht werden. Eine einfache Standardlösung, nach der sich viele sehnen, existiert nicht. Wir müssen lernen, mit dem *Sowohl-als-auch* umzugehen. Wir müssen den *Spagat* und die Ambivalenz akzeptieren. Es geht nicht um Schnelligkeit oder Mitarbeiterorientierung. Es geht um beides. Die Alternative heißt nicht Kontrolle oder Vertrauen. Auch Taktik und Ehrlichkeit schließen sich nicht aus. Der Umgang mit Widersprüchen ist vielen jedoch immer noch suspekt und erfordert *innere Unabhängigkeit und Mut zu eigenverantwortlichem Handeln.*

Der Mitarbeiter von morgen hat mehr Freiheit und Verantwortung als heute, er trägt aber auch ein größeres Risiko und muss mit mehr Unsicherheit leben. Den Job fürs Leben gibt es nicht mehr. Das klassische Arbeitsverhältnis, die lebenslange Festanstellung bei ein und demselben Arbeitgeber, hat ausgedient. Die Großkonzerne mit ihren starren Hierarchien zerfallen. Sie sind zu schwerfällig und zu sehr mit sich selbst beschäftigt, um in einer sich immer rascher wandelnden Wirtschaft mithalten zu können. Die Zukunft gehört der Team-Projektarbeit. Die Organisation der Unternehmen nimmt Netzwerkcharakter an, die Bindung an den einzelnen Betrieb lockert sich. Der Arbeitsplatz verliert seine ehemals klare Abgrenzung, löst sich bisweilen auf. Der Wandel in der Arbeitswelt ist bereits in vollem Gange. Seit 1991 ist die Zahl der Erwerbstätigen in der Industrie um mehr als 30 % zurückgegangen, die Dienstleister legten um 23 % zu. Die Zahl der Erwerbstätigen mit einem Hochschulabschluss stieg um mehr als 40 %. Der Vollzeitarbeitsplatz ist auf dem Rückzug. Sein Anteil an der Beschäftigung schrumpfte in den letzten 15 Jahren von 70 auf unter 60 % [Die Welt, 30.08.2008].

Viele sind verunsichert, wenn sie mit diesen fundamental veränderten Rollenerwartungen konfrontiert werden. Haben sie ein gutes Verhältnis zu ihren Kollegen und verhalten sich authentisch, unterstellt man ihnen unter Garantie bei nächster Gelegenheit mangelnde Autorität. Dokumentieren sie aber deutlich ihren Leistungsanspruch, wirft man ihnen schnell soziale Kälte vor und vermisst Empathie und Kontaktfähigkeit. Wem es nicht gelingt, diese *Widersprüche auszuhalten* oder eine tragfähige Balance zwischen ihnen zu finden, wem es nicht gelingt, selbstbewusst eigene Prioritäten zu setzen, der wird irgendwann zerrieben oder zum Zyniker, quält sich mit Selbstzweifeln, verliert seine Motivation und taucht ab in die innere Kündigung. Die heutige Unternehmensrealität zeigt, dass der unternehmerische und persönliche Erfolg eine Reise ist und kein Urlaubsort. Die Ursache ist die wachsende Unsicherheit und der Zwang zur Fehlerakzeptanz.

Voraussetzung für diesen *Balanceakt* ist eine stabile persönliche Verfassung, hohe Belastbarkeit und *Stresstoleranz*. Außerdem gehört hierzu die Fähigkeit, auch und gerade in Konflikt- und Krisensituationen ruhig Blut zu bewahren, den Überblick zu behalten, handlungs- und entscheidungsfähig zu bleiben. Dies ist nicht nur eine Frage der persönlichen Belastbarkeit. Es hat auch mit der Fähigkeit zu tun, Ungewissheit und Komplexität nicht als Bedrohung, sondern als Herausforderung zu erleben, und diese Grundüberzeugung anderen überzeugend zu vermitteln.

Vom Einzelnen erfordert das:

- Gelassenheit im Umgang mit sich selbst.
- Beharrlichkeit, das, was man selbst als notwendig erkannt hat, eventuell auch gegen Unverständnis und Widerstände von Kollegen und Mitarbeitern durchzusetzen.
- Geduldiges Bemühen um möglichst viele *Mitstreiter* und Unterstützung durch Vorgesetzte, Kollegen und Mitarbeiter.

Viele sind verunsichert, wenn sie mit diesen Rollenerwartungen konfrontiert werden. In manchen Unternehmen haben sich Angst, Unruhe und z. T. auch Widerstand und Demotivation ausgebreitet. Es ist nicht nur die Furcht, im Zuge der organisatorischen Veränderungen Einfluss, Prestige und liebgewonnene Privilegien zu verlieren, sondern vor allem die Angst, den gestellten Anforderungen nicht gerecht werden zu können. Nur wenige sehen den geforderten Rollenwechsel spontan als positive Herausforderung oder Chance zur persönlichen Neuorientierung.

Test: Beruflicher Stress

Bitte kreuzen Sie die Zahl an, die am besten das Stressausmaß trifft, das Sie bei Ihrer Arbeit empfinden.

Stresspotenzial: kein Stress (0) — viel Stress (4)

Nr.	Aussage	0	1	2	3	4
1.	ungünstige Arbeitsbedingungen (Klima, Lärm, Gerüche, Licht, Schwerarbeit usw.)	☐	☐	☐	☐	☐
2.	Arbeit zu unüblichen Zeiten (Schichtarbeit, Überstunden)	☐	☐	☐	☐	☐
3.	Monotonie oder Sinnentleerung der Arbeit	☐	☐	☐	☐	☐
4.	Arbeitsüberlastung, qualitativ (zu schwierige Aufgaben)	☐	☐	☐	☐	☐
5.	Arbeitsüberlastung, quantitativ (zu viel zu tun)	☐	☐	☐	☐	☐
6.	Zeitdruck und Termine	☐	☐	☐	☐	☐
7.	Belastung durch Entscheidungszwänge oder durch hohe Verantwortlichkeit	☐	☐	☐	☐	☐
8.	Unterforderung oder sich unterschätzt fühlen	☐	☐	☐	☐	☐
9.	Unsicherheit des Arbeitsplatzes (drohende Arbeitslosigkeit)	☐	☐	☐	☐	☐
10.	häufige Umstellungen oder Reiseverpflichtungen	☐	☐	☐	☐	☐
11.	Beziehung zum Vorgesetzten	☐	☐	☐	☐	☐
12.	Beziehung zu den Kollegen	☐	☐	☐	☐	☐
13.	Beziehung zu den Mitarbeitern	☐	☐	☐	☐	☐
14.	Konflikte zwischen der eigenen Arbeitsgruppe und anderen Abteilungen	☐	☐	☐	☐	☐
15.	Konflikte mit dem Betriebsrat	☐	☐	☐	☐	☐
16.	Unklarheit über eigene Aufgaben, Kompetenzen und Verantwortungsbereiche	☐	☐	☐	☐	☐
17.	Unsicherheit über Ziele des Arbeitsbereiches	☐	☐	☐	☐	☐
18.	fehlende Beförderungsaussichten oder Planung der Berufslaufbahn	☐	☐	☐	☐	☐
19.	fehlende Information über Unternehmenspolitik	☐	☐	☐	☐	☐
20.	mangelnde Konsultation und Kommunikation im Unternehmen	☐	☐	☐	☐	☐
21.	Mangel an Einfluss und Macht	☐	☐	☐	☐	☐
22.	eigene Einstellungen stehen im Widerspruch zur Unternehmenspolitik	☐	☐	☐	☐	☐
23.	Unternehmensleitung versteht die mit der Arbeit zusammenhängenden Probleme nicht	☐	☐	☐	☐	☐
24.	Doppelbelastung durch Arbeit im Beruf und zu Hause oder Arbeit mit nach Hause nehmen	☐	☐	☐	☐	☐

25.	fehlendes Verständnis in der Familie/Partner für die beruflichen Probleme	0 1 2 3 4

Welches sind Ihre 3 höchsten Stresspotenziale? Versuchen Sie, in den nächsten Kapiteln Antworten auf diese Ungleichgewichte zu finden.

7.3 Lernen und Reifen: Ressourcen und Kompetenzen

Die Zukunft gehört den Hochqualifizierten, für Geringqualifizierte wird es schwer. Durch die Globalisierung hat sich das weltweite Angebot an gering qualifizierten Arbeitskräften vervierfacht. Zusätzlich sorgen die Liberalisierung des Welthandels und der technische Fortschritt dafür, dass sich Deutschland auf die Herstellung wissensintensiver Produkte und Dienstleistungen spezialisiert, während arbeitsintensive Tätigkeiten anderswo ausgeführt werden. Viele, die über die hohe Stressbelastung in ihrem beruflichen Alltag klagen und sich dabei eher in der Opferrolle sehen, haben sich nie ernsthaft mit der Frage auseinandergesetzt, ob ihr Stresserleben seine Ursache nicht auch darin haben könnte, dass sie im Verlauf ihrer Karriere eine Position erreicht haben, für die sie nicht oder nur unzureichend ausgebildet, auf deren weitgefächerte Anforderungen sie nicht in angemessener Weise vorbereitet sind – eine Situation, die im Laufe eines Berufslebens umso wahrscheinlicher auftreten wird, je schneller sich die Rahmenbedingungen beruflichen Handelns verändern.

Die Befürchtung, den an uns herangetragenen Erwartungen nicht gerecht werden zu können, dem Konkurrenzdruck vor allem jüngerer Kollegen nicht mehr gewachsen zu sein, die Angst, die eigenen Unsicherheiten könnten von anderen bemerkt und eventuell sogar gegen uns verwendet werden, sowie die Furcht vor Ansehens- und Kontrollverlust können zu extrem starken psychischen Stressoren werden, wenn die ihnen zugrunde liegenden Ursachen nicht aufgedeckt und behoben werden.

Zu einer umfassenden Stressprävention im beruflichen Bereich gehört deshalb die Aufgabe,

- ■ sich immer wieder nüchtern und realistisch die Anforderungen, die mit der jetzt erreichten beruflichen Position verbunden sind, zu verdeutlichen,
- ■ diesen eine ehrliche, ungeschönte Bilanz der eigenen Fähigkeiten, Kompetenzen, Ressourcen, Potenziale sowie der persönlich wichtigen Ziele und Zukunftserwartungen gegenüberzustellen

- und dann im zweiten Schritt konsequent und beharrlich daran zu arbeiten, eventuell vorhandene Wissenslücken, Kompetenzmängel, persönliche Schwächen und Defizite an sich selbst zu korrigieren und zu hohe, nicht erfüllbare Ansprüche herunterzuschrauben.

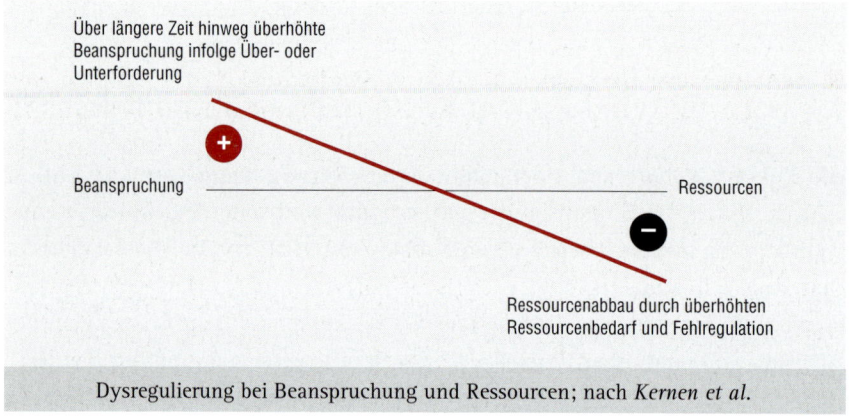

Dysregulierung bei Beanspruchung und Ressourcen; nach *Kernen et al.*

Kenntnisse und Kompetenzen sind in immer kürzeren Zeiträumen überholt. Die Bereitschaft zu lebenslangem Lernen ist deshalb langfristig der einzige wirksame Schutz vor Kompetenzverlust. Wer sich hinter der Ausrede „Dafür bin ich zu alt" verschanzt, vergibt die Chance, auf Veränderungen aktiv Einfluss zu nehmen, sie in positiver Weise zu beeinflussen. Auch Lernen ist eine Form der Persönlichkeitsentwicklung. Führungskräfte, die aktiv und selbstbestimmt mit ihrem Wissen und ihren Fachkenntnissen auf dem aktuellen Stand sein und bleiben wollen, sollten es sich zur Gewohnheit machen, alle ihnen verfügbaren Möglichkeiten zur Weiterbildung auch tatsächlich auszuschöpfen. Konkret heißt das:

- Auf andere Menschen zugehen; Fragen stellen; zugeben, dass man etwas nicht weiß; zuhören können; andere dazu ermuntern, ihr Wissen weiterzugeben, aber auch die eigenen Kenntnisse nicht als Instrument persönlichen Machterhalts einsetzen.
- Bei Fachgesprächen mit Mitarbeitern und Kollegen nicht die eigene Kompetenz herausstellen, sondern diese Unterredungen als Chance nutzen, neue Kenntnisse auf zeitsparende Weise zu erwerben und Anregungen zu bekommen, die die eigene Arbeit erleichtern und Fehler vermeiden helfen.

- Sämtliche Möglichkeiten nutzen, die sich zu einer fach- und ressortübergreifenden Zusammenarbeit bieten; in Projektteams mitarbeiten und selbst die Initiative ergreifen, solchen Arbeitsformen im Unternehmen einen festen Platz zu schaffen.
- Keine Angst haben vor Mitarbeitern, die jünger sind als man selbst, die ein exzellentes Fachwissen mitbringen, die innovative Ideen haben und auf eine Weise kreativ sind, die einem selbst Probleme bereitet.
- Schluss machen mit einem Denken in Sparten und Zuständigkeiten, vorhandene Vernetzungen näher kennenlernen und prüfen, ob sich bereits von anderen entwickelte Ideen und Problemlösungen auf den eigenen Bereich übertragen lassen.

Ob und wie Menschen mit gegensätzlichen Erwartungen und Forderungen klarkommen, hängt von ihrer Bereitschaft ab, Neues auszuprobieren. Das beliebte Argument „Das hab' ich immer so gemacht" ist keines. Wer darauf besteht, blockiert sich selbst. Es existieren meistens dritte Wege zwischen zwei sich scheinbar ausschließenden Alternativen. Segler reagieren ständig auf das sie umgebende Kräftefeld. Sie nutzen die Kräfte der Natur zur Steuerung ihres Bootes in die gewünschte Richtung. In diesem Sinne wird Segeln zur Metapher für erfolgreiches Führen: Konzentriere Dich auf die Abweichungen. Segeln ist ein kybernetisches Lebensprinzip. Fremde Kräfte nutzen, um das eigene Ziel zu erreichen.

Die Bereitschaft zu lebenslangem Lernen ist deshalb langfristig der einzige wirksame Schutz vor allmählichem Kompetenzverlust, zunehmender Überforderung und vorzeitigem Verschleiß der körperlichen und psychischen Kräfte. Dies gilt nicht nur in Bezug auf die Fachkenntnisse, sondern vor allem auch in dem für Führungskräfte besonders bedeutsamen, aber häufig vernachlässigten Bereich der Führung der eigenen Person. Lernen ist wie Schwimmen gegen den Strom. Wer damit aufhört, treibt ab. Aber nur wer gegen den Strom schwimmt, hat die Chance, zur Quelle zu gelangen. Dies setzt eine Persönlichkeit voraus, die ein hohes Maß an intellektuellen und sozialen Kompetenzen mitbringt. Im Bereich der intellektuellen Kompetenz werden neben beruflichen Kenntnissen vor allem Aufgeschlossenheit gegenüber Neuem, ein Gespür für Trends, Risiken und Chancen im Bereich der gesellschaftlichen, wirtschaftlichen und technologischen Veränderungen vorausgesetzt. Erwartet werden ferner eine über die beruflichen Belange hinausreichende Interessenbreite, die Bereitschaft zu lebenslangem Lernen, Kreativität im Bereich der Problemlösung, der Entwicklung von Visionen und der Umsetzung von Innovationen. Führungskräfte sollten Visionäre sein, Vordenker, die über die Fähigkeit zu einem vernetzten, zukunftsorientierten Denken verfügen.

Die zunehmende Internationalisierung erfordert zudem die Fähigkeit zu einem Denken, Planen und Handeln in globalen Zusammenhängen, profundes Wissen über unterschiedliche kulturelle Mentalitäten und Umgangsformen, kulturelle Aufgeschlossenheit und die Fähigkeit, sich vorbehaltlos auf andere Personengruppen, Kulturen und Werthaltungen einstellen zu können.

Wichtige soziale Kernkompetenzen sind neben mehrsprachiger kommunikativer Kompetenz vor allem ein hohes Maß an Menschenkenntnis, Verantwortungsbewusstsein sowie Team- und Konfliktfähigkeit. Vor allem in Zeiten der Umorientierung, bei Fusionierungen etc. sind Personen mit sozialer Sensibilität, Einfühlungsvermögen und ausgeprägter Chaos-Toleranz gefragt.

In diesem Sinne ist Persönlichkeitsmanagement ein *induktiver* Weg der Personalentwicklung mit dem Ziel, den Einzelnen so stark zu machen, dass er unvermeidbare Fremdbestimmtheiten als positive Herausforderung annehmen kann.

Insgesamt ergibt sich also ein sehr komplexes Anforderungsprofil, das durch traditionelle Weiterbildungsmaßnahmen kaum entwickelt werden kann. Dies liegt zum einen daran, dass sich die hier geforderten Kompetenzen – im Unterschied zu reinen Wissenskompetenzen – zum einen nur schwer operationalisieren und in konkrete Lerninhalte transformieren lassen; zum anderen wäre es wenig effektiv, sie isoliert voneinander trainieren zu wollen. Weiterbildung kann nur dann erfolgreich sein, wenn sie bei jeder Einzelmaßnahme immer die Weiterentwicklung der gesamten Person, die Optimierung aller Potenziale der Führungspersönlichkeit im Blick hat. Die Gefahr: Der hohe Verantwortungsdruck, der den Alltag jeder Führungskraft kennzeichnet, kann auf Dauer nur von Persönlichkeiten ausgehalten werden, die in der Lage sind, sich selbst effektiv zu führen, und gelernt haben, schonend mit ihren psychophysischen Ressourcen umzugehen.

Weitblick und Visionen	Ihr Lebensentwurf ist durch klare Ziele definiert, ohne dass Sie die Herausforderungen der Gegenwart vernachlässigen. Ihr zuversichtlich nach vorne gerichteter Blick hilft Ihnen, alltägliche Ereignisse zu relativieren.
Selbstbestimmung (Autonomie)	Sie üben die Kontrolle über Ihr Leben aus und treffen eigenständige Entscheidungen. Sie behalten Ihre persönlichen Ziele auch über längere Zeiträume im Auge und arbeiten daran, sie zu verwirklichen.
Bindungen, soziale Netzwerke	Sie pflegen stärkende und lebendige Beziehungen zu anderen Menschen und fühlen sich für Ihre Umwelt verantwortlich.
Zeit- und Arbeitsorganisation	Sie setzen sich realistische Ziele und leben konsequent nach Ihren Prioritäten. Sie bestimmen, wie Sie Ihre Zeit verbringen wollen und gönnen sich Auszeiten, Muße und Entspannung ohne schlechtes Gewissen.
Energie und Spannkraft	Sie treiben regelmäßig Sport, achten auf gesunde Ernährung und Erholungsphasen, vermeiden Risikofaktoren und bekennen sich zu einer aktiven Lebensführung.

Eigenschaften einer erfolgreichen Persönlichkeit.

7.4 Selbstkompetenz in der Führungsrolle

Die komplexen Führungsaufgaben eines modernen, zukunftsorientierten Unternehmens lassen sich mit Spezialkenntnissen und Expertenwissen allein nicht bewältigen. Neben Fachwissen gewinnen soziale Kompetenz und Authentizität der Führungskraft eine zunehmende Bedeutung für erfolgreiches *Leadership*. Führungskräfte der Zukunft sind deshalb nicht nur Generalisten mit den zentralen Aufgaben Planung, Entscheidung, Organisation und Kontrolle, sondern auch *Human-Quality-Manager* mit einer hohen Qualifikation auf dem Gebiet der Menschenführung – eine wichtige Voraussetzung, gerade unter den Bedingungen einer immer hektischeren und unübersichtlicheren Arbeitswelt. Sich diese fachlichen und sozialen Kompetenzen anzueignen, zu erhalten, zu stärken und weiterzuentwickeln, ist eine zentrale Aufgabe während des gesamten Berufslebens.

Als Führungskraft kommt es darauf an, seine Wirkung auf andere Menschen zu kennen und anderen ein Vorbild zu sein. Auf die Frage: „Was bedeutet es für mich persönlich, die Führungsrolle mit personaler Autorität glaubwürdig mit Leben zu erfüllen?", eine ehrliche Antwort zu finden, gehört zu den schwierigsten Bereichen des Selbstmanagements. So kann es hilfreich sein, das eigene Denken und Handeln aus der Perspektive der Mitarbeiter zu reflektieren. Die Realität ist nicht die objektive Beschaffenheit einer Führungskraft, sondern die von Mitarbeitern oder Kollegen subjektiv erlebten Verhaltensweisen (Fremdbild).

Stellen Sie sich vor, Sie wären Ihr eigener Mitarbeiter:

- Was bekommen Sie von der Tätigkeit Ihres Vorgesetzten mit?
- Wie wirkt sein Verhalten auf Sie?
- Welche Konsequenzen ziehen Sie persönlich für Ihr künftiges Engagement und Ihre Arbeitsplanung aus dem Verhalten Ihres Vorgesetzten?
- Wie verhalten Sie sich Ihrem Vorgesetzten gegenüber künftig?
- Was wollen Sie mit ihm besprechen und was nicht? Was halten Sie vor ihm geheim? In welchen Situationen fragen Sie ihn um Rat?

Jemand, der mit personaler Autorität führt, versteckt sich nicht hinter einem starren Reglement, tatsächlichen oder erfundenen Vorschriften. Er gesteht seinen Mitarbeitern das Recht auf Fehler zu und kaschiert nicht seine eigenen Defizite. Er äußert offen seine Meinung und lässt sich bei Kritik und Anerkennung von Fairness und Respekt vor der Person des anderen leiten. Anstelle des besten Fachmanns wird ein Koordinator gesucht – die Führungskraft wird zum Coach ihres Teams. *Führung heißt, sich in die Mitte stellen und andere erfolgreich machen.*

Nehmen Sie daher Ihre *Vorbildfunktion* ernst. Versuchen Sie, ein aufgeschlossener, glaubwürdiger, verlässlicher, ehrlicher Vorgesetzter zu sein, bei dem Denken, Reden und Handeln übereinstimmen. Seien Sie ehrlich gegenüber sich selbst und anderen. Zwingen Sie sich nicht, die Rolle des perfekten Vorgesetzten zu spielen, bleiben Sie *authentisch* – ein Mensch, der weiß, dass er nicht nur Stärken, sondern auch Schwächen hat, der nicht immer perfekt ist, sondern dem auch einmal Fehler unterlaufen. „Vorbildliche" Führungskräfte sollten sich immer bewusst sein: Gerade weil ihr persönliches Vorbild Ecken und Kanten aufweist und unvollkommen ist, strahlen sie in jedem Fall mehr personale Autorität aus als durch jede noch so perfekt gespielte Kopie. „Wir müssen sagen, was wir denken, wir müssen tun, was wir sagen und wir müssen sein, was wir tun."

Sie erkennen: Unternehmen brauchen Persönlichkeiten, Menschen mit Profil. In einem Unternehmen ohne Identität findet man Leute, die wie Quallen sind: Sie passen sich an, besonders dann, wenn es eng wird – sie zeichnen sich durch Anpassungsintelligenz aus. Wichtig für ein Unternehmen sind aber Schwertfische: Sie ecken an, schwimmen sich frei. Sie entwickeln Kreativität und gehen neue Wege. Konstruktiv Nein zu sagen, ist die Freiheit einer

Vertrauenskultur – und der erste Schritt zu einem Profil. Wir brauchen keine Quallen, wir brauchen kreative Schwertfische. Wir brauchen Begeisterung, Emotionen, Engagement und den *Mut zur Veränderung.*

Darum ist Selbstmanagement in Veränderungsprozessen eine der größten Herausforderungen. Ziel der hierbei notwendigen Aktivitäten ist es, die eigene Person selbstbestimmt so zu führen, dass man den unvermeidbaren Belastungen des beruflichen und des privaten Alltags wieder mit größerer Gelassenheit und Zufriedenheit begegnen kann. Nur dann wird ein Veränderungsprozess erfolgreich, wenn wir mit der neuen Verantwortung Sinn, Begeisterung und Freude verbinden. Die Aufgabe heißt: Fremdbestimmte Veränderungen zu selbstbestimmten Herausforderungen zu machen. *Denn nur wer sich selbst erfolgreich führen kann, kann auch andere verantwortungsbewusst führen.* Dies bedeutet:

- Achten Sie darauf, dass Ihre fachlichen Kompetenzen stets auf hohem Niveau bleiben und nicht veralten. Bleiben Sie neugierig und interessiert. Nutzen Sie alle sich bietenden beruflichen und außerberuflichen Möglichkeiten, Ihren Kenntnis- und Wissensstand zu erweitern.
- Bemühen Sie sich, Ihre Mitarbeiter sozial kompetent in einer Atmosphäre von gegenseitigem Vertrauen, Akzeptanz und Wertschätzung zu führen.
- Nehmen Sie Ihre Vorbildfunktion ernst.
- Seien Sie ehrlich gegenüber sich selbst und gegenüber anderen. Zwingen Sie sich nicht, die Rolle des perfekten Vorgesetzten zu spielen, bleiben Sie authentisch.
- Schärfen Sie Ihre Sensibilität für erste Anzeichen von Arbeitssucht oder Burn-out bei sich, Ihren Mitarbeitern und Kollegen. Lassen Sie nicht zu, dass Ihre beruflichen Verpflichtungen zu Ihrem alleinigen, alles bestimmenden Lebensinhalt werden. Achten Sie darauf, dass auch Ihre Mitarbeiter vor dieser Gefahr geschützt sind.
- Sie werden für Ihre Kreativität bezahlt – nicht für Ihre Routine. Achten Sie darauf, dass Ihnen genügend Raum für Muße und Entspannung bleibt.
- Genießen Sie Ihre Erfolge – auch zusammen mit Ihren Mitarbeitern. Statt sich über Misserfolge zu ärgern, sollten Sie versuchen, Misserfolge als Chance für einen Neuanfang zu sehen. Lernen Sie, sich wieder zu freuen. Zeigen Sie anderen, dass Sie sich mit ihnen freuen und zusammen mit ihnen lachen können.
- Sehen Sie Ihre Führungsaufgabe als einen Prozess gegenseitigen Gebens und Nehmens. Scheuen Sie sich nicht, in schwierigen Situationen Hilfe und soziale Unterstützung einzufordern und anzunehmen.

7.5 Stärkende Netzwerke

Die Führung der eigenen Person wird weithin als eine ausschließlich persönlich zu bewältigende Aufgabe angesehen. Die Bedeutung, die soziale Kontakte und Unterstützung für ein erfolgreiches Umgehen mit Belastungen und damit auch für Gesundheit, Wohlbefinden, Stressresistenz, Lebenszufriedenheit und Leistungsfähigkeit haben, wird entweder nicht gesehen oder doch zumindest unterschätzt. Viele Menschen verzichten bei ihrem Bemühen um eine Lösung ihrer persönlichen Probleme leichtfertig auf wertvolle Hilfe, weil sie nicht wissen, welche Bedeutung diese hat und wie sie sie einsetzen könnten. Sie geraten nach und nach in kaum noch ertragbare seelische Belastungssituationen, weil sie ganz selbstverständlich davon ausgehen, mit persönlichen Problemen und Schwierigkeiten müsse man allein fertig werden – ein Irrtum, der unnötig viel Kraft kostet.

Das Bedürfnis nach Zugehörigkeit, Nähe, Geborgenheit und gegenseitigem Vertrauen ist ein zentraler Bestandteil der menschlichen Natur. Das Leben und Handeln in Gruppen, deren Mitglieder sich gegenseitig vertrauen und unterstützen, hat den Menschen in Jahrmillionen geprägt. Nicht nur das biologische Überleben, auch Fortschritt und kulturelle Entwicklung wären ohne sozialen Zusammenhalt nicht möglich gewesen. Offenbar bestimmt das Eingebundensein in ein soziales Netzwerk auch heute noch das menschliche Verhalten und Wohlbefinden, und zwar nicht nur, wie allgemein akzeptiert, in der frühen Kindheit, sondern in allen Phasen des Lebens und in besonderem Maße in Krisensituationen. Gerade dann kann das Vertrauen auf die Existenz und Hilfsbereitschaft eines sozialen Netzwerkes die eigene Handlungsbereitschaft und das eigene Selbstvertrauen wirkungsvoll stützen und mobilisieren.

Wer sich sozial eingebettet weiß, für den ist die Gefahr, in Belastungssituationen zu erkranken, relativ gering. Dies konnte durch eine Vielzahl empirischer Studien eindeutig belegt werden: Menschen, die nach eigener Aussage nicht über ausreichende, befriedigende soziale Beziehungen verfügen, fühlen sich überdurchschnittlich häufig unglücklich, depressiv und einsam.

Soziale Unterstützung und befriedigende Sozialkontakte sind ein wirkungsvoller Puffer vor den belastenden und schädigenden Einflüssen von Stress und Überforderung. Dies gilt vor allem auch im Arbeitsleben. So haben verschiedene Untersuchungen gezeigt, dass wirkungsvolle soziale Unterstützungssysteme am Arbeitsplatz nicht nur die Arbeitszufriedenheit, die Leistungsbereitschaft und die Leistungsfähigkeit erhöhen, sondern auch zuverlässig vor Burn-out und berufsbedingter psychophysischer Erkrankung schützen.

Teamorientierte Führung auf der Basis vertrauensvoller Zusammenarbeit lässt sich nicht im Alleingang verwirklichen. Eine wichtige Voraussetzung, Mitarbeiter und Kollegen als Verbündete zu gewinnen, ist, dass ihnen ebenfalls entsprechende Freiräume gesichert werden.

Auf diese Weise wird ein Fundament gegenseitiger Unterstützung geschaffen, auf dem sich zielorientierte, kollegiale Zusammenarbeit schrittweise weiterentwickeln lässt. Ein vertrauensvolles, emotional nicht belastendes Verhältnis zwischen Kollegen und Vorgesetzten, das frei ist von sozialen Spannungen und ungelösten Dauerkonflikten, lässt selbst hohe Arbeitsanforderungen zur motivierenden Herausforderung werden. Menschen, die in solch einem Klima arbeiten, fühlen sich anerkannt, entwickeln Selbstbewusstsein, Selbstvertrauen, Eigeninitiative und ein Gefühl der Verantwortung, das nicht nur auf die Erledigung der eigenen Aufgaben beschränkt ist. Die meisten sind dann sogar bereit, auch einmal Anstrengungen auf sich zu nehmen, die über das übliche Maß hinausgehen.

Kompetent geführte Mitarbeiter tragen entscheidend dazu bei, dass die Führungskraft die ihr abverlangten Führungsaufgaben effektiv bewältigt und damit seltener in gesundheitsgefährdende Belastungs- oder Überforderungssituationen gerät.

In diesem Prozess wechselseitigen Gebens und Nehmens sind vor allem die folgenden sechs Aspekte von entscheidender Bedeutung:

- Zuhören: Hier kommt es vor allem darauf an, Menschen zu finden, die zuhören können, ohne immer gleich eigene Ratschläge anzubieten oder Urteile abzugeben, bei denen man sich seinen Ärger oder seine Ängste erst einmal von der Seele reden und Dampf ablassen kann, mit denen man Kummer und Enttäuschung über Misserfolge ebenso teilen kann wie die Freude über Erfolge, bei denen man keine Scheu haben muss, seine Gefühle zu zeigen.
- Sachliche Anerkennung: Das Gefühl, für seine Arbeit und Leistung bei anderen Anerkennung zu finden, trägt entscheidend zu Zufriedenheit und Wohlbefinden bei. Positiv wirksame fachliche Anerkennung kann allerdings nur von Personen kommen, die das betreffende Arbeitsgebiet genau kennen und den Schwierigkeitsgrad der jeweiligen Aufgaben einschätzen können, bei denen man sicher sein kann, dass ihre Rückmeldungen ehrlich und aufrichtig sind. Dagegen sind Familienangehörige oder berufsfremde

Freunde nicht die idealen Personen für sachliche Anerkennung, da ihnen in den meisten Fällen die fachliche Kompetenz fehlt.
- Sachliche Herausforderung: Stresserleben und Ausbrennen sind nicht in jedem Fall die Folge chronischer Überforderung. Unterforderung infolge fehlender Herausforderungen kann auf Dauer in gleicher Weise belasten und krankmachen. Der Gedankenaustausch mit vertrauenswürdigen Kollegen, die zum Weiterdenken anregen, die einen ermutigen, das persönliche Engagement zu verstärken, eigene Fähigkeiten und Interessen auszubauen und gezielt zu nutzen, vorhandene Kreativitätspotenziale nicht ungenutzt zu lassen, ist die wichtigste Quelle sachlicher Herausforderung.
- Emotionale Unterstützung: Im Leben eines jeden Menschen gibt es Situationen, in denen er wenigstens einen Menschen in seinem näheren Umfeld benötigt, der ihn bedingungslos unterstützt. Emotionale Unterstützung erfordert keine Fachkenntnisse, sondern Zuneigung, Vertrauen, Akzeptanz und Loyalität. Für die meisten Menschen sind Familienangehörige und enge Freunde die wichtigste Ressource emotionaler Unterstützung, selbst bei beruflichen Problemen, Konflikten und Schwierigkeiten.
- Emotionale Herausforderung: Einen anderen Menschen emotional herauszufordern heißt, ihm dabei behilflich zu sein, dass er aus Situationen, die ihm selbst völlig ausweglos erscheinen, wieder herausfindet, indem man ihm beispielsweise hilft, seine starke emotionale Betroffenheit zu überwinden und das fragliche Problem rational und aus einer gewissen Distanz heraus zu betrachten.
- Gemeinsame Werte: Gerade in Zeiten, in denen man das Gefühl hat, dass einem die Kontrolle über das eigene Leben zu entgleiten droht, kann der vertrauensvolle Kontakt zu Menschen, die in der gleichen sozialen Realität leben wie man selbst, mit denen man in wichtigen Punkten einer Meinung ist und von denen man weiß, dass sie die Situation ähnlich beurteilen wie man selbst, eine wertvolle Hilfe sein. Von ihnen kann man am ehesten praktikable Vorschläge erwarten, um aus einer solchen Situation wieder herauszufinden.

Lassen Sie sich von anderen helfen

Vielleicht haben Sie auch schon bemerkt, wie schwer es ist, allein von der Droge Arbeit wegzukommen. Lassen Sie sich von Ihrem Lebenspartner, von einem guten Freund, von Kollegen, zu denen Sie Vertrauen haben, dabei helfen. Ideal wäre es, wenn es Ihnen gelänge, an Ihrem Arbeitsplatz einen *Coach* zu finden, der rechtzeitig eingreift, wenn Rückfälle drohen. Scheuen Sie sich auch nicht davor, die professionelle Hilfe eines Psychotherapeuten in Anspruch zu nehmen, wenn Sie merken, dass Sie allein nicht zurechtkommen. Schauen Sie sich in Ihrem Arbeitsumfeld nach potenziellen *Mitstreitern* um; versuchen Sie, eine Selbsthilfegruppe ins Leben zu rufen.

Schaffen Sie sich ein stärkendes Netzwerk

Sorgen Sie für eine positive Umwelt. Eine stressfreie Umgebung im Beruf und in der Familie hängt wesentlich von der Qualität der zwischenmenschlichen Beziehungen ab. Bringen Sie Ihren Mitmenschen Vertrauen und Sympathie entgegen. Betrachten Sie Probleme auch einmal aus der Sicht des anderen. Hören Sie mehr zu. *Problemlöser* werden auch fürs Zuhören bezahlt. Tolerieren Sie andere Meinungen. Konzentrieren Sie sich auf Beziehungen zu Menschen, die Sie stärken und die Ihnen nicht schaden. Machen Sie andere erfolgreich, der Erfolg kommt zu Ihnen zurück.

7.6 Zeitmanagement und Arbeitsorganisation

Wohlbefinden im beruflichen Alltag bedeutet: Abends oder am Wochenende mit dem Gefühl nach Hause zu kommen, die gestellten Arbeitsanforderungen erfolgreich bewältigt zu haben – für viele Berufstätige eher die Ausnahme als die Regel. Häufig verlassen sie ihren Arbeitsplatz mit dem unguten Gefühl, wieder einmal nicht alles, was sie sich für diesen Tag vorgenommen hatten, geschafft zu haben, Wichtiges in der allgemeinen Hektik zum wiederholten Male auf einen späteren Termin verschoben zu haben, vieles angefangen, aber kaum etwas zum Abschluss gebracht zu haben.

Weniger als ein Drittel aller Führungskräfte ist mit dem eigenen Zeitmanagement zufrieden. Als wichtigste Zeitfresser gelten in allen untersuchten Ländern:

- interne Meetings
- Telefongespräche
- E-Mails
- operationales Tagesgeschäft besonders für Führungskräfte

Termindruck und Hektik gehören zu den stärksten Stressoren des Berufslebens. Sie sind so allgegenwärtig, dass es bereits zum guten Ton gehört, keine Zeit zu haben. Zeitnot ist nur allzu oft die Begründung für das Aufschieben wichtiger Entscheidungen und einer intensiven Auseinandersetzung mit den wirklich dringlichen Problemen. Auch wird oft übersehen, dass ein großer Teil des Zeitmangels und der Überlastung, über die heute so viel geklagt wird, ihre Ursachen im Arbeitsverhalten und bestimmten Persönlichkeitseigenschaften der betreffenden Person haben.

Viele Menschen haben nie gelernt, konzentriert zu arbeiten. Sie neigen dazu, sich in der Fülle der zu erledigenden Aufgaben zu verzetteln, fangen immer wieder neue Dinge an, ohne die früheren zu Ende geführt zu haben. Vielfach sind sie auch nicht in der Lage, Wichtiges von weniger Wichtigem zu unterscheiden und klare Prioritäten zu setzen. Routinetätigkeiten, Nebensächliches und Wichtiges werden von ihnen praktisch gleichrangig behandelt; ihr einziges Prioritätskriterium ist die Dringlichkeit.

Andere geraten ständig in Zeitnot, weil sie Schwierigkeiten haben, sich selbst zu organisieren beziehungsweise den für die Erledigung bestimmter Aufgaben erforderlichen Zeitaufwand realistisch zu kalkulieren. Sie setzen damit nicht nur sich selbst, sondern häufig auch ihre Mitarbeiter immer wieder starkem Stress aus.

Aus Angst vor Machtverlust und einer Neigung zum Perfektionismus heraus tendieren vor allem Menschen in Führungspositionen häufig dazu, Aufgaben, die eigentlich von ihren Mitarbeitern erledigt werden können, weiterhin selbst auszuführen. Menschen, die sich bereits in einem Zustand erhöhter Anspannung befinden, sind oft der Überzeugung, sie könnten nur unter Zeitdruck produktiv handeln. Sie schieben Wichtiges immer wieder vor sich her, bis aus wichtigen Aufgaben plötzlich dringliche geworden sind. Sie manövrieren sich damit selbst in einen Zustand, in dem sie nur noch reagieren, aber nicht mehr agieren können, und erzeugen so selbst den Stress, unter dem sie leiden.

Sicherlich lassen sich viele der alltäglichen Routinetätigkeiten dringlich reaktiv bewältigen, die meisten Problemlösungen im Führungsbereich verlangen aber ein aktives Handeln. Geschieht dies nicht und wird das Wichtige plötzlich aktuell, dann ist meistens nicht mehr genügend Zeit und Distanz vorhanden, um optimale Entscheidungen zu treffen.

Stressreduzierung im Berufsalltag heißt

- ■ die Zukunft zur Gegenwart zu machen, bereits heute das als wichtig erkennen und behandeln, was morgen dringlich sein könnte,
- ■ Problemlösungen nicht unter Zeit- und Termindruck anzugehen, sondern bereits dann, wenn das Problem als wichtig erkannt worden ist.

Denn vieles, was wir als stresshafte Überlastung erleben, ist nichts weiter als ein reaktives *Wegschaufeln* dringlicher, aktueller Aufgaben.

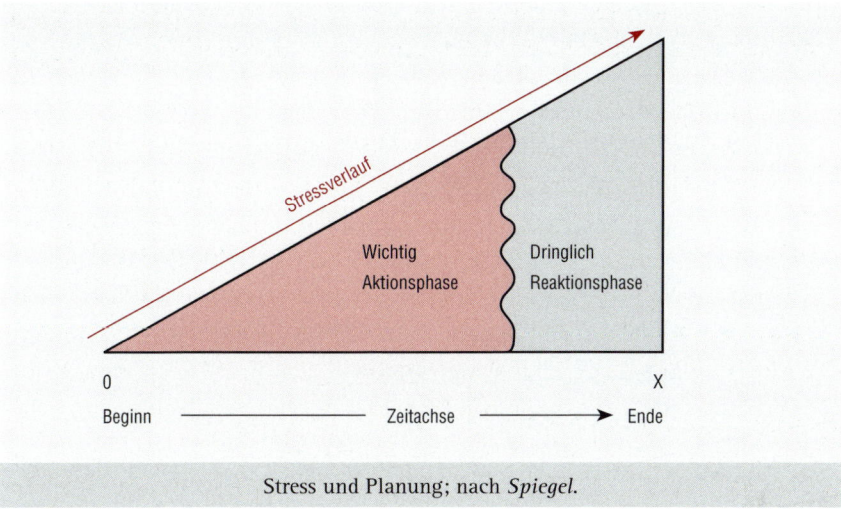

Stress und Planung; nach *Spiegel*.

Spätestens dann, wenn uns am Ende eines Arbeitstages immer häufiger die Frage durch den Kopf geht: „Was habe ich heute eigentlich Wichtiges geleistet?", sollte uns deutlich werden, dass wir selbst mit unseren Einstellungen und Verhaltensweisen viele der Stressfallen errichtet haben, in denen wir uns dann – wieder einmal – verfangen haben.

Empfehlungen: Mehr Zufriedenheit am Arbeitsplatz

Die wichtigsten Schritte auf dem Weg zu einem weniger stresshaften Arbeitsverhalten und damit zu mehr Zufriedenheit und Wohlbefinden am Arbeitsplatz sind:

- **Setzen Sie sich neue Ziele:** Formulieren Sie Ihre Prioritäten neu. Werfen Sie Unwesentliches über Bord und schaffen Sie Raum für das, was Ihnen wirklich wichtig und wesentlich ist. Identifizieren Sie jeden Abend die wichtigste Herausforderung des folgenden Tages und beginnen Sie am nächsten Morgen gleich damit - diese Aufgabe hat oberste Priorität.
  Nehmen Sie sich an jedem Morgen vor Arbeitsbeginn 10 Minuten, in denen Sie darüber nachdenken, ob Ihr Tagesplan diesen Zielen entspricht.
- **Werfen Sie überflüssige Tätigkeiten über Bord:** Konzentrieren Sie sich ausschließlich auf Ihren ganz persönlichen Aufgabenbereich. Geben Sie alle Nebentätigkeiten und Ehrenämter, die Sie persönlich nicht voranbringen, auf und lehnen Sie alle diesbezüglichen Angebote konsequent ab. Hören

Sie auf, sich selbst zu überfordern. Achten Sie auf die Warnsignale Ihres Organismus und nehmen Sie sie ernst. Setzen Sie sich klare Ziele, generell und für jeden Tag. Sie werden selbst merken, dass Sie diese Ziele ohne Delegieren überflüssiger Tätigkeiten nur mit endlosen Überstunden verwirklichen können. Delegieren Sie also so viel und so konsequent als möglich.

- Hüten Sie sich vor übertriebenem Perfektionismus: Sie können mit jeder Aufgabe unendlich viel Zeit verbringen und immer noch wird es etwas geben, was man noch besser machen könnte. Versuchen Sie, Ihre hohen Ansprüche wieder an der Realität zu orientieren, wägen Sie Aufwand und Ertrag sorgfältig gegeneinander ab und setzen Sie Ihrem Hang zum Perfektionismus klare Grenzen. Vereinbaren Sie mit Ihren Mitarbeitern und Kollegen ein Frühwarnsystem, damit Ihre Neigung künftig rechtzeitig gebremst werden kann. Versuchen Sie, Ihren Anspruch auf 80 % zurückzuschrauben.
- Planen Sie Ihren Tagesablauf: Halten Sie sich bei der Planung Ihrer Arbeitstage an die Regeln zur Rationalisierung des persönlichen Arbeitsverhaltens. Schreiben Sie in Ihren Tagesplan nur die Dinge, die Sie unbedingt erledigen müssen, und erledigen Sie diese dann auch termingerecht. Nutzen Sie Ihre Kräfte optimal. Halten Sie Ihre Pausen grundsätzlich frei von Arbeit und beruflichen Belangen.
- Vermeiden Sie Multitasking: Es gibt immer mehr Arbeit, die Anforderungen im Job wachsen. Immer mehr Technik führt dazu, dass man nur allzu schnell versucht ist, in die Multitasking-Falle zu tappen. Wer sich jedoch zu viel auf einmal aufhalst, der macht nicht nur mehr Fehler, er wird seine Arbeit auch als weniger befriedigend empfinden. Also gilt es, seinen Arbeitsalltag besser zu steuern. Gerade durch dauernd eintreffende E-Mails, die uns aus der eigentlichen Tätigkeit herausreißen, machen wir oft zu viele Dinge gleichzeitig. Erledigen Sie eins nach dem anderen. Und sehen Sie nicht sofort nach, wenn Sie merken, dass eine neue E-Mail eingegangen ist. Reservieren Sie dafür lieber extra Zeit und beantworten Sie die elektronische Post dann auf einmal, statt immer wieder zwischendurch. „Tue das, was du tust", sagt der Asiat.
- Entschleunigen, Innehalten: Ganz nach dem Motto „Wenn du es eilig hast, dann gehe langsam". Nicht nur Disziplin und Fleiß bringen einen weiter, sondern auch der Mut zur Muße. Wer sein Tempo drosselt, der arbeitet am Ende nicht langsamer, sondern effektiver.

Der Tag hat nun einmal nur 24 Stunden. Die erste Stunde am Arbeitsplatz ist meistens auch die ruhigste. Wenn Sie Gleitzeit haben, fangen Sie besser schon eine Stunde vorher an zu arbeiten. Nutzen Sie die ungestörte Phase

am Morgen, um die wichtigsten Dinge zuerst wegzuschaffen.
Es ist deutlich effizienter, sich 90 bis 120 Minuten voll und ganz einer Aufgabe zu widmen, danach eine echte Pause zu machen und sich anschließend wieder voll auf die nächste Aufgabe zu konzentrieren. Wer für schwierige Aufgaben nicht bewusst Zeit einplant, neigt dazu, diese Dinge entweder überhaupt nicht oder in letzter Minute im Schnelldurchgang zu erledigen.

- **Seien Sie konzentriert:** Erledigen Sie Aufgaben, die volle Konzentration erfordern, nicht mehr am Schreibtisch, sondern in einem Besprechungszimmer – fernab von Telefonen und E-Mails. Nehmen Sie keine Anrufe während der Besprechungen entgegen. So dauern Meetings nicht mehr quälend lange, sondern können in der geplanten Zeit abgehalten werden. Schenken Sie den Teilnehmern in diesen Besprechungen die volle Aufmerksamkeit.
- **Schaffen Sie sich arbeitsfreie Inseln:** Selbst wer zu Hause arbeitet, muss Orte besitzen, die für die Arbeit tabu sind. Legen Sie einen Plan für die Freizeit an. Wer Termine hat, ob Theater- oder Kegelabende, lässt sein Büro und seinen Schreibtisch im Stich. Am besten vereinbart man ganz konkrete Termine mit dem Partner oder den Kindern. Legen Sie eine Pufferzeit zwischen Arbeit und Freizeit, damit Sie nicht gestresst aus dem Büro nach Hause kommen, nur um gleich wieder den Computer hochzufahren. Wer sich sportlich betätigt oder spazieren geht, schafft es leichter, in den Feierabend hineinzukommen.
- **„Beherrschen" Sie Ihre E-Mails:** Die Ordnung auf dem Bildschirm ist genauso wichtig wie ein aufgeräumter Schreibtisch. Vermeiden Sie es, mehrere Fenster gleichzeitig geöffnet zu haben. Das lenkt nur ab. Auch das E-Mail-System verlangt nach Ordnung. Lassen Sie sich nicht irritieren: Antworten Sie grundsätzlich nicht auf Mails, die an 30 Leute gleichzeitig verschickt werden. Manche Mitarbeiter glauben, sie müssten sämtliche Kollegen mit Kopien ihrer Korrespondenz überfluten. Verweigern Sie sich dem Datenmüll! Bearbeiten Sie nur noch zweimal pro Tag E-Mails, dies aber mit voller Konzentration; am besten nicht unbedingt in Ihrer täglichen Hochleistungsphase. So ist es möglich, der Nachrichtenflut Herr zu werden und alles abzuarbeiten. Wer tatsächlich in Notfällen sofort eine Antwort braucht, wird ohnehin anrufen.
- **Pflegen Sie eine Ideenkartei, legen Sie ein Sorgenheft an:** Sie werden für Ihre Ideen bezahlt – nicht für die Routine. Ideen kommen oft unverhofft in „Mußestunden". Halten Sie darum Ihre Ideen fest, sonst sind sie schnell vergessen. Notieren Sie auch das, was Sie belastet. Das Hirn speichert die Aktivität als „abgehakt" – und lässt Sie ruhen.

- **Lernen Sie, Nein zu sagen:** Versuchen Sie, nicht nur in der Arbeitsorganisation Selbstbestimmung in einem fremdbestimmten Umfeld zu realisieren. Planen Sie Ihr Arbeitspensum so realistisch und organisieren Sie Ihren Arbeitsablauf so, dass Sie sich nicht selbst in Hektik und Zeitnot bringen. Versuchen Sie, Ihre Aufgaben aktiv statt reaktiv zu bewältigen. Nehmen Sie sich nicht mehr vor, als Sie unter den gegebenen Umständen erledigen können. Planen Sie Pausen und Zeitpuffer für Unvorhergesehenes ein. Lernen Sie, Nein zu sagen – nicht nur bei Terminen. Haben Sie Vertrauen in die Kompetenz Ihrer Mitarbeiter und delegieren Sie alles, was nicht zu Ihrem unmittelbaren Aufgabenbereich gehört. Delegieren heißt auch „loslassen" können.

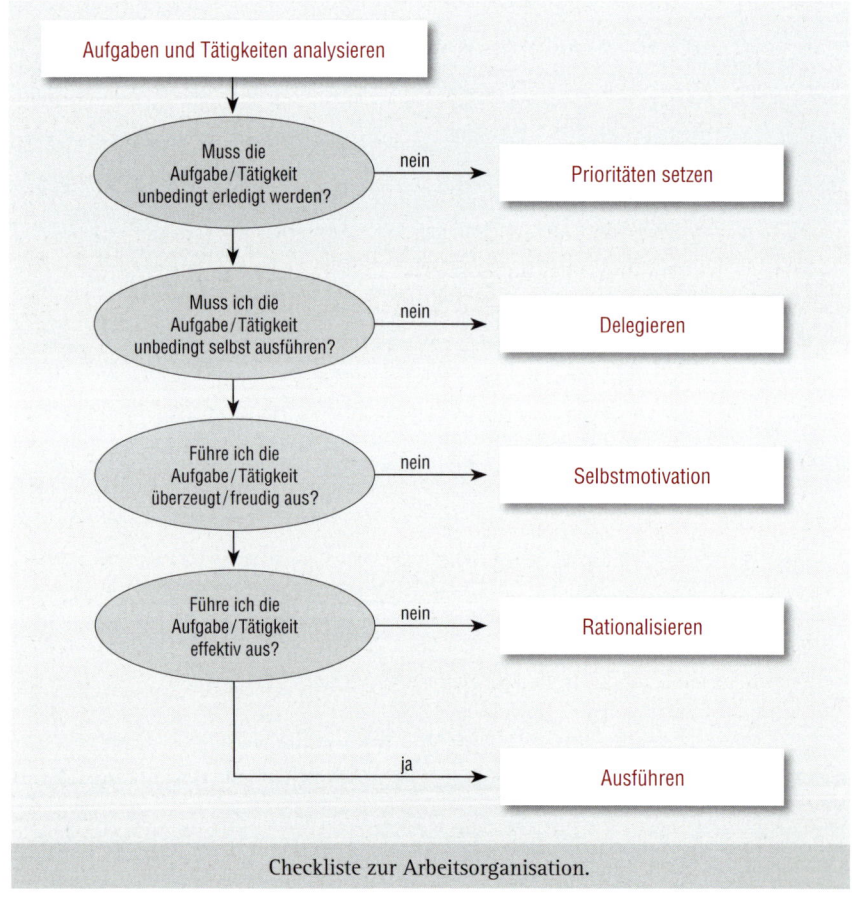

Checkliste zur Arbeitsorganisation.

7.7 Thesen zur Zeit

Noch nie hatten die Menschen so viel Zeit wie heute. Die durchschnittliche Lebenserwartung war noch nie so hoch. Die wöchentliche und die Lebensarbeitszeit waren noch nie so niedrig (Wochenarbeitszeit 1850: 85 Stunden, ab 1918: 48 Stunden, seit den 1950iger Jahren: ca. 40 Stunden).

- Gleichzeitig ist das subjektive Gefühl von Zeitdruck und Zeitnot in der modernen Industriegesellschaft allgegenwärtig. Der Zeitdruck ist zum Normalfall geworden, die Sehnsucht nach Zeit-Wohlstand und Zeit-Freiheit zum herrschenden Alltagsgefühl.
- Wir erleben eine Geschwindigkeitszunahme auf allen Ebenen: Verkehr, Produktionszyklen, Informationsübermittlung usw. Unsere Gesellschaft, speziell das Wirtschaftssystem, setzt auf Beschleunigung um jeden Preis. Schneller = besser. Unbewusst beugen wir uns dem absurd schnellen Takt unserer Gesellschaft und sind so vertraut damit, dass wir erst gar nicht auf die Idee kommen, wir könnten eine Veränderung wünschen. Andere Zeitformen, die produktiv waren und produktiv sind, geraten ins Hintertreffen: das Innehalten, das Warten, die Pausen, das Nichtstun, das Nachklingenlassen, das Abschalten ...
- In unserer Gesellschaft und Kultur hat sich das „lineare Zeitbewusstsein" durchgesetzt, das Zeit als etwas kontinuierlich Fortschreitendes begreift. Es gibt aber auch ein ganz anderes Zeitverständnis. Archaische Gesellschaften empfinden Zeit als ein zyklisches Wiederkehren des Gleichen (Tag – Nacht, Neumond – Vollmond, Jahreszeiten usw.). In vielen Sprachen gibt es auch heute noch kein Äquivalent für „Stunde, Minute, Sekunde".
- Es gibt einen entscheidenden Widerspruch zwischen Zeitbewusstsein einerseits und Zeitempfinden/Zeiterleben sowie Zeiterinnerung andererseits (subjektives Zeitparadox). Es gibt einen Unterschied zwischen mentaler und emotionaler Zeit: Unser Bewusstsein versteht Zeit als immer gleichen monotonen Takt von Sekunden, Minuten, Stunden, wie er durch die Uhr symbolisiert wird. In unserem subjektiven Erleben zieht sich Zeit zusammen oder dehnt sich – je nach der Fülle von Informationen und Gefühl: Zeiten, in denen viel Bedeutsames und Bewegendes passiert, vergehen wie im Fluge; Zeit, in der wenig passiert, zieht sich oft endlos. In der Erinnerung von Zeit ist es genau umgekehrt: Zeiten, in denen wenig Bewegendes passiert, erscheinen in der Erinnerung als kurz. Aufregende Zeiten nehmen einen längeren Zeitraum ein. Dieses Paradox zeigt sich besonders deutlich beim Fernsehen: Hoher Informations-Input führt dazu, dass beim Fernse-

hen die Zeit wie im Fluge vergeht. Da uns in dieser Zeit aber meist wenig wirklich berührt und das Gesehene nichts mit uns zu tun hat, ist der Erinnerungswert gering.

- Moderne Informationstechnologien vernichten Zeit, indem sie Allgegenwart und Zeitlosigkeit einführen. Als Fernsehende müssen wir weder Zeit noch Raum zurücklegen, um Bilder aus aller Welt oder aus allen Zeiten präsentiert zu bekommen. Wir treten mit der Welt in Echtzeit in Kontakt. Die Zeitverzögerung zwischen Gedanken, Handlung oder Antwort schwindet.
- Das Gefühl der rasenden Zeit ist ein Produkt der Arbeitswelt. Sie verlangt hohe Konzentration im Gleichtakt monotoner Abläufe. Die Uhr und ihre Omnipräsenz in den westlichen Industrienationen sind Attribute und Folgen der Industrialisierung.
- Unser Glaube, Zeit sei unser Besitz, den wir nach Belieben vergrößern und vermehren können, ist ein Irrglaube. Die Zeit *gehört* uns nicht. Zeit kann man nicht *haben*. *Nicht die Zeit vergeht, sondern wir vergehen in der Zeit.* Gutes Zeitmanagement ist zwar nützlich, kann uns aber nicht zu mehr Zeit verhelfen.
- Die Welt schwingt in einer Myriade von Rhythmen. Der Mensch ist ein schwingendes System, das einem eigenen inneren Zeitrhythmus (Bio-Rhythmus) folgt. Wichtigste Signalgeberin für den Bio-Rhythmus ist die Sonne. Der natürliche Rhythmus wird durch Impulse (künstliches Licht, Jetlag, Nachtschicht usw.) immer wieder gestört. Ein angemessener Umgang mit der Zeit erfordert die Wieder-Hinwendung zu natürlichen Zeit- und Lebensrhythmen. Es geht um die Zeit, die mit dem individuellen Rhythmus unserer Seele harmonisiert.
- Die Wiederentdeckung der Langsamkeit *(Sten Nadolny)* ist notwendiger und unverzichtbarer Bestandteil der Entwicklung eines ökologischen Zeitbewusstseins. Wir brauchen beides: Beschleunigung und Entschleunigung. Das Empfinden für natürliche Rhythmen und Eigenzeiten müssen wir wieder neu lernen. Wir können lernen, im Fluss der Zeit zu leben, in der Zeit zu sein. Was zählt, ist unsere Einstellung zur Zeit, unser persönlicher Umgang mit ihr.

„Nicht die Zeit nutze ich, sondern ich nutze mich in der Zeit."

(Karlheinz A. Geißler).

Kapitel 8:
Geistige Balance

8.1 Life-Balance: Beruf, Familie und Freizeit

Für die überwiegende Mehrheit der deutschen Berufstätigen wird das gesamte Leben von ihrer beruflichen Position dominiert. Sämtliche anderen Lebensbereiche spielen nur eine untergeordnete Rolle – eine Situation, die die meisten als gegeben hinnehmen. Zeit-Wohlstand ist für diese Menschen eine unbekannte Größe.

Mehr als die Hälfte aller Beschäftigten wünscht sich vor allem mehr Zeit beziehungsweise ein höheres Maß an persönlicher Zeitsouveränität. 51 % würden gerne weniger arbeiten, selbst wenn sie mit Einkommenseinbußen zu rechnen hätten. Jeder sechste Arbeitnehmer ist davon überzeugt, dass der dauernde Zeitdruck nicht nur das Privatleben belastet und die Leistungskraft beeinträchtigt, sondern auch negative Auswirkungen auf die Gesundheit hat.

Nach einer Studie des Marktforschungsunternehmens GfK würden

- 50 % die gewonnene Zeit für mehr Schlaf,
- 47 % für Hobbys und persönliche Interessen,
- 44 % für den Kontakt mit Freunden und Verwandten,
- 42 % fur das Zusammensein mit Kindern und Partner

verwenden.

Alle erwarten von einem geringeren Zeitdruck einen deutlichen Zuwachs an Lebensqualität. So verbringen 80 % der Berufstätigen pro Woche weniger als vier Stunden ihrer Freizeit für sich allein; 25 % wünschen sich hier ein größeres Zeitkontingent. Zum persönlichen Problem wird Life-Balance erst dann, wenn der Betroffene selbst unter dem Gefühl leidet, dass sein Leben aus dem Gleichgewicht geraten ist und er selbst nicht weiß, wie er – angesichts seiner beruflichen Gegebenheiten – zu seinem eigenen Rhythmus zurückfinden kann.

Unter Life-Balance versteht man eine Organisation der Arbeitszeit, die es einem ermöglicht, den gewünschten Rhythmus seines Lebens zu finden. Lebenszufriedenheit resultiert auch aus der Kombination von Güter- und Zeitwohlstand. Beides sind wichtige Voraussetzungen, um ein selbstbestimmtes Leben führen zu können, in dem alle persönlich relevanten Lebensbereiche konfliktfrei miteinander harmonieren. Die Initiative zu einer ausgeglichenen Life-Balance müssen die Betroffenen selbst ergreifen (zum Beispiel Abschied nehmen vom Mythos der Unersetzbarkeit und von dem Glauben, Leistungsfähigkeit lasse sich an der Länge der Arbeitszeit messen).

Mit vagen Vorsätzen von der Art „Ab morgen werde ich weniger arbeiten und mich mehr um mich und meine Familie kümmern" lässt sich das Ungleichgewicht meist nicht lösen. Wenn das eigene Leben aus dem Gleichgewicht geraten ist, geht das nur teilweise auf Fremdbestimmtheiten zurück. Die gegenwärtigen äußeren Lebens- und Arbeitsbedingungen, das Unternehmen oder die Familie sind nicht allein verantwortlich dafür. Mitverursacht wird das Ungleichgewicht auch von uns selbst, von der Art und Weise, in der wir mit den Rahmenbedingungen unseres Alltags umgehen. Erst wenn man weiß, wo man steht, kann man entscheiden, was man künftig ändern, welche konkreten Ziele man erreichen will: mehr Zeit und Engagement für Kinder, intensiveren Gedankenaustausch mit dem Partner, Freiraum für eigene Interessen, Kontakte zu guten Freunden, mehr Zeit für sich.

Zentrale Aktionsfelder einer Burn-out-Prophylaxe sind die sich wechselseitig beeinflussenden Lebensfelder (siehe Abbildung).

Life-Balance ist ein Gleichgewichts-Akt der Selbstfindung. Letztlich geht es darum, bedachtsam und selbstkritisch eine *neue Ordnung in das eigene Leben* zu bringen und sie in einem lebenslangen Prozess des Selbstmanagements aufrechtzuerhalten. Das Halten der Balance ist ein immerwährender Prozess mit unterschiedlichen Prioritäten in den einzelnen Lebensabschnitten. Die wichtigste Voraussetzung für ein ausgeglichenes und glückliches Leben ist die Kunst, sich zu entscheiden.

Ein anzustrebendes Gleichgewicht bleibt immer in Bewegung. Indem ich mich bewusst für eine stärkere Hinwendung zu einem Bereich entscheide, werde ich auch Einschränkungen in den anderen Bereichen akzeptieren müssen. Die Erkenntnis der Dualität, dass jedes Ja zu einem Bereich auch ein Nein zu einem anderen beinhaltet, ist ein Schritt zur Akzeptanz von Entscheidungen. Das heißt nicht, dass man für jeden Lebensbereich gleich viel Zeit investieren sollte. Es geht nicht um Quantität – das Balance-Modell lässt sich nicht rechnerisch lösen – sondern um die Qualität, die man aus seinem Zeiteinsatz gewinnt. Wichtigste Voraussetzung für ein Leben im Gleichgewicht ist Authentizität: Ich selbst bin der wichtigste Mensch meines Lebens [Linneweh 2006].

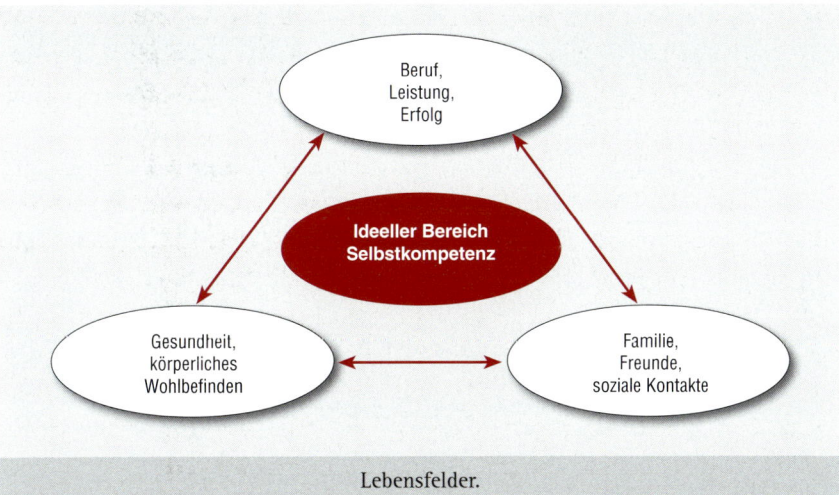

Lebensfelder.

Zu den Lebensfeldern gehören die folgenden Kriterien:

Ideeler Bereich, Selbstkompetenz: Selbstverwirklichung, Visionen, Wertesysteme & Ideale, Religion, persönliche Erfüllung, geistiges Wachstum

Beruf, Leistung, Erfolg: zufriedenstellende Aufgaben, Geld und Erfolg, Karrierechancen, Entwicklungs- und Lernmöglichkeiten, Anerkennung, Selbstbestimmung und Einfluss, Führungs- und Kommunikationskultur

Gesundheit, körperliches Wohlbefinden: körperliche und emotionale Gesundheit, Ernährung, Sport und Bewegung, Entspannung und Muße, Erholung und Schlaf, körperliche Risikofaktoren

Familie, Freunde, soziale Kontakte: Familie/Partnerschaft, Freunde, Geborgenheit, Beziehungsfähigkeit, emotionale Bindung, Freizeitkontakte

Life-Balance bedeutet ein *neues Lebenskonzept mit neuen, veränderten eigenen Prioritäten und Lebenszielen*, das die unterschiedlichen persönlichen Bedürfnisse und Wünsche individuell gewichtet und entsprechend berücksichtigt [Titze 2003]. Life-Balance heißt aber auch, bereit zu sein, sich frei zu machen von äußeren und inneren Zwängen: von Gruppenzwängen am Arbeitsplatz, im Familien- oder Freundeskreis, vom Erwartungsdruck, den Vorgesetzte oder Kollegen ausüben, aber auch von überhöhten Erwartungen an die berufliche Karriere oder einem unrealistisch hohen Anspruchsniveau an sich selbst.

Das persönliche Selbstmanagement wirft folgende Fragen auf:

- Wie stelle ich mir mein Leben im Gleichgewicht vor?
- Was sind meine wirklichen Bedürfnisse, wo sind sie erfüllt und wo ergeben sich Abweichungen?
- Wo liegen die Ursachen für ein Ungleichgewicht?
- Wie erreiche ich eine selbstbestimmte neue Ordnung in Beruf und Privatleben?
- Wie gewinne ich mehr Zeit für das Wesentliche?
- Welche Ziele und Maßnahmen will ich im Beruf und in der Familie sowie in gesundheitlicher und sozialer Hinsicht realisieren?

Test: Der persönliche Energie-Index

Analysieren Sie bitte anhand der folgenden Fragen Ihren gegenwärtigen Energie-Index:

1.	Wie zufrieden sind Sie in Ihren Lebensbereichen (spontan/subjektiv)?										
	Bereich	−5	−4	−3	−2	−1	+1	+2	+3	+4	+5
1.1	Gesundheit	☐	☐	☐	☐	☐	☐	☐	☐	☐	☐
1.2	Familie/Kontakte	☐	☐	☐	☐	☐	☐	☐	☐	☐	☐
1.3	Beruf	☐	☐	☐	☐	☐	☐	☐	☐	☐	☐
1.4	Ideeller Bereich	☐	☐	☐	☐	☐	☐	☐	☐	☐	☐

LIFE-BALANCE: BERUF, FAMILIE UND FREIZEIT

2.	Wieviel Prozent Ihrer aktiven Zeit widmen Sie jedem dieser Bereiche pro Woche? (Die Summe aller vier Lebensbereiche beträgt 100%.)	
	Bereich	
2.1	Gesundheit	%
2.2	Familie/Kontakte	%
2.3	Beruf	%
2.4	Ideeller Bereich	%
	Summe	100%

3.	Multiplizieren Sie nun Ihren Zufriedenheitsfaktor (Frage 1) mit den Zeitprozenten (Frage 2). Sie erhalten Ihren Energie-Index.					
	Bereich	Zufrieden-heitsfaktor	X	Zeitprozente	=	Energie-Index
3.1	Gesundheit		X		=	
3.2	Familie/Kontakte		X		=	
3.3	Beruf		X		=	
3.4	Ideeller Bereich		X		=	
					Summe	

Auswertung des Energie-Index:

Die Summe kann minimal –500 ergeben und maximal +500.

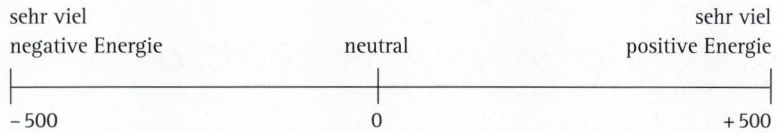

Wie beurteilen Sie das Resultat? Was möchten Sie in Hinsicht auf Ihre persönliche Zufriedenheit oder die aktiv investierte Zeit in den vier Bereichen ändern?

A) Gesundheit

_____
_____
_____
_____
_____

B) Familie/soziale Kontakte

C) Beruf

D) Ideeller Bereich

8.2 Familie und Partnerschaft – der soziale Rückhalt

Mehr als 80% aller Führungskräfte in Deutschland sind auf der Suche nach Möglichkeiten und Wegen, eine Balance zwischen Beruf und Privatleben zu finden. Die Frage ist: Lässt sich eine solche Life-Balance unter den heutigen Arbeitsbedingungen überhaupt realisieren? 90% aller Führungskräfte sind verheiratet oder leben in einer festen Partnerschaft. Die überwiegende Mehrheit gab an, dass sie bei der Erfüllung ihrer beruflichen Aufgaben auf den Rückhalt ihres Partners bauen kann. In Deutschland sind 80% der weiblichen Führungskräfte kinderlos; in allen übrigen Ländern liegt dieser Wert nur bei rund 30%! Ihre Freizeit verbringen alle Befragten überwiegend zusammen mit Partner und Familie. 65% wünschen sich mehr Zeit für gemeinsame Aktivitäten [Streich 2006].

Beruf und Privatleben sind Bereiche mit höchst unterschiedlichen ethischen und moralischen Anforderungen und unterschiedlicher Wertigkeit. Viele Führungskräfte leiden darunter, dass sie in diesen beiden Lebensbereichen nicht selten mit gegensätzlichen oder nur schwer miteinander zu vereinbaren

Verhaltenserwartungen konfrontiert werden und dadurch immer wieder in eine kaum lösbare Konfliktsituation geraten. Unternehmen verlangen von ihren (meist männlichen) Führungskräften in der Regel ein hohes Maß an Mobilitätsbereitschaft, während Ehefrau und Kinder einem Ortswechsel wegen der damit für sie verbundenen hohen sozialen Kosten (wie etwa Verlust des Freundeskreises, Schulwechsel, Eingewöhnung in ein neues soziales Umfeld) fast immer ablehnend gegenüberstehen.

Führungskräfte geraten häufig in eine Lage, bei dem das Leben außerhalb des Berufes zu einer *Restgröße* zusammenschrumpft. Spätestens hier wird deutlich, dass auch das soziale Umfeld der Führungskraft – die Partner, die eigenen Kinder, Freunde, Verwandte und Bekannte – die Kosten einer solchen Lebensweise mittragen muss.

Die meisten Führungskräfte versuchen, sich den divergierenden Rollenanforderungen und den mit ihnen verbundenen Konfliktsituationen dadurch zu entziehen, dass sie sich für eine der beiden folgenden Verhaltensweisen entscheiden, die allerdings beide im Sinne eines erfolgreichen Persönlichkeitsmanagements wenig tauglich sind:

- absolute Priorität des Berufs vor der Familie
- strikte Trennung zwischen beiden Lebensfeldern

Der Bekanntenkreis dieser karriereorientierten Führungskräfte setzt sich meistens ausschließlich aus Berufskollegen und Personen zusammen, mit denen sie im Rahmen ihrer vielfältigen Funktionärstätigkeiten zu tun haben. Diese homogene Zusammensetzung reduziert zum einen die Wahrscheinlichkeit, sich auch einmal mit anderen, unvertrauten Meinungen auseinandersetzen zu müssen; zum anderen lassen sich so berufliche Angelegenheiten problemlos in der Freizeit weiter behandeln. In den Stunden, die sie zu Hause verbringen, möchten diese Menschen vor allem abschalten und in Ruhe gelassen werden. Gemeinsamen Freizeitaktivitäten, wie sie vielleicht von der Ehefrau geplant werden, stehen sie genauso ablehnend gegenüber wie Auseinandersetzungen über familiäre Entscheidungen oder dem Wunsch ihrer Kinder nach gemeinsamen Spielen.

Allmählich entsteht so ein Lebensumfeld, das mit dem der Familie oder früherer Freunde und Bekannter nur noch wenige Berührungspunkte aufweist. Die Führungskraft lebt – von der Familie her gesehen – weitgehend in einer Welt für sich und ist dabei stets in der Gefahr, durch die ausschließliche Fixierung auf Beruf und Karriere den Blick für alternative Lebensgestaltungsmöglichkeiten zu verlieren. Im Extremfall wird der Führungskraft erst bei der Pensionierung deutlich, dass sie im Familienverbund, abgesehen von der materiellen Versorgung, schon seit langem eigentlich keine Aufgabe mehr hat, dass sie hier isoliert und vielleicht sogar überflüssig geworden ist.

Die übrigen Familienmitglieder haben dann schon längst ihren eigenen Freundeskreis aufgebaut und gemeinsame Freizeitaktivitäten ohne den Vater verbracht; wichtige Familienentscheidungen werden entweder von der Ehefrau oder von der *Restfamilie* gemeinsam getroffen und das älteste Kind ist häufig zum Vertrauten der Mutter und zum Berater der jüngeren Geschwister geworden. Häufig wird der Führungskraft erst jetzt bewusst, wie weit man sich in den Jahren auseinanderentwickelt hat. Es ist deshalb keineswegs unwahrscheinlich, dass in einer solchen Familie Probleme manifest werden: Kinder, die ihren Vater nur im Urlaub zu Gesicht bekommen, für die der Vater jemand ist, auf dessen Ruhebedürfnis man zwar Rücksicht zu nehmen hat, den man ansonsten aber kaum kennt, reagieren oft mit aggressivem Verhalten. Eine Ehefrau, die sich vor allem auf den häuslichen Alltag beschränkt sieht, die sich bei familiären Entscheidungen meistens allein gelassen weiß, wird sich vernachlässigt fühlen, entweder irgendwann resignieren oder Aggressionen gegenüber dem Partner und seinen Karrierewünschen entwickeln.

Eine strikte Trennung von Arbeit und Privatleben bringt für Führungskräfte das Risiko mit sich, dass in Zeiten beruflicher Krisen kein unterstützendes privates Netzwerk zur Verfügung steht: Eine Ehefrau, Kinder, Freunde oder Bekannte, die nichts von den beruflichen Aufgaben der Führungskraft und der spezifischen Struktur des Unternehmens wissen, sehen zwar häufig die hohen psychischen und physischen Kosten der Karriere sehr deutlich, sie sind aber kaum in der Lage, bei beruflichen Problemen oder Konflikten wirksame Hilfe zu geben.

Im Coaching zeigt sich immer wieder, dass sich zwar die Führungskräfte selbst dieser Gefahr durchaus bewusst sind, Ihre Lebenspartner jedoch noch sehr viel mehr. Die Frauen sehen genauer und in der Regel auch früher als ihre Ehepartner die hohen Kosten, die die berufliche Karriere ihnen selbst und vor allem ihrem Mann abverlangt; etwa ein Drittel der Frauen von Managern steht deshalb der derzeitigen beruflichen Position des Ehemannes ablehnend gegenüber. Überproportional viele Scheidungen und Trennungen werden beobachtet:

- im Anschluss an einen gemeinsamen Urlaub
- nach dem *Aus-dem-Haus-Gehen* der Kinder (Situation des *leeren Nestes*)
- nach der Pensionierung – im Ruhestand

Partnerschaften sind heute häufig mit vielen Hoffnungen und Erwartungen überfrachtet. Die schwerwiegendste ist wohl die, dass zwei junge Menschen davon ausgehen, miteinander über Jahre und Jahrzehnte alles teilen und glücklich sein zu wollen.

Dabei ist die Persönlichkeitsentwicklung eines Menschen mit Eintritt in das Erwachsenenalter selbstverständlich nicht abgeschlossen. Im Gegenteil ist es recht wahrscheinlich, dass sich Ehepartner im Laufe der Zeit unterschiedlich entwickeln. Dies kann sehr bereichernd sein, wenn jeder dem anderen genügend Spielraum zur Entfaltung der eigenen Persönlichkeit einräumt, wenn trotz unterschiedlicher Entwicklung ein ausreichendes Fundament an Gemeinsamkeiten bleibt und die eigene Entwicklung nicht auf Kosten oder zu Lasten des Partners geht.

Solange wir gesund sind, glauben wir, unser Erfolg und unser Lebensglück hänge vor allem von uns, von unserem Willen und unserem Können ab. Wir fühlen uns stark genug, allein mit allen Herausforderungen und Anforderungen des Lebens fertig zu werden. Wir haben gelernt, Schwächen und Unsicherheiten vor anderen zu verbergen – manchmal sogar vor uns selbst.

Wie sehr wir auf andere Menschen angewiesen sind, wird uns meistens erst dann bewusst, wenn unsere gewohnte Alltagsroutine und Verhaltensmuster auf einmal nicht mehr greifen. Wenn wir eine schwere Lebenskrise durchmachen, rat- und hilflos sind und nicht wissen, wie wir die gegenwärtige Situation bewältigen sollen, wird häufig von einem Moment zum anderen das Bedürfnis nach menschlicher Nähe fast übermächtig stark. Wir merken plötzlich, dass wir allein doch nicht so stark und autonom sind, wie wir bisher geglaubt haben. Wir sehnen uns plötzlich danach, einen anderen Menschen um uns zu haben, der uns liebt, dem wir vertrauen, vor dem wir unsere Hilflosigkeit und unsere Ängste nicht überspielen müssen. Wir brauchen jetzt jemanden, der uns versteht und bereit ist, uns beizustehen und uns bei der Lösung unserer Probleme zu unterstützen.

Wer in Zeiten psychischer Not nicht allein ist, sondern weiß, dass er bei Menschen, die ihm nahestehen, Trost und Verständnis, Beistand und Ermutigung findet, kann schneller gesunde und effektivere Bewältigungsstrategien entwickeln. Das trifft selbst dann zu, wenn die Beziehung eher angespannt ist oder unbefriedigend verläuft. Wichtig ist, dass die Beziehung auf Dauer verlässlich ist. Familie und Freundeskreis sind auch insofern für Salutogenese, d. h. Gesundheitsentstehung und für Prävention von Bedeutung, weil hier gesundheitsförderliche Lebensweisen kultiviert werden können, wie zum Beispiel gesunde Ernährung,

Ruhe, Sport, Humor, Lachen, Freude. Außerdem können hier fast alle kleineren Erkrankungen kuriert werden.

Unter sozialem Rückhalt, *social support*, versteht man soziale Interaktionen oder Beziehungen, die eine Person konkret unterstützen oder in einen sozialen Zusammenhang einbetten. Von Bedeutung für die Gesunderhaltung sind dabei mehr die Möglichkeit mitmenschlicher Kontakte und das Angebot sozialer Unterstützung als deren tatsächliche Inanspruchnahme.

Singles können ihre emotionalen Bedürfnisse auch bei besonders guten Freunden oder in der Herkunftsfamilie befriedigen. Gleichgewicht bedeutet, mit sich selbst im Reinen zu sein und mit anderen Menschen, die einem wichtig sind, im Einklang zu leben. Es spielt keine Rolle, wo man seine emotionalen Bedürfnisse erfüllt – Hauptsache, sie werden erfüllt: Familie, Freunde, soziales Engagement, Freizeitaktivitäten oder ehrenamtliche Tätigkeiten bieten sich an.

Empfehlungen, die eine Partnerschaft stärken:

- Zuhören: Ein offenes Ohr für die Sorgen des Partners signalisiert dem anderen: Du bist mir wirklich wichtig.
- Den Partner nie bloßstellen: Was auch immer passiert: In der Öffentlichkeit sollte das Paar ein Team sein, einer den anderen unterstützen. Kritik findet grundsätzlich nur unter vier Augen statt.
- Loslassen können: Persönliche Freiräume sind wichtig, um den *Akku* wiederaufzuladen, eigenen Interessen nachzugehen. Beide Partner sollten das akzeptieren.
- Streiten lernen: Eine konstruktive Auseinandersetzung bringt auf Dauer mehr als das Schweigen um des lieben Friedens willen. *Streitehen* halten besser.
- Schwächen verzeihen: Jeder Partner sollte drei Schwächen guthaben, die der andere toleriert.
- Gefühle zeigen: Einmal „Ich brauche Dich" sagen, bringt mehr als viele teure Geschenke.
- Sich pflegen: Eine Beziehung muss man sich jeden Tag neu erarbeiten; auf das Äußere achten und nicht nachlässig werden.
- Gemeinsame Ziele anstreben: Zusammen planen – das verbindet und stärkt den Teamgeist. Dazu kommt das gemeinsame Glücksgefühl, wenn die Ziele erreicht sind – und wenn es nur eine gelungene, gemeinsam organisierte Karnevalsfeier ist.

Übung: Analyse des soziales Umfeldes

„Sage mir, mit wem Du umgehst, und ich sage Dir, wer Du bist."

Mit den nachfolgenden Fragen haben Sie die Möglichkeit, die Wirkung der Menschen in Ihrem Umfeld zu analysieren:	
A.	Partnerschaft
■	Unterstützt mich mein Partner bei meiner Entwicklung?
■	Worauf muss ich wegen meines Partners Rücksicht nehmen oder verzichten?
■	Was mag ich an meinem Partner besonders? Was stört mich besonders?
■	Was vermisse ich an meinem Partner in meiner Partnerschaft?
■	Wo sehe ich Stärken und Schwächen in der Beziehung?
■	Wie sehe ich die zukünftige Entwicklung meiner Beziehung?
B.	Kinder
■	Wie ist die Beziehung zu meinem Kind/meinen Kindern?
■	Wie viel Zeit verbringe ich mit meinen Kindern?
■	Wie fördere ich meine Kinder?
■	Worauf verzichte ich wegen der Kinder?
■	Wodurch bereichern meine Kinder mein Leben?
C.	Eltern
■	Wie ist/war die Beziehung zu meinen Eltern?
■	In welcher Hinsicht schränken mich meine Eltern ein?
■	Welche Normen, die ich von den Eltern übernommen habe, fördern oder behindern mich?
■	In welcher Hinsicht sind meine Eltern Vorbild für mich?
D.	Freunde
■	Welche Freunde tun mir gut/stärken mich?
■	Welche Freunde sehe ich zu selten?
■	Mit welchem Freund möchte ich mal etwas Größeres unternehmen/angehen?
■	Wen kann ich anrufen, wenn es mir schlecht geht?
E.	Zusammenfassung
■	Welche besonderen Probleme bestehen derzeit in meinem sozialen Umfeld?
■	Was kann ich tun, um diese Schwierigkeiten zu überwinden?
■	Welche Ziele habe ich für meine Ehe/Partnerschaft (kurz-, mittel- und langfristig)?
■	Welche Ziele habe ich in Hinsicht auf meine Kinder?
■	Welche Reibungspunkte will ich abbauen?
■	Welche gemeinsamen Aktivitäten (Hobbys) will ich beginnen oder verstärken?
■	Was werde ich tun, um „echte" Freunde zu behalten/gewinnen?

8.3 Lebensprioritäten

Das Gleichgewicht zwischen Beruf und Privatleben ist kein statischer Zustand, sondern ein Prozess, der im Lauf des Lebens Korrekturen und Neubewertungen erfordert. Je nach Lebensphase oder aktuellen Ereignissen (zum Beispiel wenn die Kinder das Elternhaus verlassen) können sich die Prioritäten verändern. Gleich bleibt nur das übergeordnete Ziel: Schritt für Schritt durch die Ausübung der Verantwortung für sich selbst mehr Lebensqualität zu erreichen. Dies erfordert viel Geduld mit sich selbst, denn kaum etwas ist schwerer zu verändern als eingeschliffene Verhaltensweisen. Gelegentliche Rückfälle in den alten Lebensstil lassen sich kaum vermeiden. Statt zu resignieren, sollte man sich an die Lebensweisheit erinnern:

„Gott gebe mir die Gelassenheit, Fremdbestimmtheiten zu ertragen, die Kraft, das zu verändern, was ich verändern kann, und die Weisheit, zwischen beidem zu unterscheiden".

Auf den Punkt gebracht, heißt dies:

Love it,
change it,
or leave it,
but change yourself.

Man sollte seine Ziele also häufiger überprüfen. Qualitative Überprüfung eigener Ziele heißt, wiederzuentdecken, dass es auch selbstbestimmte Zielsetzungen und Wünsche gibt, die einem jenseits des täglichen, fremdbestimmten Umfeldes Freude, Erfolg und höhere Stresstoleranz bringen. Für Führungskräfte bestehen Konflikte vor allem zwischen dem Beruf, der Öffentlichkeit und der Familie. Die gleichzeitige Anhäufung von Belastungssituationen in mehreren Bereichen (Arbeitsplatz und Familie) und nicht erfüllte Aufstiegswünsche sind hohe psychische Belastungen. Wer sich ständig eingeklemmt fühlt zwischen *oben und unten*, wie es zum Beispiel in mittleren Leitungsebenen heute häufig der Fall ist, wird mit der Zeit zermürbt.

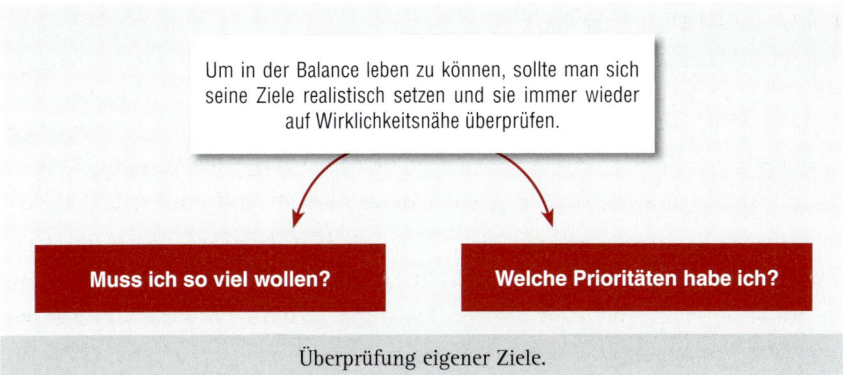

Überprüfung eigener Ziele.

Wenn man den Beruf an die erste Stelle seiner Lebensprioritäten setzt, ist man in jedem Fall gefährdet. Für Führungskräfte ist ein Wertesystem interessant, welches das traditionelle amerikanische Management kennzeichnet. Dort bezieht sich Führung auf:

- sich selbst
- die Familie
- die Nachbarschaft
- den Job

Diese Rangfolge resultiert aus der amerikanischen Geschichte: Der Pionier musste lernen, sich selbst zu führen. Die Familie war die Basis seines Erfolges, auf soziale Beziehungen war er angewiesen, sein Job war letzten Endes austauschbar. Die Familie spielt in den USA auch heute eine wesentliche Rolle – nicht nur in Wahlkämpfen, sondern auch bei Bewerbungen, wo bei Einstellungsgesprächen die Ehefrauen dazugebeten werden. Ein intaktes Familienleben gilt als stress- und konfliktausgleichend. Die sozialen Beziehungen in Vereinen und Clubs dienen weniger den Statusansprüchen als in Deutschland. Für welche Rangfolge Sie sich in Ihrem Leben auch entscheiden, die Führung der eigenen Person sollte immer an erster Stelle stehen. Nur so erhalten Sie sich die Kraft zur Setzung Ihrer Lebensprioritäten. Fragen Sie sich auch: *Vor wem verantworte ich mein Tun?*

Das Verhältnis von Arbeitsordnung und Geschlechterrollen, von Arbeitsplatz, Familie und Haushalt, von Arbeit und den anderen Lebensbereichen ordnet sich neu. In der Ferne taucht eine Arbeitsgesellschaft neuen Typs auf, in der nicht mehr allein die Erwerbsarbeit über Einkommen, Ansehen, Sicherheit und Lebenssinn eines Menschen entscheidet, sondern ebenso soziales Engagement und der Einsatz für Familie und Freunde. Das, was wir Persönlichkeitskompetenz nennen, wird einen immer zentraleren Raum einnehmen.

Das Thema Sinnhaftigkeit des eigenen Lebens kann nur als Energiequelle dienen, wenn wir unsere Stärken kennen und unsere Prioritäten konsequent nach ihnen ausrichten. Dabei helfen uns die folgenden grundlegenden Verhaltensweisen:

- Bei der Arbeit so weit wie möglich die Dinge tun, die wir am besten können und die uns die größte Freude machen.
- Unsere Zeit und Energie bewusst auf die Bereiche des Lebens konzentrieren, die uns am wichtigsten sind, sei es Arbeit, Familie, Gesundheit oder Ehrenämter.
- Dafür sorgen, dass unser alltägliches Verhalten mit unseren grundlegenden Wertvorstellungen übereinstimmt.

Persönlichkeit und Wachstum

- Ich weiß, wer ich bin und was ich will.
- Ich entscheide, was ich tue.
- Wenn ich mich für etwas entscheide, entscheide ich mich auch gegen etwas.
- Ich kann, weil ich weiß, was ich will.
- Ich weiß erst, was ich kann, wenn ich es versucht habe.
- Wenn ich keine Visionen zulasse, begrenze ich mich.
- Bei allem, was ich tue, achte ich sorgsam auf mich.

8.4 Werte

Wir sind von den Normen und Werten, die uns im Elternhaus vorgelebt wurden und die uns bei der schulischen und beruflichen Ausbildung begegnet sind, geprägt worden. Mit dem Heranwachsen reift das Verständnis jedes Menschen für *Recht* und *Unrecht*. Jeder entwickelt individuelle Vorstellungen von Dingen, die er ablehnt und die er für gut erachtet, von Menschen, die er mag und die er nicht mag. Dieser kontinuierliche Prozess verlangsamt sich im Laufe des Lebens; bei einigen kommt er sogar zum Stillstand. Wir bezeichnen Menschen, die nicht mehr bereit sind, ihre Wertvorstellungen kritisch zu überdenken und gegebenenfalls anzupassen, als *Prinzipienreiter*. Sie erscheinen uns unflexibel, weil sie nicht in der Gegenwart leben, sondern unkritisch an Vergangenem festhalten.

Es ist ein Balanceakt, der von jedem Einzelnen gefordert wird: Was gestern richtig war, muss heute keine Gültigkeit mehr besitzen. Umgekehrt besinnen sich heute wieder viele Menschen auf überlieferte Werte. Die traditionellen Wertegeber wie Kirche, Familie, Politik haben an Bedeutung verloren. An die Stelle allgemeinverbindlicher Werte ist ein ethisches Vakuum getreten, doch zugleich ist eine Vielzahl neuer Werte auf dem Markt, beispielsweise durch das zunehmende Ökologiebewusstsein oder die Esoterikwelle.

Diese Entwicklung hat eine negative und eine positive Seite. Für viele Menschen stellt sich die wachsende Orientierungslosigkeit als Nachteil dar. Welche Werte sind denn noch verbindlich? Jeder sagt etwas anderes. Eine bewusste ethische oder religiöse Erziehung bildet heute eine große Ausnahme. Für selbstverantwortliche Menschen bietet die heutige Situation dagegen den Vorteil, dass sie ihre persönlichen Werte ohne Bevormundung frei wählen können. Werte, die auf tiefer Überzeugung beruhen, haben eine viel stärkere Verbindlichkeit. Diese Menschen tragen die Verantwortung für ihre Entscheidungen und Handlungen ganz bewusst.

Wertvorstellungen verschieben sich auch individuell im Laufe des Lebens. Wenn wir etwa feststellen müssen, dass unsere bislang hochgehaltenen Werte wie Leistung und Erfolg uns gesundheitlich ruinieren, gewinnt Gesundheit plötzlich als Wert größeres Gewicht. Je weniger die äußeren Dinge des Lebens Sicherheit und Erfüllung bieten, desto stärker wendet man sich nach innen – auf der Suche nach innerer Sicherheit und Erfüllung.

- Werte bilden die ethische Basis meines Lebens – ohne Werte keine Orientierung.
- Werte beeinflussen meine Wünsche und die Frage, wie ich sie verwirkliche.
- Werte schaffen Stabilität, indem sie Entscheidungskriterien bieten und Prioritäten aufzeigen.
- Ich habe die Wahl, ob ich zum Opfer der wachsenden gesellschaftlichen Orientierungslosigkeit werde oder ob ich meine persönlichen Werte bewusst wähle und damit Verantwortung für mich übernehme.
- Wertefindung bedeutet, mir mein eigenes Wertesystem bewusst zu machen und aktiv daran zu arbeiten.

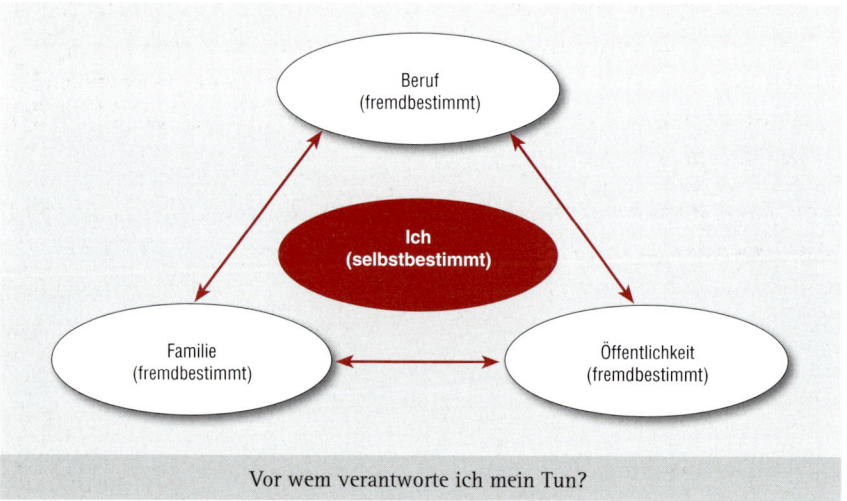

Vor wem verantworte ich mein Tun?

Die 10 Gebote der Gelassenheit

1. Nur für heute werde ich mich bemühen, den Tag zu erleben, ohne alle Probleme meines Lebens auf einmal lösen zu wollen.
2. Nur für heute werde ich mich mit größter Sorgfalt um mein Auftreten kümmern: vornehmlich in meinem Verhalten; ich werde niemanden kritisieren; ja, ich werde nicht danach streben, die anderen zu korrigieren oder zu verbessern, ... höchstens mich selber.
3. Nur für heute werde ich in der Gewissheit glücklich sein, dass ich für das Glück geschaffen bin; nicht für die andere, auch für diese Welt.
4. Nur für heute werde ich mich den Umständen anpassen, ohne zu verlangen, dass die Umstände sich meinen Wünschen anpassen.

5. Nur für heute will ich eine halbe Stunde meiner Zeit meiner körperlichen oder seelischen Gesundheit widmen, der Entspannung, einer guten Lektüre oder körperlichen Betätigung.
6. Nur für heute werde ich eine gute Tat vollbringen und ich werde es niemandem erzählen.
7. Nur für heute werde ich eine Sache erledigen, zu der ich keine Lust habe.
8. Nur für heute werde ich mir ein Programm aufstellen. Vielleicht halte ich mich daran, aber ich werde mich vor zwei Übeln hüten: der Hetze und der Unentschlossenheit.
9. Nur für heute werde ich fest glauben – selbst wenn die Umstände dem widersprechen sollten –, dass eine gütige höhere Macht sich um mich kümmert, als gäbe es sonst niemanden auf der Welt.
10. Nur für heute werde ich keine Angst haben. Ganz besonders werde ich keine Angst haben, mich an allem zu freuen, was schön ist, und an die Güte zu glauben.

[Von: Papst Johannes XXIII. (1881–1963); in Anlehnung an den „Dekalog der Gelassenheit"]

8.5 Lebensphasen

Bis Mitte der 70er-Jahre des vergangenen Jahrhunderts war das Erwachsenenalter in unserer Gesellschaft ein Lebensabschnitt mit einer relativ klar gegliederten altersmäßigen Rollenverteilung. Markante Wendepunkte waren Schul- und Universitätsabschluss, erster Job, Heirat, erstes Kind, Hausbau, Jubiläen, Auszug der Kinder, Ende der Berufstätigkeit.

In den letzten 30 Jahren haben sich diese Marker nicht nur verschoben, sie haben auch ihren zwingenden Charakter verloren. Nicht selten leben 30-Jährige heute noch bei ihren Eltern, werden 40-jährige Frauen zum ersten Mal schwanger, entscheiden sich 50-Jährige für einen neuen beruflichen Anfang, beginnen 65-Jährige ihr erstes Studium, werden 60-Jährige gleichzeitig Großvater und Vater in zweiter oder dritter Ehe.

Es eröffnen sich völlig neue Chancen und Möglichkeiten der individuellen Lebensgestaltung. Biographien verlaufen heute nicht mehr geradlinig und sind nicht mehr langfristig planbar. Da Umorientierungen und radikale Neuanfänge an jedem Punkt des Lebens möglich oder sogar notwendig sind, müssen Erwachsene heute ihr Leben mit mehr Vorsatz betrachten und flexibler mit sich bietenden Möglichkeiten umgehen als in früheren Generationen.

Das *gegenwärtige Erwachsenenalter* repräsentiert eine Generation, die mit Informations- und Kommunikationstechnologien (Computer, Handy, Internet) in relativem Wohlstand aufgewachsen ist und sich momentan mit wirtschaftlichen und sozialen Risiken konfrontiert sieht. Die persönliche Zukunft ist kaum noch planbar oder vorhersehbar, der Begriff *vorläufig* steht für das vorherrschende Lebensgefühl.

Zentrale Aufgaben am Beginn dieser Lebensphase sind die Entscheidung für eine bestimmte berufliche Ausbildung und die Suche nach einer der eigenen Qualifikation und den eigenen Wunschvorstellungen angemessenen beruflichen Tätigkeit. Es geht darum, den ersten Job zu finden und sich in ihm zu bewähren.

Wer seinen Platz im Berufsleben noch nicht gefunden hat, wer materiell noch nicht auf eigenen Füßen stehen kann, ist von der finanziellen und emotionalen Unterstützung seiner Eltern abhängig und wird deshalb die für diese Altersphase anstehende *Ablösung vom Elternhaus* als unerledigte Aufgabe in eine spätere Lebensphase hinübernehmen.

Wer einen sicheren und zufriedenstellenden Arbeitsplatz mit entsprechender materieller Absicherung findet, wird sich von seinem Elternhaus lösen, ein eigenständiges Leben organisieren und die Verantwortung für die Zukunft übernehmen. Das ist oft nicht einfach, denn für die heute 18- bis 30-Jährigen gibt es kaum tradierte Lebensmuster. Dies kann zu einer ersten Krise, der sogenannten *quarter-life-crisis* führen.

Wer sich nicht sicher sein kann, in den nächsten Jahren eine verlässliche berufliche Perspektive zu haben, wird die Entscheidung für oder gegen eine feste Bindung, für oder gegen eigene Kinder zu diesem Zeitpunkt noch nicht treffen. Gerade zu Beginn erfordern viele berufliche Karrieren ja ein hohes Maß an Mobilität und familiärer Ungebundenheit.

Vor allem gut ausgebildete, beruflich erfolgreiche Frauen in einer festen Partnerschaft stehen vor der Frage: „Beruf oder Kinder? Was ist mir wichtiger?" Immer mehr Frauen entscheiden sich, diese Frage noch etwas ruhen zu lassen und Karriere zu machen und die Vorzüge eines relativ ungebundenen Lebens

(Reisen, anspruchsvolle Freizeitaktivitäten) so lange wie möglich zu genießen. Auch die Entscheidung „Single oder nicht?" wird oft auf später verschoben.

Das *erste Erwachsenenalter* umfasst die Altersgruppe der 30- bis 45-Jährigen. Oft werden ungelöste Probleme des vorläufigen Erwachsenenalters in diese Phase mit hineingenommen.

Der *30. Geburtstag* ist für viele ein kritisches Datum, das nicht selten Monate vorher Ängste und Verunsicherungen auslöst. Plötzlich ist man selbst in dem Alter, in dem früher Eltern oder Lehrer waren, die einem damals „uralt" vorkamen. Häufig ist der 30. Geburtstag Anlass, zum ersten Mal im Leben Bilanz zu ziehen:

- Was hat man bisher erreicht?
- Feste Bindung, unterstützende Partnerschaft?
- Ausbau der beruflichen Karriere?
- Frauen: Karriere oder Kinder? Oder beides wagen?

Zwischen 30 und 40 Jahren ist die körperliche und geistige Leistungsfähigkeit auf dem Höhepunkt. Vor allem für Männer besteht die Gefahr, die berufliche Karriere zum Zentrum ihres Lebens zu machen. Der damit verbundene Verlust an Lebensqualität wird als *momentan nicht änderbar*, als *Preis, den man für beruflichen Erfolg und materielle Sicherheit nun einmal zahlen muss*, hingenommen. Frauen sind eher darum bemüht, auch bei hoher beruflicher Belastung eine Balance zwischen Arbeit und Privatleben aufrechtzuerhalten. Berufstätige Frauen mit Kindern sind in diesen Jahren einem hohen körperlichen und psychischen Belastungspotenzial ausgesetzt.

Mit dem *40. Geburtstag* ist das Datum der sogenannten *Midlife-Crisis* erreicht.

- Die Hälfte des aktiven Lebens ist voraussichtlich vorbei.
- Man entdeckt an sich erste Anzeichen des Älterwerdens.
- Die eigenen Kinder sind plötzlich in einem Alter, das man gerade erst hinter sich gelassen zu haben meint.
- Man macht sich ernsthafte Sorgen um die persönliche berufliche Zukunft.
- Man hinterfragt die Sinnhaftigkeit des eigenen Tuns. Der Wunsch nach einem persönlich befriedigenden Gleichgewicht zwischen Arbeit und Leben stellt sich immer dringlicher.

Männer stürzen sich noch mehr in ihre Arbeit, um so der Auseinandersetzung mit sich selbst und dem Älterwerden zu entgehen. Frauen nutzen, nach der

Phase der Doppelbelastung durch Kinder und Beruf, häufig auch nach einer Scheidung, in immer größerer Zahl erfolgreich die Chance für einen *zweiten Start*.

Aufgaben gegen Ende des ersten Erwachsenenalters:

- Erkennen Sie, wer Sie sind.
- Akzeptieren Sie Ihre Grenzen.
- Finden Sie heraus, was Ihnen jetzt und für Ihr weiteres Leben wirklich wichtig ist.

Das *zweite Erwachsenenalter* (ab 45 Jahren) umfasst die letzten Berufsjahre und die Zeit des Ruhestands.

Beruflich befinden sich die meisten Menschen jetzt auf dem Höhepunkt ihrer Karriere oder kurz davor. Wesentlich mehr als das bisher Erreichte wird sich kaum noch realisieren lassen, es sei denn, man hat sich gegen Ende des ersten Erwachsenenalters noch einmal für einen radikalen Neuanfang entschieden.

Für immer mehr Menschen um die 50 ist die Sorge um die Sicherheit des eigenen Arbeitsplatzes ständig präsent. Die Chancen, in diesem Alter einen neuen, ihren Fähigkeiten angemessenen Job zu finden, sind gering. Einen zweiten Start trauen sich Menschen mit zunehmendem Alter immer weniger zu.

Ist man jedoch beruflich und materiell abgesichert, sind die Kinder aus dem Haus, lässt sich das zweite Erwachsenenalter dazu nutzen, *aktive Vorbereitungen für den Ruhestand* zu treffen. Dazu gehört zum Beispiel die Reaktivierung lange vernachlässigter Interessen und Hobbys, das Bemühen um soziale Kontakte, die über den Kollegenkreis hinausgehen, Maßnahmen zum Erhalt der körperlichen Gesundheit, der geistigen Fitness etc.

Gegenüber früheren Generationen finden heute in der Zeit nach dem Berufsleben die größten Veränderungen statt: Nie zuvor hatten Menschen eine so hohe Lebenserwartung. Und nie waren Menschen der sogenannten *silver generation* so gesund und vital wie zu Beginn des 21. Jahrhunderts. Nie gab es so viele Möglichkeiten, auch jenseits der 60 weiterhin beruflich aktiv zu sein, das Leben noch einmal neu zu organisieren, einen Neuanfang zu wagen, sich Träume zu erfüllen, die bisher immer zurückgestellt werden mussten.

Je eher man sich auf sein Leben in der nachberuflichen Phase vorbereitet, desto geringer ist die Gefahr, mit Beginn des Ruhestands in das berüchtigte schwarze Loch zu fallen, und desto größer sind die Chancen, die immensen Möglichkeiten, die dieser Lebensabschnitt heute bietet, zu nutzen. Fragen nach der eigenen Identität, dem Sinn des Lebens, nach Endlichkeit, möglichen Krankheiten und Tod, die mit zunehmendem Alter stärker in den Vordergrund rücken, sollte man nicht länger ausweichen. Es ist nun an der Zeit, seine ganz persönlichen Antworten zu finden.

Übung: Lebensphasen

Überlegen Sie, in welcher Lebensphase Sie sich befinden und wie diese mit den obigen Inhalten korreliert. Kennen Sie Ihre Werte in der jetzigen Lebensphase? Werte sind das, was für Sie persönlich am wichtigsten ist. Das, worauf Sie auf keinen Fall verzichten möchten, Ihre Prinzipien also, das, was Ihnen am meisten gibt im Beruf, in der Familie und Partnerschaft, in der Freundschaft, im Leben allgemein.

Wer seine Werte nicht kennt, weiß nicht, was ihn glücklich und zufrieden macht, ihn ins Gleichgewicht bringt. Wer seine Werte kennt, weiß was er tun wird, wohin er gehen wird, welche Ziele er wählen wird, damit sein Leben einen Sinn hat.

8.6   Lebenssinn

Erst wenn man sich über eigene Ziele, Möglichkeiten und Grenzen Klarheit verschafft hat – und Denk- und Verhaltensgewohnheiten, Leitbilder und Wertvorstellungen, Ansprüche an sich selbst und andere, Wünsche und Träume, Bedürfnisse, Stärken und Schwächen, Ängste und Voreingenommenheiten einer kritischen Prüfung unterzogen hat –, kann man sein Leben im Sinne einer umfassenden Burn-out-Prophylaxe ausrichten. Es geht darum, für sich selbst Antworten zu finden auf die Frage nach dem Sinn des eigenen Lebens, nach der persönlichen Lebensperspektive. Nur durch Kontemplation und geduldige Selbstreflexion kann man hoffen, zu sich selbst zu finden, um sich innerhalb der gegebenen Rahmenbedingungen aktiv verwirklichen zu können.

Jede intensive Beschäftigung mit dem eigenen Leben, mit der eigenen Vergangenheit, der persönlichen Zukunft und der momentanen Situation wird irgendwann in die Frage nach dem Sinn des Lebens münden. Wer sich einmal auf diesen Weg begeben hat, wird dabei mit Sicherheit nicht nur Anstrengung und eventuell sogar Frustration erleben, sondern vor allem Sinnhaftigkeit, Freude, Selbsterfüllung, Ansporn, Zufriedenheit und vielleicht sogar Augenblicke des Glücks. Subjektiv sinnvolle Lern-, Arbeits- und Freizeitziele tragen zu einem lebenswerten Leben bei. Sich persönliche Ziele zu setzen und diese zu verfolgen, sich einer Sache zu verpflichten und engagiert zu handeln, all dies schützt und stärkt die Gesundheit.

Das Erleben von Sinn ist davon abhängig, ob man sich selbst als einflussreich und wirksam erlebt (Selbstwirksamkeit). Damit ist allerdings nicht eine stark kontrollierende Haltung („Ich muss alles im Griff haben!") gemeint, mit der man für sich und die Umwelt Stress produziert. Das Gefühl, dem Schicksal oder anderen Menschen hilflos ausgeliefert zu sein, führt zu „erlernter Hilflosigkeit", die als eine Ursache für Depression angesehen wird.

Das Leben erscheint Menschen sinnvoll,

- ... **wenn Ziele vorhanden sind:** Menschen haben das Bedürfnis nach Zielen. Auf Dauer ist Ziellosigkeit für die meisten Menschen kaum erträglich.
- ... **wenn es durch Wertvorstellungen geprägt wird:** Persönliche Wertvorstellungen – die sich etwa auf religiöse, moralische oder politische Überzeugungen stützen – geben dem Leben eine Orientierung.
- ... **wenn es als kontrollierbar erlebt wird.**
- ... **wenn man sich als wertvoll und wichtig erlebt:** Günstige Erziehungseinflüsse in der Kindheit schaffen hingegen den Rahmen für eine gesunde Entwicklung des Vertrauens in sich und andere. Je sicherer das Selbstwertgefühl, desto unwichtiger wird die externe Selbstbestätigung durch Leistungen, durch begründete oder unbegründete Gefühle von Überlegenheit oder durch Zugehörigkeit zu prestigeträchtigen Gruppen.

Wenn Sie sich selbst entdecken, Ihren Ängsten, aber auch Ihren Hoffnungen begegnen, wenn Sie bereit sind, nicht nur die eigenen Stärken, sondern auch die eigenen Schwächen anzunehmen, öffnet sich nicht nur die Möglichkeit der Selbstverwirklichung, sondern auch die Möglichkeit, Ihr Leben zu leben. Wenn Sie bereitwillig akzeptieren, dass das Leben begrenzt ist, wenn Sie begreifen, dass es ein *zu spät* gibt und deshalb Pläne, Hoffnungen und Wünsche nicht unendlich aufschiebbar sind, wenn Sie einsehen, dass es immer Aufgaben geben wird, die als unerledigt an die nachkommende Generation weitergegeben werden müssen, können Sie der Resignation etwas entgegensetzen:

- Sie werden Gründe zum Handeln und Ziele finden, für die es sich lohnt zu leben.
- Sie werden den Mut finden, sich zu engagieren und sogar gegen den Strom zu schwimmen.
- Sie werden der Gegenwart nicht länger entfremdet gegenüberstehen, sondern sinnvoll an ihr Anteil haben.

Übung: Sinnfragen

Was wir erreichen wollen, ist Klarheit zu gewinnen in Bezug auf unseren weiteren Lebensweg, auf unsere Hoffnungen, Träume, Ängste und Befürchtungen und auf die in uns liegenden Möglichkeiten. Wir können hier nur Anregungen für solche Fragestellungen geben. Wenn Sie sich eine Zeitlang damit beschäftigt haben, werden Sie sicher selbst auf die für Sie persönlich wesentlichen Fragestellungen stoßen. Fragen Sie sich z.B. [Le Shan 1977]:

Wenn ich der wäre, der ich sein möchte,

- ... wie wäre ich dann?
- ... worauf wäre ich bezogen?
- ... was würde ich schaffen?
- ... wie würde ich handeln?
- ... wie würde ich fühlen?
- ... was empfinde ich diesem Menschen gegenüber?
- ... was zieht mich an ihm an?
- ... was erschreckt mich an ihm?
- ... was führt mich zu diesem Ziel?
- ... was hindert mich, mich ihm zu nähern?

Wie möchte ich lieben können?

- Wie liebe ich eigentlich?
- Wünsche ich mir, intensiver lieben zu können?
- Was lässt mich dies wünschen?
- Was hindert mich, dies zu tun?
- Gibt es etwas in der Liebe, das ich fürchte?
- Inwieweit ist diese Angst begründet?
- Was bedeutet dies alles für die übrigen Bereiche meines Seins?

Wie müsste ich mein Leben gestaltet haben, damit ich einmal – an seinem Ende – sagen kann, es hat sich gelohnt, es war ein erfülltes, gutes Leben?

- Wie ist mein Leben bisher gewesen?
- Von welchen Wertvorstellungen habe ich mich leiten lassen?
- Welche anderen Werte erscheinen mir für mich wesentlich?
- Wünsche ich mir, mein Leben zu ändern?
- Was hindert mich, anders zu sein?
- Wie kann ich mein Leben verändern?
- Was würde das für mich und meine Mitmenschen bedeuten?

Kapitel 9:
Konsequenzen und Neubeginn

9.1 Inventur des bisherigen Lebens

Die Suche nach einer tragfähigen Life-Balance muss mit einer Selbstreflexion und einer Inventur des bisherigen Lebens beginnen, bei der Prioritäten, Ziele, Werte und Wünsche einer kritischen Prüfung unterzogen werden:

- Was bestimmt mein Tun?
- Was ist mir wirklich wichtig?
- Was kommt zu kurz?

Auch wenn es, angesichts der großen individuellen Unterschiede, keine Patentrezepte für einen erfolgreichen Umgang mit den hohen Belastungen geben kann, lässt sich der Prozess der persönlichen Selbsterforschung in einzelne Phasen untergliedern:

- Abstand finden – sich selbst und seine Lebenssituation aus einer gewissen Distanz heraus betrachten
- sich der Realität stellen – das *Hamsterrad anhalten*
- Formulierung eines realistischen Zielkatalogs – Entscheidung für konkrete Veränderungsmaßnahmen
- Realisierung der geplanten Veränderungen, ihre Umsetzung in den Alltag
- erneute Standortbestimmung und weitere Lebensplanung

In den folgenden Kapiteln finden Sie einige Anregungen, wie Sie Ihren individuellen Weg zu einer Neuausrichtung Ihrer Persönlichkeit und Ihres Lebens finden können.

Abstand finden

Auszubrennen und damit in einen Zustand totaler Erschöpfung hineinzugeraten, ist in aller Regel ein Prozess, der sich über einen längeren Zeitraum erstreckt – nicht vergleichbar etwa mit einer Infektionskrankheit, die von heute auf morgen auftreten kann. Die Anfänge eines drohenden Burn-out sind meist so wenig dramatisch, dass wir sie zunächst vielleicht gar nicht wahrnehmen oder bagatellisieren. Doch irgendwann kommen wir an den Punkt, an dem wir selbst merken, dass wir uns verändert haben: Unsere Lebensfreude, unser

Optimismus sind nicht mehr so wie in den ersten Jahren unseres Berufslebens. Unsere Leistungskraft lässt nach. Wir entwickeln uns nicht mehr weiter, sondern treten im Grunde nur noch auf der Stelle. Allein dies kostet uns viel Kraft. Oft müssen wir am Ende eines Arbeitstages feststellen, dass wir längst nicht alles geschafft haben, was wir uns am Morgen vorgenommen haben, obwohl wir ständig von Termin zu Termin gehetzt sind. Wir fühlen uns häufig müde, leiden unter Schlafstörungen, werden häufiger krank. Wir sind unausgeglichen, reagieren gereizt und merken immer deutlicher, dass nicht nur wir selbst und unsere berufliche Karriere, sondern auch Menschen, die uns wichtig sind – unsere Familie, unsere Kollegen, Mitarbeiter und Freunde – unter diesen Veränderungen leiden.

Irgendwann – häufig am Ende eines frustrierenden, turbulenten und stressreichen Arbeitstages – erkennen wir, dass es so nicht weitergehen kann. Wir müssen und wir wollen etwas ändern – wenn möglich sofort. Wenn es uns damit wirklich ernst ist, sollten wir zunächst einmal nach Möglichkeiten suchen, wenigstens für kurze Zeit dem tagtäglichen Hamsterrad zu entkommen, Distanz zu den Problemen und Anforderungen unseres Alltagslebens zu gewinnen und unserem hochgeschaukelten Erregungsniveau entgegenzusetzen.

Ein Wochenende, an dem wir ungestört tun und lassen können, worauf wir gerade Lust haben, oder ein paar Urlaubstage frei von Hektik, Stress und belastenden Anforderungen, an denen wir einmal wieder Dinge tun, die uns wirklich Spaß machen, sind ideale Zeiträume für den Einstieg in ein erfolgversprechendes selbstbestimmtes Management der eigenen Person. Vielleicht gelingt es uns sogar, so viel Abstand von den Gegebenheiten unseres Alltags zu gewinnen, dass wir uns und unser Verhalten auch einmal mit den Augen der Menschen, die uns wichtig sind, sehen können.

Dass es uns gelingt, uns selbst mit allen unseren Erwartungen, Hoffnungen, Wünschen und Ängsten und unsere gegenwärtige Lebenssituation einmal aus der Distanz und mit relativer Gelassenheit zu betrachten, ist eine der wichtigsten Vorbedingungen für das Gelingen einer selbstbestimmten Neuorientierung der eigenen Person. Längere Spaziergänge, bei denen wir ohne festes Ziel und ohne zeitliche Begrenzung bewusst langsam die Landschaft durchstreifen, die Natur auf uns wirken und unsere Gedanken schweifen lassen, einen Nachmittag lang entspannt bei Sonnenschein, Blütenduft und dem Gesang der Vögel im Garten im Liegestuhl sitzen, am Bachrand ins Wasser schauen und den Wellen folgen oder abends genussvoll in einem Sessel am Kamin in einem Buch schmökern, sind Rahmenbedingungen, unter denen wir mit ziemlicher

Wahrscheinlichkeit ein gewisses Maß an Gelassenheit, innerer Ruhe und Distanz zu den Problemen unseres Alltags finden werden.

Allerdings sollten wir nicht erwarten, dass uns dies, nur weil wir es wollen, sozusagen auf Knopfdruck gelingen wird. Je höher unser Erregungsniveau ist und je länger wir uns bereits in einer Phase starker innerer Anspannung befinden, desto mehr Zeit werden wir für unsere innere Umstellung benötigen. Was wir jetzt am dringendsten brauchen, ist Geduld mit uns selbst. Statt uns zu ärgern, sollten wir versuchen, unsere Gedanken, die auf bestimmte Ereignisse fixiert sind und ständig obsessiv um die gleichen Themen kreisen, einfach nur *im Auge zu behalten.*

Fragen, die uns auf unserem Spaziergang oder im Liegestuhl vielleicht durch den Kopf gehen, wie zum Beispiel,

- Wie kann ich mehr Abstand gewinnen?
- Was hilft mir, nach einem frustrierenden Arbeitstag abschalten zu können?
- Wie kann ich in meinem Alltag, an meinen Arbeitsplatz, zu Hause Entlastung erreichen?
- Was gibt mir Kraft, was macht mir wirklich Spaß?
- Wer kann mich unterstützen? Brauche ich überhaupt Hilfe?

sollten wir als Denkanstöße für unser weiteres Vorgehen nehmen, möglichst ohne sofort nach der ultimativen Antwort zu suchen.

Die Standortbestimmung – das „Hamsterrad anhalten"

Bei der Standortbestimmung geht es vor allem darum, sich die eigene Situation im Hier und Jetzt bewusst zu machen. Sie zunächst so zu akzeptieren, wie sie ist, Selbsttäuschungen zu erkennen und sich als die Person anzunehmen, die man wirklich ist. Antworten zu finden auf die Frage: „Wer bin ich und wo stehe ich?"

Ziel ist das Erkennen von persönlichen Belastungs- und Überforderungsfaktoren in einzelnen Lebensbereichen. Dabei geht es vor allem darum, den persönlichen Umgang mit der eigenen Rolle in Beruf, Familie und Freizeit zu überprüfen. Persönliche Zielsetzungen und eventuelle Blockaden und Barrieren zu überdenken. Die eigenen Verhaltensmuster, wie zum Beispiel die eigene Arbeitsmethodik und Zeitplanung, das Verhalten gegenüber Vorgesetzten, Mitarbeitern, Kollegen, Partnern, Familie und Freunden, einer ehrlichen Prüfung zu unterziehen und über realisierbare Alternativen nachzudenken.

Wie auch alle weiteren Schritte sollte bereits die Situationsanalyse möglichst alle für die eigene Person relevanten Lebensbereiche umfassen. Die Standortbestimmung ist eine Bilanzierung der momentanen Lebenssituation und Befindlichkeit. Sie konfrontiert uns mit unseren Erfolgen und Misserfolgen, mit Ansprüchen an uns selbst und an andere, mit Talenten und Defiziten, Selbsttäuschungen, Interessen, Bedürfnissen, Hoffnungen, Wünschen und Ängsten.

Fragen, mit denen wir uns in dieser Phase auseinandersetzen sollten, sind:

- Was habe ich erreicht?
- Womit bin ich zufrieden?
- Womit komme ich nicht zurecht?
- Wo fühle ich mich überfordert?
- Welche für mich wichtigen Bedürfnisse werden durch die Art, wie mein Leben zurzeit verläuft, befriedigt, welche kommen zu kurz?
- Was bleibt auf der Strecke? Was habe ich alles schon auf später verschoben?

Wenn wir auf der Suche nach uns selbst und nach einem unsere Individualität und unsere geistig-seelische Gesundheit nicht gefährdenden Entwurf unserer Zukunft unser gegenwärtiges Leben überdenken, ist vor allem wichtig,

- dass wir bereit sind, der Realität unserer gegenwärtigen Lebenssituation offen ins Auge zu schauen und zu analysieren, warum sie sich so entwickelt hat, wie sie jetzt ist,
- dass wir den Mut und die innere Gelassenheit finden, uns ehrlich mit unseren Selbsttäuschungen auseinanderzusetzen.

Im Zentrum unseres Selbstmanagementprozesses sollten in dieser Phase das eigene Anspruchsdenken, die eigenen Normen und Wertvorstellungen, die Gefühle sowie das Umgehen mit den eigenen Bedürfnissen in der Auseinandersetzung mit den von außen an uns herangetragenen Erwartungen und Anforderungen stehen. Es geht um die aktive Auseinandersetzung mit dem Spannungsfeld zwischen Ich und Umwelt, zwischen eigenen und fremden Ansprüchen an die unterschiedlichen Lebensbereiche. Es geht auch um die Überprüfung der eigenen Ziele und Einstellungen – um das Enttarnen von falschem Ehrgeiz und überhöhtem eigenem Anspruchsniveau. Und es geht darum wiederzuentdecken, dass es auch selbstbestimmte Zielsetzungen und Wünsche geben kann, die außerhalb des fremdbestimmten Umfeldes eine höhere Lebenszufriedenheit ermöglichen. So sollte man sich in dieser Phase intensiv mit Fragen wie den folgenden auseinandersetzen:

- Wann bin ich wirklich ich selbst? Wann verbiege ich mich?
- Gefährden mich vielleicht einige meiner jetzigen Einstellungen, Wertvorstellungen, Normen und Verhaltensweisen, an denen ich mein Handeln orientiere?
- Sind sie wirklich hilfreich bei der Bewältigung meiner beruflichen und privaten Anforderungen oder sind sie vielleicht kontraproduktiv?
- Ist es wirklich notwendig, auch künftig so viel Zeit und Kraft in die tagtägliche berufliche Arbeit zu investieren und das eigene Familienleben, die eigenen Interessen noch länger in den Hintergrund zu schieben?
- Wem nützt es eigentlich, wenn Arbeit und Karriere die einzigen dominierenden Werte in meinem Leben sind? Wem schadet das? Mir selbst und letztendlich auch den Menschen, die mir wichtig sind?
- Welche Möglichkeiten habe ich schon ausgeschöpft, um von den alltäglichen Belastungen nicht ausgelaugt und überfordert zu werden? Reicht dies auch aus?
- Von welchen Gewohnheiten will ich mich verabschieden? Was kann ich loslassen?
- Geht es vielleicht anderen, zum Beispiel den Kollegen, mit denen ich täglich zusammenarbeite, genauso wie mir selbst? Könnten wir nicht sinnvolle Veränderungen gemeinsam in Angriff nehmen?

Nach dem Erkennen von Veränderungsbedarf und dem Eindruck, dass man selbst für die Anforderungen des eigenen Lebens nicht optimal gerüstet ist, tritt häufig so etwas wie ein Schock über die eigene, nicht vermutete Unzulänglichkeit ein. Die zweite Phase wird von einer Auflehnung gegen die (eigentlich klar erkannte) Notwendigkeit von Veränderungen geprägt. Sie geht häufig mit einem überzogenen Sicherheitsgefühl einher: „Ich kriege das schon alles in den Griff". Eine Phase der Unsicherheit schließt sich an: „Schaffe ich das wirklich allein?", gekoppelt mit der Einsicht, dass gewisse Veränderungen notwendig sind. In der vierten Phase wird schließlich die Notwendigkeit akzeptiert, alte Verhaltensweisen – zunächst probeweise – loszulassen. Es beginnt eine Zeit des Ausprobierens. Langsam erkennen die Betroffenen, welches neue Verhalten ihnen guttut. In der letzten Phase werden die Verhaltensweisen, die sich als erfolgreich erwiesen haben, ins tägliche Leben integriert.

9.2 Die Formulierung eines realistischen Zielkatalogs

In dieser Phase geht es darum, die Umsetzung der persönlichen Neuorientierung vorzubereiten, dabei sich selbst gegenüber so ehrlich und authentisch wie irgend möglich zu sein. Jetzt heißt es, Altes loszulassen und durch Neues zu ersetzen, das eigene Anspruchsniveau zu reduzieren, Lebensziele neu zu definieren. Die Aufgabe besteht im Wesentlichen darin, bisherige Verhaltensmuster und Einstellungen, die sich für eine effektive Burn-out-Prophylaxe als untauglich erwiesen haben, neu zu programmieren.

Auf der Grundlage der vorangegangenen Situationsanalyse, der persönlichen Standortbestimmung sollten jetzt Entscheidungen über notwendige und realisierbare Veränderungen in den einzelnen Lebensbereichen getroffen werden. Oberstes Ziel aller Veränderungsstrategien ist das Erkennen und Reduzieren der Belastungsfaktoren und Stressursachen in den einzelnen Lebensbereichen und die Suche nach realistischen Möglichkeiten, die eigenen Konfliktpotenziale bewusst zu verarbeiten. Ein weiteres wichtiges Ziel wäre es, Verhaltensalternativen zu finden, die es ermöglichen, dass die eigenen Interessen, Talente und Qualitäten wieder mehr zur Geltung kommen können und nach Wegen zu suchen, wie sich Hindernisse, die diesem Ziel zurzeit im Wege stehen, überwinden oder beseitigen lassen.

Die folgenden Fragen können helfen, das Fundament unserer angestrebten persönlichen Neuorientierung zu konkretisieren.

- Wie möchte ich in nächster Zukunft leben?
- Wo will ich selbst in meinem Leben ab jetzt die Prioritäten setzen?
- Was kann und was will ich an meinem jetzigen Leben verändern?
- Was sollte ich in meinem beruflichen Alltag, beim Erledigen meiner beruflichen Aufgaben verändern, um künftig weniger Belastungen ausgesetzt zu sein?
- Was möchte ich im Umgang und in der Zusammenarbeit mit Mitarbeitern, Kollegen, Kunden anders machen, um mir und ihnen unnötigen Stress zu ersparen?
- Was will ich (für mich oder gemeinsam mit meinem Partner, meiner Familie) an unserem familiären Alltag verändern?
- Welche Bedürfnisse, Interessen, Aktivitäten möchte ich in meiner Freizeit stärker als bisher zum Tragen kommen lassen?
- Welche meiner persönlichen Talente, Begabungen und Ressourcen sollen in meinem Leben wieder eine größere Rolle spielen als zurzeit?

Die Antworten auf diese Fragen sollte man so konkret und detailliert wie möglich formulieren und selbstkritisch auf ihre Umsetzbarkeit im persönlichen Bezugsrahmen prüfen. Denn die besten Ziele nützen nichts, wenn sie sich mit der Lebenswirklichkeit nicht vereinbaren lassen.

Fragen, mit denen man sich auseinandersetzen sollte, sind beispielsweise:

- Welche Schritte sind nötig, damit meine Vorstellungen von einem weniger belastenden und erschöpfenden Arbeits- und Privatleben real werden?
- Womit fange ich an, wie gehe ich weiter vor?
- Wie lassen sich diese Schritte in meinen Alltag integrieren?
- Welche Personen, Institutionen etc. können mir bei der Verwirklichung meiner Vorsätze und Ziele helfen?

Für die meisten Menschen, die nach Möglichkeiten suchen, sich künftig an ihrem Arbeitsplatz aktiv gegen vorzeitiges Ausbrennen zu schützen, geht es nicht um die Entscheidung „Totalausstieg – ja oder nein?", sondern um die Frage: „Wie viel und wie lange will ich künftig arbeiten und wie schütze ich mich vor Rückfällen in mein altes Arbeitsverhalten, das sich ja als eine meiner Überlastungsursachen herausgestellt hat?" Eine realistische Zielvorgabe für diese Menschen wäre beispielsweise der Entschluss, von jetzt ab

- an jedem Arbeitstag ein angemessenes Arbeitspensum zu erledigen, sich aber nicht mehr vorzunehmen, als man tatsächlich erledigen kann, und dabei solchen Aufgaben Priorität einzuräumen, deren Erledigung wirklich wichtig oder dringlich ist,
- die zur eigenen Erholung notwendigen regelmäßigen Pausen im Arbeitsablauf unbedingt einzuhalten,
- den Arbeitstag zu einer vorher bestimmten Zeit zu beenden, selbst wenn noch nicht alle geplanten Arbeiten erledigt sind,
- konsequent Nein zu sagen, wenn einem andere mehr Arbeit aufbürden wollen, als man in der vorgegebenen Zeit bewältigen kann,
- Aufgaben, die auch von anderen (Mitarbeitern oder Kollegen) übernommen werden können, konsequent zu delegieren,
- während der allgemeinen Arbeitszeit konzentriert zu arbeiten, die Freizeit aber unbedingt von Arbeit und vom Nachdenken über Unerledigtes freizuhalten und
- nicht mehr heimlich zu arbeiten.

Hierzu ein Beispiel:

Persönlicher Anti-Burn-out-Vertrag
für den Lebensbereich „Arbeit und Beruf"

„Heute in einem Jahr, also am _____, habe ich mein Verhalten bei der Erledigung meiner täglichen Arbeitsaufgaben und im Umgang mit meinen Mitarbeitern und Kollegen so verändert, dass ich meinen beruflichen Alltag nicht länger als Überforderung, sondern als positive Herausforderung erlebe, abends zufrieden nach Hause gehe und in meiner Freizeit frei bin von beruflichem Stress und Erschöpfung.

Um dieses Ziel zu erreichen, werde ich

- [ ] künftig meinem persönlichen Tagesrhythmus mehr Aufmerksamkeit schenken als bisher, die Hochs und Tiefs meiner Leistungskurve berücksichtigen und rechtzeitig kurze Erholungspausen einlegen;
- [ ] mich im Wesentlichen auf Aufgaben konzentrieren, die meinen persönlichen Kompetenzen entsprechen;
- [ ] Methoden erlernen, die es mir ermöglichen, in Belastungssituationen gegenüber mir selbst, aber auch gegenüber meinen Mitarbeitern und Kollegen gelassen zu bleiben;
- [ ] das gegenwärtige Chaos auf meinem Schreibtisch beenden und dafür sorgen, dass nur die Unterlagen darauf liegen, an denen ich gerade arbeite;
- [ ] meinen Arbeitstag so planen, dass genügend Zeitpuffer für Unvorhergesehenes vorhanden sind;
- [ ] meine Sekretärin konsequent als „Puffer" nutzen, um mich vor Störungen (Anrufen, unangemeldeten Besuchern etc.) zu schützen;
- [ ] bei jeder anstehenden Aufgabe genau prüfen, ob ihre Erledigung wirklich unbedingt notwendig, dringlich oder wichtig ist, ob ich sie unbedingt selbst erledigen muss oder ob und an wen ich sie delegieren kann;
- [ ] mich selbst, meine Mitarbeiter und Kollegen an feste Sprechzeiten gewöhnen, deren Dauer von vorneherein zeitlich terminiert ist;
- [ ] in meinen Arbeitstag – am besten morgens und am Ende des Tages – ungestörte Zeitblöcke einplanen, an denen ich mich mit den Aufgaben und Problemen beschäftige, die wirklich wichtig sind;
- [ ] mich in der Kunst, Nein zu sagen, üben, wenn andere mich stören oder mir Aufgaben übertragen wollen, die es mir unmöglich machen, das eigentlich Wichtige zu erledigen;
- [ ] jeden Abend, in den letzten 15 Minuten meiner Arbeitszeit, den Tag bilanzieren, mich über das freuen, was ich heute geleistet habe, Unerledigtes auf den nächsten Tag übertragen, die für den kommenden Tag anstehenden Aufgaben und Termine auflisten, ihren zeitlichen Umfang abschätzen und sie nach Wichtigkeit, Dringlichkeit und Delegierbarkeit ordnen, ausreichende Pufferzeiten einplanen;
- [ ] grundsätzlich keine Unterlagen mehr mit nach Hause nehmen und mich weder am Feierabend noch am Wochenende mit beruflichen Dingen beschäftigen.

Bemerkungen

☐ Ich werde diesen Vertrag regelmäßig am ersten Montag eines jeden Monats überprüfen, um zu sehen, was ich erreicht und verändert habe.
☐ Nach einem Jahr, am ..., werde ich dann Bilanz ziehen, wie weit ich gekommen bin.

Belohnungen/Änderungen

☐ Wenn ich diese Ziele nach einem Jahr realisiert habe, belohne ich mich mit einer Reise nach ..., von der ich schon seit Jahren träume.
☐ Wenn ich feststelle, dass ich einige der Zwischenziele nicht realisieren konnte, werde ich sie noch einmal sorgfältig überprüfen und darüber nachdenken, wie ich in Zukunft besser mit Belastungen, Erwartungen und mit mir selbst am Arbeitsplatz meines Lebens umgehen kann.

9.3 Leitfaden zur Lebensplanung

In der folgenden Übung können Sie alle Aspekte, die für die Gestaltung Ihres Lebens wichtig sind, anhand bestimmter Fragen noch einmal aufgreifen und zu Ihrer eigenen Situation in Beziehung bringen. Erst wenn Sie das Allgemeine auf Ihre persönlichen Lebensumstände beziehen, können Sie konkrete Entscheidungen treffen und realisierbare Ziele formulieren.
Der Leitfaden soll Ihnen helfen, mehr Klarheit über sich zu gewinnen, über das, was hinter Ihnen liegt, darüber, wo Sie jetzt stehen und wohin Sie in den nächsten Jahren gehen möchten. Er soll Ihnen Wege aufzeigen, Ihr Leben so zu gestalten, dass es Ihnen ein möglichst hohes Maß an Zufriedenheit und Sinnhaftigkeit bietet.

- Nehmen Sie sich bei der Erarbeitung dieses Leitfadens ausreichend Zeit!
- Wählen Sie zum Beispiel einen ruhigen, von Störungen freien Nachmittag dafür aus, an dem Sie sich ohne Zeitdruck auch in den Abend hinein dieser Sache widmen können.
- Sollte diese Zeit nicht ausreichen, setzen Sie Ihre Überlegungen bitte am folgenden Tag fort.

Übung: Lebensplanung

Teil 1: Ist-Situation

Das Bild, das wir von uns selbst haben, hängt ganz wesentlich von der Bestätigung und Zustimmung ab, die uns von den für uns persönlich wichtigen Bezugspersonen zuteilwird. Wir alle brauchen ein gewisses Maß an Anerkennung und Selbstbestätigung.

Im Laufe unseres Lebens wachsen wir in das Normensystem unserer Gesellschaft hinein. Die Hoffnung auf Erfolge, die Furcht vor Misserfolgen und die Suche nach Möglichkeiten, diese zu vermeiden, bestimmen weitgehend unser Verhalten. Dabei sind wir bestrebt, unsere Leistung vor allem in den Bereichen zu steigern oder aufrechtzuerhalten, die nicht nur von uns selbst, sondern auch von der Gesellschaft als wertvoll erachtet werden. Dies trifft für die allermeisten in erster Linie für den Bereich der beruflichen Tätigkeit zu: Leistung wird in einer industriellen Gesellschaft wie der unsrigen weitgehend mit der beruflichen Leistung gleichgesetzt. Der Beruf erhält zentrale Bedeutung für die soziale Platzierung des Einzelnen. Er entscheidet in hohem Maße über die Verteilung von Lebenschancen und Lebensqualität sowie über die Zuordnung von Sozialprestige. Unsere beruflichen Leistungen entscheiden in erster Linie über das uns zuteilwerdende Ausmaß an finanzieller und sozialer Anerkennung.

Wo befinde ich mich jetzt?
Ist-Situation – soziales Ansehen, berufliche Entwicklung
Der erste Schritt beim Beantworten dieser Frage besteht darin, ein Diagramm oder eine Lebenslinie zu zeichnen (etwa so wie eine Umsatzkurve, die gerade oder bogenförmig sein kann), die Vergangenheit und Gegenwart Ihres sozialen Ansehens im Beruf, in der Öffentlichkeit, bei Nachbarn beschreibt. Tragen Sie das Auf und Ab dieser Kurve bis zum heutigen Datum ein.

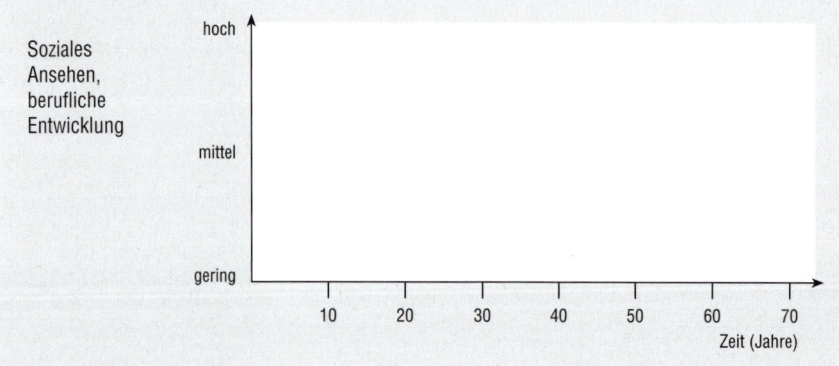

Erläutern Sie kurz den Entwicklungsverlauf und stellen Sie Hoch- und Tiefpunkte heraus.

Ist-Situation – Persönliche Bindungen
Denken Sie nun in gleicher Weise über Ihr Privatleben nach. Zeichnen Sie eine Lebenslinie, die das Auf und Ab Ihrer persönlichen Bindungen in der Familie, der Partnerschaft, zu Freunden im Verlauf Ihres bisherigen Lebens wiedergibt.

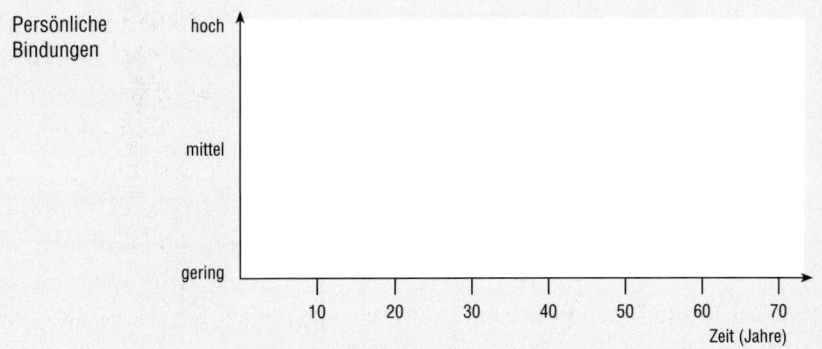

Erläutern Sie kurz den Entwicklungsverlauf und stellen Sie Hoch- und Tiefpunkte heraus.

Ist-Situation – Gesundheit
Bitte bewerten Sie Vergangenheit und Gegenwart Ihres gesundheitlichen Befindens. Dazu gehören Fitness, Wellness, Krankheitshäufigkeit, körperliche Attraktivität usw.

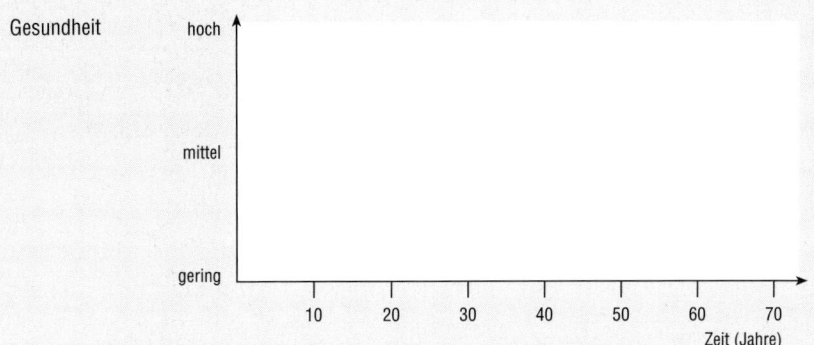

Erläutern Sie kurz den Entwicklungsverlauf und stellen Sie Hoch- und Tiefpunkte heraus.

Ist-Situation – Persönliche Erfüllung
Stellen Sie nun in einer Lebenslinie den Verlauf Ihrer ganz persönlichen Erfüllung dar. Erforschen Sie dabei Ihre innere Welt und fragen Sie sich, wann und wie intensiv Sie jeweils im Einklang mit sich selbst waren.

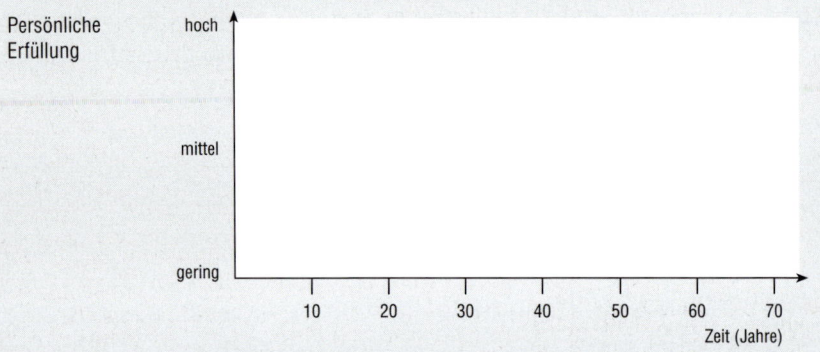

Erläutern Sie kurz den Entwicklungsverlauf und stellen Sie Hoch- und Tiefpunkte heraus.

Teil II: Lebenstraumanalyse

Viele Interessen und Wunschträume sind im Laufe des Lebens zu kurz gekommen. Versuchen Sie, sich mit den folgenden Fragen Ihre verschütteten oder zu kurz gekommenen Wünsche und Bedürfnisse bewusst zu machen.

Was habe ich....?
Was habe ich gern getan? Was hat mir Freude gemacht?
Lassen Sie wieder einige Phasen Ihres Lebens in Gedanken an sich vorüberziehen und halten Sie fest, was Sie damals besonders gern getan haben.

■ In der Kindheit:

■ In der Schul- und Ausbildungszeit:
_____
_____
_____
_____

■ In den ersten Jahren der Berufstätigkeit:
_____
_____
_____
_____

■ Vor 20 Jahren:
_____
_____
_____
_____

■ Vor 10 Jahren:
_____
_____
_____
_____

Was hätte ich...?
Was hätte ich gern getan? Was hätte mich interessiert? Worüber hätte ich gern etwas erfahren? Wovon habe ich geträumt?
Notieren Sie nun für die gleichen Zeiträume, was bei Ihnen an Wünschen unerfüllt geblieben ist.

■ In der Kindheit:
_____
_____
_____

- In der Schul- und Ausbildungszeit:

- In den ersten Jahren der Berufstätigkeit:

- Vor 20 Jahren:

- Vor 10 Jahren:

Was ist...?
Beantworten Sie sich die folgenden Fragen:

- Was hat in den letzten Jahren mein Interesse auf sich gezogen?

■ Was hat mich neugierig gemacht?

■ Zu was bin ich in den letzten Jahren nicht gekommen, obwohl ich es gern getan hätte? Was ist zu kurz gekommen?

Erinnern Sie sich an einzelne Phasen Ihres Lebens und gehen Sie nun bitte folgenden Fragen nach:

■ Welche positiven Eigenschaften habe ich im Laufe meines bisherigen Lebens verloren? Was habe ich an Vorzügen gewonnen?

■ Welche Schwächen bin ich losgeworden? Wo habe ich Nachteiliges angenommen?

Denken Sie gründlich über Ihr Selbstbild nach und überlegen Sie, welche Ihrer Wesenszüge Sie sich unbedingt erhalten wollen, welche Sie künftig verstärken möchten und welche Eigenschaften Sie abschwächen oder gar ablegen wollen. Fassen Sie das Ergebnis in einer Beschlussfassung zusammen.

■ Ich will an mir erhalten:
_____
_____
_____

■ Ich will an mir verstärken:
_____
_____
_____

■ Ich will an mir abschwächen:
_____
_____
_____

■ Ich will ablegen:
_____
_____
_____

Teil III: Wo will ich hin – meine Vision

Jetzt werden Sie dazu aufgefordert, für jeden der vier Hauptaspekte Ihres Lebens – soziales Ansehen und berufliche Entwicklung, persönliche Bindungen, Gesundheit und persönliche Erfüllung – Idealziele (Visionen) aufzulisten.

Vision, das moderne Wort für Wunsch oder Traum, ist zum Schlagwort geworden. Sehr unterschiedliche Menschen nutzen dieses Wort: Manager, Politiker, Esoteriker, Werbefachleute und Erfolgsstrategen. Warum? Was ist die Bedeutung und Wirkung von Visionen? Was verstehen wir unter diesem Begriff? Wenn wir es von der Wortbedeutung her betrachten, so kommt Vision von dem lateinischen Wort *videre* (sehen) und bedeutet, ein inneres Bild haben.

Früher verstanden viele Menschen unter einer Vision das Erscheinen unsichtbarer Dinge vor dem geistigen Auge. Manche hielten Visionäre für Geistseher, Schwärmer und Phantasten. Heute hat das Wort Vision, vor allem im unternehmerischen Bereich, eine neue Dimension gewonnen. Eine Vision ist ein inneres Bild von etwas Zukünftigem. Eine Unternehmensvision – also die bildhafte Vorstellung des Unternehmenszwecks und Unternehmensziels – ist die Voraussetzung für jede erfolgreiche Unternehmensstrategie. Dies gilt genauso für den persönlichen Lebensbereich.

Eine Vision zu haben heißt, ein klares Bild davon zu entwickeln, wie meine Zukunft aussieht. Je stärker das Bild ist, desto stärker die Anziehungskraft und desto mehr Energie habe ich zu seiner Realisierung zur Verfügung. Je klarer ich meine Vision vor Augen habe, umso größer ist die Wahrscheinlichkeit, sie auch zu verwirklichen und die richtigen Mittel und Wege zur Umsetzung zu finden. Unter diesem Aspekt gewinnt der Satz: „Glaube kann Berge versetzen" an Bedeutung.

Verschaffen Sie sich Klarheit über Ihre Visionen für die nächsten fünf bis sieben Jahre. Wenn Sie mit diesem relativ gut überschaubaren Zeitraum beginnen und sich verdeutlichen, wie viel Sie in nur fünf Jahren erreichen können, werden Sie ein besseres Gefühl dafür bekommen, was Sie mit Ihrem Leben anfangen möchten.

Lehnen Sie sich zurück, schließen Sie die Augen und stellen Sie sich einfach vor, dass Sie in die Zukunft *gebeamt* werden. Denken Sie fünf Jahre weiter, gerechnet von heute an:

1. Welches Datum schreiben wir? Was wird sich heute in fünf Jahren alles verändert haben?
2. Damit Sie eine Vorstellung davon bekommen, wie viel Sie in nur fünf Jahren erreichen können, rufen Sie sich jetzt ins Gedächtnis, wo Sie fünf Jahre zuvor standen und was Sie bis jetzt alles erreicht haben.
3. Wichtig ist, dass Sie sich von heutigen Einschränkungen und Hindernissen frei machen und kühn Ihre Träume visualisieren.
4. Schreiben Sie Ihre Lebensvision als bereits realisierten Wunschzustand auf. Vermeiden Sie Konjunktive, denn Wörter wie *hätte* oder *könnte* nehmen Ihrem Unterbewusstsein den Glauben an die Umsetzungsfähigkeit Ihrer Ziele.

Ein Beispiel:
Lebensbereich Privatleben

„Ich habe mit meiner Frau eine glückliche Beziehung, die auf Liebe, Vertrauen und gegenseitigem Respekt beruht. Unsere Kinder empfinden ihre Eltern als Beschützer und Helfer, aber auch als Freunde und Spielgefährten. In unserem Freundeskreis sind wir regelmäßig in eine kleine Gruppe von Menschen eingebunden, die wie wir ein Interesse an echten Beziehungen und nicht nur oberflächlichen Bekanntschaften haben".

Teil IV: Persönlicher Zielkatalog

Schließen Sie jetzt einen Vertrag mit sich selbst:

Ich vereinbare mit mir selbst, die folgenden Ziele bis zum _____ in die Praxis umzusetzen:

_____
_____

Was könnte mich daran hindern, diese Ziele nicht oder nur teilweise zu erreichen?

_____
_____

Außerdem erwarte ich noch folgende Widerstände bei der Umsetzung:

_____
_____

Folgende Strategien und Personen werden mir helfen, meine Ziele dennoch zu erreichen:

_____
_____
_____

------------------------------   ------------------------------
Ort und Datum   Unterschrift

9.4 Umsetzung der geplanten Veränderungen

Diese Phase des persönlichen Anti-Burn-out-Managements ist die wohl schwierigste und langwierigste. Sie wird nur dann erfolgreich sein, wenn wir uns bei der Umsetzung unserer Veränderungsvorsätze nicht unter Zeit- oder Leistungsdruck stellen. Geduld mit uns selbst und mit den von uns veränderten Prioritäten sind die wesentlichen Voraussetzungen für das Gelingen. Gewohnheiten, Verhaltens- und Reaktionsmuster, die sich meist über viele Jahre eingeschliffen und verfestigt haben, lassen sich nicht schlagartig ändern. Erfolgreiches Persönlichkeitsmanagement besteht aus vielen kleinen Schritten. Gelegentliche Rückschritte und Misserfolge werden sich kaum vermeiden lassen. Wichtig ist allein, dass die Richtung stimmt. Der Erfolg wird ganz wesentlich davon abhängen, dass es gelingt, trotz vielfältiger Frustrationen eine möglichst positive Grundeinstellung zu sich selbst zu bewahren. Wir müssen überzeugt sein, es schaffen zu können, und Selbstzweifeln wenig Raum geben.

Es geht darum, auf der Grundlage des bisher Erarbeiteten „in der eigenen Zeit eine neue Lebensführung zu entwickeln, konkrete Maßnahmen aufzusetzen, erste Schritte in den neuen Räumen gehen zu lernen und das Gelernte umzusetzen und zu integrieren" [Schröder 2006]. Um herauszufinden, mit welchen Schritten man beginnen könnte und wie die persönlichen Umsetzungsmaßnahmen konkret aussehen müssten, kann man sich zunächst mit Fragen wie den folgenden beschäftigen:

- Welche konkreten Veränderungen können dazu beitragen, dass ich künftig, vor allem wenn Probleme sich häufen, weniger reagiere als vielmehr bewusst agiere?
- Welche meiner körperlichen, geistig-emotionalen und sozialen Ressourcen kann ich konkret nutzen, um den gegenwärtigen Raubbau meiner Kräfte zu stoppen?
- Möchte ich mich bei der Umsetzung meiner Zielvorstellungen zunächst auf einen Lebensbereich beschränken, und wenn ja, auf welchen?
- Womit fange ich an, was mache ich als Erstes?
- Was kommt dann?
- Wie setze ich meine Veränderungsziele konkret um?
- Wie kann ich erkennen, wenn ich wieder in alte Verhaltens- oder Denkmuster rutsche?
- Wer kann mir helfen, falls es Probleme geben sollte? Wen ziehe ich ins Vertrauen?

Wer im Verlauf des Selbstmanagements bis zu dieser Phase gekommen ist, hat sein Ziel einer für ihn persönlich effektiven Burn-out-Prophylaxe weitgehend erreicht. Vor allem dann, wenn er sowohl bei seiner individuellen Standortbestimmung als auch bei der Zielfindung und der Umsetzung der von ihm für wichtig gehaltenen Veränderungsmaßnahmen alle für ihn relevanten Lebensbereiche in ihrer engen Verflochtenheit beachtet hat. Dann ist ein Punkt erreicht, an dem man erst einmal innehalten und sich über das freuen sollte, was man in den vergangenen Monaten konsequenten Arbeitens an sich selbst an positiven Veränderungen erreicht hat.

Sich zu verändern, ist eine der schwierigsten Aufgaben, die sich uns im Laufe unseres Lebens stellt. Sie angegangen und dabei erlebt zu haben, dass man sie – zumindest teilweise – erfolgreich bewältigen kann, ist also durchaus ein Anlass zu Freude und Stolz. Von jetzt an geht es vor allem darum, die Weiterentwicklung der eigenen Person zu stabilisieren, sodass die neuen Lebens-, Denk- und Handlungsweisen möglichst bald zu einer Selbstverständlichkeit werden und man sich in einer unerwartet auftauchenden Belastungssituation nicht mehr vorstellen kann, dass es einmal eine Zeit gegeben hat, in der man dieser Situation hilflos gegenüberstand.

Die Hauptaufgaben sind jetzt,

- die Veränderungsmotivation weiter aufrechtzuerhalten,
- Rückfälle in frühere Denk-, Verhaltens- und Reaktionsmuster schnell zu erkennen und rückgängig zu machen,
- nichts zuzulassen, was die eigenen Ressourcen gefährdet oder schwächt,
- die eigenen Potenziale weiter zu optimieren und zu stärken.

Das Fundament dieser Weiterentwicklung sollte man so ganzheitlich wie möglich anlegen. Nur dann kann man sicher sein, seine geistig-seelische Entwicklung erfolgreich voranzubringen. Die Komponenten körperlicher Fitness sind – wie bereits ausführlich dargestellt – ebenfalls unverzichtbar in jeder auf Burn-out-Prophylaxe ausgerichteten Weiterentwicklung. Um zu verhindern, dass die für das persönliche Wohlbefinden notwendige Distanz zu Aufgaben, Mitmenschen und letztendlich auch zu sich selbst in der Hektik des Alltagslebens verloren geht, sollte man sich immer wieder bewusst für eine gewisse Zeit den Anforderungen von Beruf, Familie, Bekanntenkreis und Freizeit entziehen und einfach nur mit sich allein sein.

Je länger man an seiner persönlichen Weiterentwicklung arbeitet, desto deutlicher wird man erkennen, wie stark die Erfolge davon abhängen, ob man sich auf die Unterstützung anderer verlassen kann oder völlig auf sich allein gestellt ist. Die weit verbreitete Ansicht, es sei ein Zeichen persönlicher Stärke, mit Problemen, Krisen und hohen Anforderungen allein fertig zu werden, erweist sich meistens als folgenschwerer Irrtum. Menschen sind von Natur aus soziale Lebewesen, die zum Überleben auf soziale Nähe und Unterstützung angewiesen sind. Wichtig ist, dass man selbst die Voraussetzung dafür schafft, einen Menschen zu haben, dem man unbedingt vertrauen kann, von dem man sicher weiß, dass er immer ehrlich seine Meinung sagen wird. Dies gilt in besonderem Maße auch im weiteren Verlauf der individuellen Burn-out-Prophylaxe: Wer im täglichen Umgang mit Partner, Familie, Freunden, Kollegen, Mitarbeitern und Vorgesetzten soziale Unterstützung annehmen und geben kann, bleibt gegenüber Stress und Überforderung im Berufs- und Privatleben weitgehend immun. Es wird ihm auch leichter gelingen, Krisen frühzeitig zu erkennen und rechtzeitig geeignete Bewältigungsmaßnahmen einzuleiten.

Der sicherste Weg zu effektiver sozialer Unterstützung bei der Bewältigung von Überforderung und drohendem Burn-out ist, dass man damit beginnt, die eigene Scheu zu überwinden, und offen und vorbehaltlos auf die Menschen im eigenen Umkreis zugeht und ihnen Anerkennung, Ermutigung, sachliche Kritik, Anregung und Herausforderung anbietet. Je besser es einem von Burn-out bedrohten Menschen im Verlauf seines persönlichen Veränderungsmanagements gelingt, seine Einzelkämpfer-Mentalität durch eine Haltung des Miteinanders zu ersetzen, desto geringer wird die Gefahr eines Burn-out – und zwar nicht nur für ihn selbst, sondern auch für alle, die mit ihm zusammenarbeiten.

Gerade Menschen mit einer stark ausgeprägten Einzelkämpfer-Haltung kann es auch in den späteren Phasen ihres Persönlichkeitsmanagements in Krisensituationen immer wieder in die alte Haltung zurückversetzen. Hier ist es wichtig, dass man beharrlich weiter daran arbeitet, die für vertrauensvolle Zusammenarbeit unverzichtbare positiv-optimistische Grundeinstellung und die Gelassenheit sich selbst und anderen gegenüber weiter auszubauen. Je besser dies gelingt, desto seltener gibt es Gelegenheiten, uns über uns selbst oder andere zu ärgern. Wir werden dann auch erleben, dass wir sowohl im privaten wie auch im beruflichen Alltag immer seltener Situationen begegnen, die unser Erregungsniveau hochschaukeln, uns innerlich aus der Ruhe bringen und unser Burn-out-Risiko hochtreiben. Stattdessen werden wir immer häufiger Augenblicke des Glücks, der Lebensfreude und der Zufriedenheit erleben.

Zusammenfassend können die folgenden Empfehlungen helfen [vgl. Corssen 2004]:

Zielmeditation

Erwecken Sie Ihre Ziele durch eine Zielmeditation zum Leben. Alle wichtigen Gedanken, Gefühle, Bilder zu Ihren Zielen stellen Sie vor Ihr geistiges Auge. Was ich mir vorstellen kann, kann ich auch erreichen. Sie sehen sich am Ziel und spüren die Kraft, die Sie durch diese mentale Erfahrung freisetzen können. Sie visualisieren Ihr Ziel in bunten Bildern und nutzen dabei alle Ihre Sinne: Sie erleben Bilder! Sie sehen sie deutlich vor Ihrem geistigen Auge.

Der „innere" Schweinehund

Jeder Mensch ist in seinen Gewohnheiten gefangen. Es kostet Kraft, sie – ob positiv oder negativ – zu ändern. Wir nennen das Komfortzone: Wir möchten ja gerne, aber ... Gründe fallen uns immer ein, warum wir die eine oder andere Sache noch nicht angegangen sind. Viele glauben ganz einfach, von ihren Umweltbedingungen abhängig zu sein. Meinen wir, wir hätten Übergewicht, weil in unserer Familie alle Übergewicht hatten, werden wir alles tun, es zu halten. Man nennt dieses Phänomen eine *sich selbst erfüllende Prophezeiung*. Wir werden nicht ernsthaft an einer Ernährungsumstellung arbeiten, weil es *ja doch keinen Zweck hat.*

Selbstbewusstsein

Selbstbewusstsein ist eine stille, aber ungemein hilfreiche Stärke. Und mit wachsendem Selbstbewusstsein entstehen Autonomie und innere Freiheit. Sie wissen einfach mehr über sich, über Ihre Reaktionen, Ihre Stärken und Ihre Schwächen. Dies verleiht Ihnen auch wünschenswerte Selbsterkenntnis als eine gute Basis, sich selbst in eine angemessene Beziehung zur Welt und ihren Ereignissen zu setzen.

Wollen ist stärker als Können

Können setzt Wollen voraus, das Wollen ist der Antrieb zum Handeln. Der Geist (Wollen) gibt die Richtung vor, in die die Kraft, Potenziale und Talente (Können) gelenkt werden. Das setzt Wählen und Lassen voraus. Es geht nicht um fremdbestimmtes Müssen und Sollen, sondern um das, was Sie aus vollstem Herzen mit innigstem Drang machen wollen. Es geht nicht um Funktionieren, sondern um ein selbstbestimmtes Leben in voller Verantwortung.

Methode zur Verhaltensänderung: Die „Benjamin-Franklin"-Methode:

Die Methode ist benannt nach dem amerikanischen Staatsmann *Benjamin Franklin* (1706–1790). Er hat diese Methode „erfunden" und erfolgreich angewandt, um sich eine Reihe von Angewohnheiten abzugewöhnen.
Sie funktioniert folgendermaßen:

1. Erstellen Sie eine Liste mit 6–12 Punkten, die Sie an Ihrem Verhalten oder Ihren Gewohnheiten verändern möchten.
2. Nehmen Sie sich jede Woche einen Punkt vor (Schwerpunkt der Woche).
3. Arbeiten Sie die ganze Woche täglich daran und bewerten Sie Ihre täglichen Fortschritte.
4. Am Ende der Woche ziehen Sie dann ein kurzes schriftliches Fazit, dann dürfen Sie diesen Punkt *lassen* und sich einen weiteren Punkt vornehmen oder eine Pause einlegen (gut für die Motivation). Den *alten* Punkt nehmen Sie nach ein paar Wochen wieder auf. So vermeiden Sie Unlust, weil Sie das *Abgewöhnen* oder *Umgewöhnen* auf eine Woche beschränken, und erhöhen die Möglichkeit, durch positive Erlebnisse Lust auf *mehr* zu entwickeln.

Sinnvollerweise beginnen Sie mit dem Punkt, der für Sie am wichtigsten ist.

Positives Tagebuch

Gewöhnen Sie sich an, ein positives Tagebuch zu führen. Notieren Sie darin jeden Erfolg, auch den kleinsten. Nur das, was Sie aufgeschrieben haben, wird Ihr Unterbewusstsein auch verarbeiten. Neben der motivierenden Wirkung gehen Sie damit auch eine Verpflichtung ein: Sie fühlen sich Ihren Vorsätzen und Zielen stärker verbunden und werden sich mehr darauf konzentrieren.

- Was habe ich heute als positiv erlebt?
- Habe ich heute andere Menschen erfolgreich gemacht?
- Was habe ich aus dem heutigen Tag gelernt?
- Was kann ich morgen verbessern (konstruktive Kritik)?

Kapitel 10:
Persönliche Gesundheitsförderung

10.1 Bewältigungsstrategien

Über viele Jahrzehnte hinweg wurde in der Mehrheit der Bevölkerung der medizinische Sektor als Reparaturbetrieb wahrgenommen. Medizin war eine technische Dienstleistung, die die Maschine Mensch über Medikamente, Hightech-Eingriffe und Operationen wiederherstellte. Doch die Vorstellungen von Krankheit und Gesundheit, von Heilung und Medizin wandeln sich heute rapide. War es in den 1970er-Jahren nur eine kleine Minderheit, die alternative Heilmethoden riskierte, hat sich die Kritik am *schulmedizinischen* Weg heute bis ins Zentrum der Gesellschaft ausgebreitet.

Laut Definition der Weltgesundheitsorganisation ist Gesundheit nicht die Abwesenheit von Krankheit, sondern ein *Zustand vollkommenen körperlichen, geistigen und sozialen Wohlbefindens*. Damit kündigt sich für den medizinischen Sektor eine neue Synthese an: Die sinnvolle Verbindung schulmedizinischer und alternativer Methoden zu einer ganzheitlichen integrierenden Medizin, die sich – und das ist das Neue – an Gesundheit und Gesundheitserhaltung statt an Krankheit und Defektreparatur orientiert.

In der technisierten Medizin spielten die folgenden Fragen lange Zeit kaum eine Rolle:

- Was erhält den Menschen eigentlich gesund?
- Woher kommt es, dass bestimmte Menschen auch in schwierigen Situationen mit einem hohen Erkrankungsrisiko nicht krank werden?
- Wie lässt sich Gesundheit fördern beziehungsweise wie lässt sich das Erkrankungsrisiko minimieren?
- Welche Möglichkeiten gibt es, Krankheiten weit im Vorfeld durch vorbeugendes Handeln zu begegnen?

Wir sind heute viel sensibler gegenüber körperlichen Gebrechen, Schmerzen, Verschleiß und Alterungsprozessen. Wir entwickeln neue Krankheitsbegriffe in den Zwischenräumen von Körper, Geist und Psyche. Waren es früher klar erkennbare Symptome wie Fieber oder Schmerzen, fühlen wir uns heute krank, wenn eine bestimmte Lebensqualität nicht mehr gegeben ist. Die Vorstellung von Kranksein wird ausgeweitet auf Gefühle des Unwohlseins oder auf mangelnde Fitness, nachlassende Potenz, fehlendes Glück. Eine Vielzahl von *Störungswahrnehmungen* tritt zutage wie das chronic fatigue syndrome, das chronische Müdigkeitssyndrom, oder das *sick-building-syndrome*, ein allergisches Krankheitsbild, das durch Baustoffe und Chemikalien ausgelöst wird. Oder eben das Burn-out-Syndrom.

Unser Gesundheitssystem und seine Vertreter müssen lernen, den Patienten nicht zu entmündigen, sondern seine Ressourcen zur Gesunderhaltung beziehungsweise zur Wiedererlangung der Gesundheit zu stärken, ihm Mut zuzusprechen und damit sein Selbstvertrauen zu stärken. Es wird zu ihrer vordringlichen Aufgabe, die Potenziale der Erkrankten zu erkennen und zu nutzen. Es ist oft erheblich erfolgversprechender und für alle Betroffenen angenehmer, positive Ressourcen auszubauen als lange bestehende Probleme anzugehen.

Das aber erfordert einen individuellen Umgang mit dem Patienten und dem (noch) Gesunden! Diese Individualisierung in der Nutzung von Ressourcen gewinnt besonders in Entwicklungskrisen besondere Bedeutung. Sobald die jeweiligen Probleme von den Patienten selbst mithilfe von Experten erkannt sind, können zielgerichtet Potenziale gesucht und ausgeschöpft werden. Gesundheit – ganzheitlich verstanden – ist damit nicht nur ein individueller Zustand oder eine gesellschaftliche Idee. Die entscheidende Herausforderung besteht darin, emotionales Engagement für diese Perspektive – für die individuelle Prävention – zu wecken.

Die Behandlung eines Burn-out-Syndroms ist immer ganzheitlich angelegt. Die Therapieziele richten sich nach dem Schweregrad der Erkrankung und den Lebensumständen des Einzelnen. Die Angebote sind zahlreich: Gesprächstherapie, Einzelgespräche oder Gruppengespräche, Körperarbeit, Meditation, Gestaltungs- oder Kunsttherapie, Kuren oder Auszeiten.

Effektive Interaktionsmethoden und Gesprächstechniken einzelner Therapieformen eignen sich zur Verminderung von Widerständen und zur Steigerung der Motivation und der Compliance. Verhaltens- und Gesprächstherapie sind zudem lösungs- und ressourcenorientierte Verfahren, bei denen es darum geht, vorhandenes Potenzial zu erkennen und zu fördern. Oft ist es effektiver, Positives auszubauen als Negatives abzubauen: Das ist Selbstmanagement in der Verhaltenstherapie. Ein wesentliches Element der Verhaltenstherapie ist zum Beispiel Selbstmanagement zur Stabilisierung positiven Verhaltens. Immer geht es darum, das verloren gegangene innere Gleichgewicht zurückzugewinnen.

In den Sitzungen soll der Betroffene lernen, pessimistische Gedanken abzulegen und sich angenehme Alltagsaktivitäten zu erschließen. In Einzel- oder Gruppensitzungen vermitteln unterschiedliche Übungen, aktiver zu werden, soziale Netzwerke wieder aufzubauen und neue zu knüpfen, negative Vorurteile zu überwinden, mehr Verantwortung für sich und sein Leben zu übernehmen – und auf Rückschläge vorbereitet zu sein.

Sinnvoll ist es, die einzelnen Maßnahmen den sieben Stufen der Burn-out-Spirale (Kapitel 2 Erlebte Symptome: Die Stufen der Burn-out-Spirale) zuzuordnen.

Erste Stufe: Großes Engagement – idealistische Begeisterung

Maßnahmen: Überprüfung eigener Ansprüche und Erwartungen, Spannungsabbau durch Bewegung, Erhöhung körperlicher Sensibilität.
Re-Balance-Frage: Was bedeutet für mich Erfolg? Wem will ich was beweisen?

Zweite Stufe: Vernachlässigung der eigenen Bedürfnisse

Maßnahmen: Aktive Lebensführung, Entspannungsmethoden lernen, Selbst- und Zeitmanagement optimieren, Erhöhung der Stresstoleranz, Dinge tun, die Spaß machen (Eustress).
Re-Balance-Frage: Woher beziehe ich Kraft und Energie, um die Herausforderungen zu meistern? Wie gewinne ich mehr Sensibilität für meinen Körper?

Dritte Stufe: Emotionalisierung – Enttäuschung

Maßnahmen: Klären der eigenen Werte und der eigenen Rolle, Work-Life-Balance, Reflexionsfähigkeit stärken, Loslassen lernen, Seele baumeln lassen, Vision des eigenen Lebens entwerfen.
Re-Balance-Frage: Was ist für mich wirklich wichtig? Vor wem verantworte ich mein Tun?

Vierte Stufe: Kompensation – Der Griff zu Drogen

Maßnahmen: Medizinische Anamnese der Risikofaktoren, Ressourcen aufbauen und körperlich in Bewegung kommen, Entgiftung/Entzugsbehandlung, Körper- und Energiemanagement, Zeit für Hobbys und soziale Kontakte.

Re-Balance-Frage: Wie und wo erlebe ich Erfolgserlebnisse außerhalb meines beruflichen Umfeldes?

Fünfte Stufe: Desinteressierte Gleichgültigkeit

Maßnahmen: Entwicklung zur Selbstkompetenz, Sinn- und Lebensprioritäten, Achtsamkeit im Hier und Jetzt, Meditation.
Re-Balance-Frage: Wer bin ich? Wie erreiche ich mehr Selbstbestimmung in meinem Leben?

Sechste Stufe: Depersonalisation und körperliche Symptome

Maßnahmen: Medizinischer Therapieplan, Neurotransmitteranalyse, verhaltenstherapeutische Maßnahmen.
Re-Balance-Frage: Wie werde ich körperlich und seelisch wieder gesund? Der Körper lügt nicht!

Siebte Stufe: Der Zusammenbruch

Maßnahmen: Ambulante oder stationäre Therapie in einer Spezialklinik durch Burn-out-Experten.
Re-Balance-Frage: Wer kann mir jetzt noch helfen? Zu wem habe ich das größte Vertrauen?

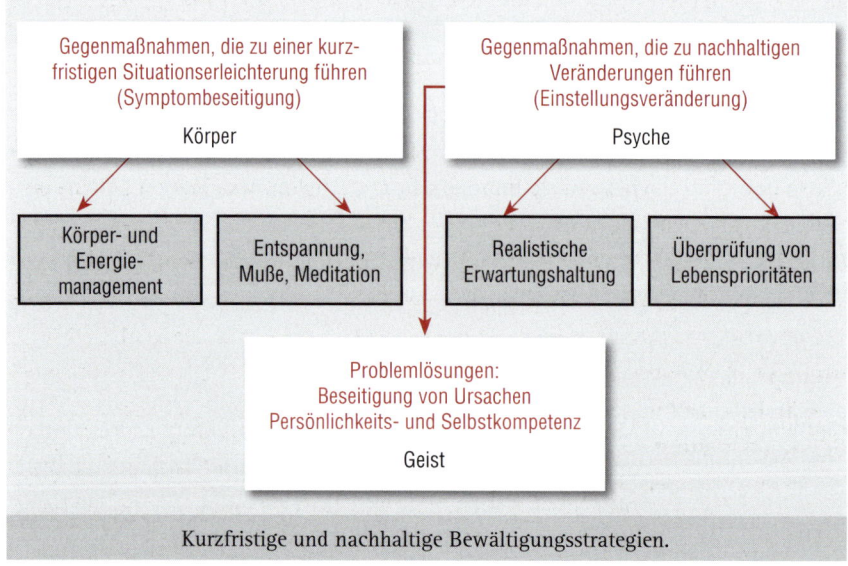

Kurzfristige und nachhaltige Bewältigungsstrategien.

10.2 Coaching

Coaching ist in den letzten Jahren zu einer Art Modewort geworden, ein höchst schillernder Begriff, der zum Teil völlig unterschiedliche Ansätze und Vorgehensweisen der Beratung bezeichnet. Ziel eines persönlichen Coachings ist es, Handlungskompetenzen individuell zu fördern. Der Coach fungiert dabei als eine Art Verhaltenstrainer, ein *Entwicklungshelfer für schlummernde Potenziale*.

Zögernd beginnt sich die Einsicht durchzusetzen, dass auch ein kompetenter und absolut vertrauenswürdiger loyaler Ratgeber eine wichtige Hilfe sein kann. Das Annehmen von Ratschlägen und konstruktiver Kritik ist kein Zeichen von Schwäche, sondern im Gegenteil, ein Ausdruck von Souveränität, zu der immer auch das Wissen um die eigenen Grenzen gehört.

Für ein Coaching kommen folgende Problemkreise infrage:

- Unterstützung bei der Bewältigung aktueller Probleme
- Vorbereitung auf neue Aufgaben und Herausforderungen
- Simulation künftiger Anforderungen und Herausforderungen
- Unterstützung im Bereich des Stressmanagements und der Führung der eigenen Person
- Unterstützung im Bereich der Persönlichkeitsentwicklung
- Unterstützung bei persönlichen Krisen
- Unterstützung bei Fragen der Gesundheit, Fitness, Ernährung, allgemeinen Lebensführung
- Burn-out-Intervention

Coaching ist damit eine Methode, dem Einzelnen Wege zu einem selbstbestimmten, effektiven Umgang mit der eigenen Person und den eigenen Kompetenzen zu eröffnen. Der Coach fungiert dabei als eine Art Ratgeber, der in einem dialogen Feedback-Prozess dem Klienten einen sozialen Spiegel für Verhaltensweisen, Einstellungen, Gefühle und Gedanken vorhält und ihn beim Transfer neu gewonnener Einstellungen in die Realität des beruflichen Alltags begleitet. Präventive Maßnahmen sollten nicht verordnet werden, sondern primär Hilfestellung zum Selbstverständnis sein. Die Qualität einer solchen Beratungsleistung zeigt sich erst dann, wenn der Coach überflüssig geworden ist. Denn nicht der Coach löst die anstehenden Probleme, sondern der Klient.

Ein vorbildliches Coachinggespräch sollte [nach Wagner-Link 2001]:

- positiv-konstruktiv vorgehen
- psychologisches und pädagogisches Wissen nutzen
- die Fähigkeit zur Eigenverantwortung und Kreativität wecken
- Spaß bei den Maßnahmen selbst erleben lassen
- prozessorientiert sein, also kleine Veränderungen im Alltag implementieren
- so früh wie möglich ansetzen
- auch kurzfristige positive Konsequenzen ermöglichen
- Betroffene wirklich beteiligen

Es geht jedoch nicht nur darum, was wir alles tun oder vermeiden sollten, sondern wie wir dieses Wissen in unser Verhaltensrepertoire integrieren und konkret umsetzen. Informationen aus Aufklärungskampagnen sind dafür häufig nicht geeignet. Wenn zu viel, zu spezifisch oder zu einseitig vermittelt wird, ist der Empfänger der Botschaft überfordert. Ähnliches gilt, wenn Informationen zu abstrakt dargestellt werden oder auf andere Art und Weise „ichfremd" sind. Sicher liegt auch hier eine Ursache für den großen Zulauf sogenannter Gesundheits- und Erfolgsgurus: Sie verkaufen einfache, sofort umsetzbare Tipps (die leider meistens nur kurzfristig oder gar nicht wirken), indem sie sich selbst als Beweis für die *Erfolgsgarantie* ihrer Rezepte darstellen. Tatsächlich aber kann nur ein Dialog unter der Fragestellung *Wie?* (statt *Was?*) individuell ausgerichtet und damit erfolgversprechend sein.

Genauso wichtig ist *Selbstvertrauen*. Wenn der Coach den Klienten wertschätzt und ihm zeigt, wie viel er im Grunde schon richtig macht, stärkt er dessen Selbstvertrauen und damit auch die Bereitschaft, selbst Verantwortung zu übernehmen. Ein positives Feedback auch bei kleinen Fortschritten motiviert langfristig. Die Hilfestellungen müssen lebensnah und konkret sein, denn ohne maßgeschneiderte Strategien bleibt jede Intervention erfolglos.

In der Psychologie kursiert derzeit der Begriff der *Resilienz*. Damit ist die Fähigkeit gemeint, mit persönlichen Schicksalsschlägen oder Krisen umzugehen und trotz widriger Umstände gesund zu bleiben. Zur Resilienz gehört auch, möglichen Krisen ins Auge zu blicken und einen Abwehrplan zu entwickeln. Werden Rückschläge als Schicksalsschläge wahrgenommen, steht man ihnen hilflos gegenüber. Wer sich jedoch ehrlich fragt: „Was habe ich zur Situation beigetragen?", kann Möglichkeiten finden, die Lage zu verbessern.

Zum Konzept der Resilienz gehört es, Frustration oder Schmerz künstlerisch zu verarbeiten, also eine Ausdrucksmöglichkeit für das zu finden, was belastend ist. Oft ist es hilfreich, Dinge, über die man mit niemandem sprechen kann, einem Tagebuch anzuvertrauen. Sei es als Gedicht, als Erzählung, als Gedankensplitter. Schreiben hat vor allem dann eine entlastende Funktion, wenn es gelingt, die innere Zensur weitgehend auszuschalten. Schreiben hilft nicht nur, Gedanken und Gefühle bewusst zu machen und zu ordnen. Im Schreiben erleben wir unsere eigene Kreativität und erlangen gleichzeitig ein Stück der verloren geglaubten Autonomie zurück. Untersuchungen haben außerdem gezeigt, dass sich das Schreiben positiv auf das Immunsystem auswirkt und damit eine heilende Wirkung hat.

Einen anderen Weg, Unbegreifbares zu verarbeiten, geht die Kunsttherapie. Vielen Menschen fällt es leichter, Dinge, die sie ängstigen oder innerlich nicht zur Ruhe kommen lassen, in Farben, Bildern oder gestalteten Objekten auszudrücken. Stimmungen oder Gefühle, die in eine Zeichnung hineingelegt werden oder die als Objekte aus Papier, Ton oder anderen Materialen Problemen eine Form geben, lassen sie so begreifbar und anschaulich werden. Aus dem fertigen Werk lässt sich erfassen, was in den Tiefen der Psyche verborgen oder verdrängt war und nach oben gelangen konnte.

Schöpferische Tätigkeiten – Schreiben, Lesen, Malen oder Musizieren – lösen nach und nach innere Erstarrungen. So ebnet der Umgang mit ungewohnten Materialien den Weg für neue Erfahrungen. Es entwickeln sich kreative Kräfte, Distanz und Gelassenheit nehmen zu, das Selbstwertgefühl steigt.

10.3 Burn-out-Kompetenz

Burn-out-Kompetenz ist die Fähigkeit, mit Spannungs- und Belastungssituationen erfolgreich umzugehen, d. h. den Umgang mit sich selbst, seiner Umwelt und seinen Mitmenschen so zu organisieren, dass die Wirkung von Stressoren minimiert, Stresstoleranz und Stressabwehr aber maximiert werden. Das Ziel aller Bemühungen ist die mitten im Leben stehende, integrierte, in sich ruhende Persönlichkeit, der in sich gefestigte, eigenverantwortlich denkende und handelnde Mensch, für den bewusste Lebensführung, Selbstentfaltung und Selbstverwirklichung Herausforderungen sind.

Dieser Zielsetzung entsprechend stellt z.B. das Linneweh Institut München die Burn-out-Kompetenz durch persönliche Gesundheitsförderung in den Mittelpunkt. Aus langjähriger Erfahrung wissen wir, dass nur ein ganzheitliches und individuell abgestimmtes Coaching dauerhaft zu *Balance statt Burn-out* führen kann. Sie werden ganzheitlich, interdisziplinär, unabhängig und vertraulich betreut.

- Keine Symptombehandlung, sondern Erkennung der individuellen Ursachen von Stress und Burn-out.
- Ganzheitliche Beratung – nicht nur medizinisch, sondern auch psychologisch.
- Berücksichtigung der gesamten Lebenssituation – Beruf, Familie, Partnerschaft, Freizeit.
- Arbeit nicht nach einer starren Methode, sondern nach einem persönlichen, zeitlich begrenzten Behandlungsplan.
- Ziel ist kein kurzfristiger *Urlaubseffekt*, sondern die Fähigkeit, den Anforderungen von Beruf, Familie und Partnerschaft nachhaltig gewachsen zu sein.
- Gemeinsame Zielvereinbarung mit Begleitung und Überprüfung, inwieweit diese Ziele erreicht werden.

	Anamnese	Therapie	Umsetzung
Modul A – Körper	Medizinische Anamnese ■ Neurostressprofil ■ Hormonprofil ■ Genprofil ■ oxidatives Stressprofil Anamnese der Risikofaktoren ■ Lifestyle ■ familiäre Risiken ■ Medical Check	Medizinischer Therapieplan ■ Analyse und Interpretation der medizinischen Ergebnisse Aktive Lebensführung ■ Ernährungsplan ■ körperliches Fitnessprogramm ■ Entspannungsübungen	Kontrolle der Laborwerte ■ Anpassung des Therapieplans Aktive Lebensführung ■ Überprüfung und Coaching ■ Überwindung von Widerständen zur Verhaltensänderung
Modul B – Psyche	Persönlichkeitsanalyse ■ Burn-out-Test ■ gefährdete Persönlichkeitstypen ■ Selbst- und Fremdbestimmungen	Psychische Balance ■ Erhöhung der Stresstoleranz ■ Veränderung stresshafter Einstellungen ■ Persönlichkeits- und Selbstkompetenz	Veränderung stresshafter Lebensstile ■ Arbeits- und Zeitmanagement ■ Stress- und Burn-out-Prophylaxe ■ Teamentwicklung mit Partnern und Mitarbeitern
Modul C – Geist	Life-Balance ■ Partnerschaft ■ Freizeit ■ berufliche Stressursachen	Führung der eigenen Person ■ Lebensprioritäten ■ familiäre und berufliche Lebensplanung ■ Work-Life-Balance	Selbstmanagement ■ Training on the job ■ Beseitigung von Rollenkonflikten ■ persönliches Wachstum

Ganzheitliches Kernprogramm.

Die Beratung wird individuell auf die jeweiligen Bedürfnisse zugeschnitten. Die Module können einzeln oder als Gesamtpaket gebucht werden. Neben den Ergebnissen des Medical Check werden auch essenzielle Aspekte wie Ernährung, körperliche und geistige Fitness sowie Entspannung unter individuellen Gesichtspunkten besprochen und vermittelt. Einzelberatungen zu Fragen des Stressmanagements und der Work-Life-Balance runden das Coachingangebot ab.

Bei der Prävention und Behandlung von Neurostress und Burn-out arbeiten wir nach dem in der Tabelle (Seite 214) dargestellten ganzheitlichen Kernprogramm.

10.4 Gesundheitscheck – Neurostressprofile

Ziel ist es, durch frühzeitige Risikoerkennung und durch eine gezielte persönliche Gesundheitsförderung den Organismus so lange wie möglich gesundzuerhalten. Im Mittelpunkt stehen eine Labordiagnostik auf dem neuesten wissenschaftlichen Stand sowie eine kompetente Anamnese mit individueller Beratung.

Jede Belastung führt zu tief greifenden neuroendokrinen, hormonellen und immunologischen Anpassungsreaktionen. In diesem Netzwerk spielen die sogenannten Neurotransmitter eine Schlüsselrolle. Im gesunden Zustand halten sich aktivierende und hemmende Transmitter die Waage. Psychische und körperliche Überforderungen über einen langen Zeitraum führen dagegen zu neuroendokrinen Funktionsstörungen, die sich in körperlichen Stressreaktionen äußern. Für diese Belastung wird der Begriff Neurostress verwendet – mit folgender Symptomatik:

- Leistungsabfall
- Erschöpfungssyndrome
- Angstsyndrome
- Konzentrationsstörungen
- Schlafstörungen
- Gewichtsprobleme
- Hormonstörungen
- Sexualstörungen

Zur Wiederherstellung der Balance analysieren wir in einem ersten Schritt den Ist-Zustand. Im zweiten Schritt werden die festgestellten Defizite durch eine individuell angepasste Substitutionstherapie (Ergänzungstherapie) ausgeglichen.

Zur Bestimmung Ihres Neurostressprofils setzen wir moderne Analysemethoden ein. Speichel und Urin erlauben eine genaue Untersuchung der beteiligten neuroendokrinen, hormonellen und immunologischen Mechanismen:

- der adrenalen Stressachse (akuter Stress, chronischer Stress, Cortisoltagesprofil, DHEA-Tagesprofil)
- der Neurotransmitter (u. a. Adrenalin, Noradrenalin, Dopamin) sowie
- der Serotonin- und Melatoninspiegel

Dem Ergebnis entsprechend erarbeiten wir mit Ihnen gemeinsam Strategien, wie Sie Stressfolgen nachhaltig und erfolgreich beeinflussen und langfristig vermeiden können.

Zur Bestimmung von Neurostressprofilen stehen moderne Spezialuntersuchungen zur Verfügung. Diese Untersuchungen von Speichel, Urin und Blut erlauben eine genaue Analyse der beteiligten hormonellen, neuroendokrinologischen und immunologischen Mechanismen. Die folgenden Beispiele zeigen ein Neurostressprofil bei Behandlungsbeginn und das Kontrollprofil nach sechs Monaten unter Behandlung.

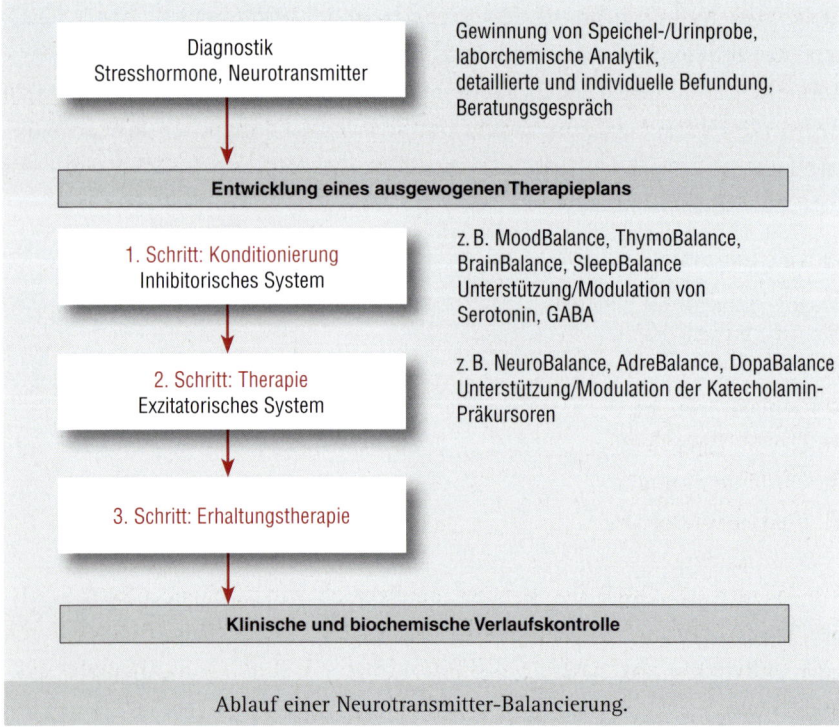

Ablauf einer Neurotransmitter-Balancierung.

Labor-Befund
Neurotransmitter – Neurostress

Eingang:

Einsendender Arzt

Name:	Prof. Dr. med. Armin Heufelder
Adresse:	Am Kosttor 1 80331 München

Angaben über den (die) Patienten(in)

Vorname, Name:	Max Mustermann	Geburtsdatum:	1961
Adresse:			
Arzt-Nummer:		I. N.:	

Anamnese

Bleierndè Müdigkeit und Erschöpfung, insb. morgens, Stimmungsschwanken, Depressivität, Ängste, Panikattacken, Schlafstörungen, Herzpochen, Nervosität, Motivationslosigkeit.

Größe:	168 cm	Gewicht:	59 kg	BMI:	20,9 kg/m²

Hormone in Speichel und Urin

Cortisol (8:00 h)	0,21	µg/dl	(0,5 – 1,5)	
Cortisol (12:00 h)	0,11	µg/dl	(0,08 – 0,57)	
Cortisol (20:00 h)	0,35	µg/dl	(0,03 – 0,3)	
DHEA (8:00 h)	89	pg/ml	(23 – 856)	
DHEA (20:00 h)	61	pg/ml	(19 – 562)	

Neuro-Transmitter / - Hormone (Urin)

Adrenalin	3,1	µg/g Kreatinin	
	Normbereiche: Frauen 4,0 – 10,0 Männer 5,0 – 13,0		
Noradrenalin	62	µg/g Kreatinin	
	Normbereiche: Frauen 32,0 – 58,0 Männer 25,0 – 75,0		
Quotient Noradrenalin/Adrenalin	20	µg/g Kreatinin	
	Normbereich: (3,0 – 6,0)		
Dopamin	89	µg/g Kreatinin	
	Normbereiche: Frauen 150 – 280 Männer 150 – 250		
Serotonin	112	µg/g Kreatinin	
	Normbereiche: Frauen 148 – 230 Männer 150 – 250		

Befund-Interpretation

Ausgeprägte funktionelle Dysregulation der Cortisol- und DHEA-Bildung (Nebennierenrinden)
Ausgeprägte Neurotransmitterstörung mit relativem Noradrenalin-Exzess sowie reduzierter Dopamin- und Serotonin-Reserve

Therapievorschlag

Stimulation und Modulation der Cortisol- und DHEA-Bildung in den Nebennnierenrinden.
Ggf. DHEA-Substitution morgens. Balancierung der inhibitorischen und exzitatorischen Neurotransmitter. Unterstützung der Dopamin- und Serotonin-Synthesekapazität durch gezielten Einsatz von Aminosäuren und Cofaktoren.

Neurostressprofil bei Behandlungsbeginn.

Labor-Befund
Neurotransmitter – Neurostress

Eingang:

Einsendender Arzt

Name:	Prof. Dr. med. Armin Heufelder	
Adresse:	Am Kosttor 1	80331 München

Angaben über den (die) Patienten(in)

Vorname, Name:	Max Mustermann	Geburtsdatum:	1961
Adresse:			
Arzt-Nummer:		I. N.:	

Anamnese

Nach 4-monatiger Neurotransmitter-Balancierung jetzt erhebliche Besserung von Müdigkeit und Erschöpfung, nur noch phasenweise leichte Morgentiefs, Psyche jetzt ausgeglichener, keine Ängste mehr, keine Herzbeschwerden, guter erholsamer Nachtschlaf, mehr Lebensfreude und Energie, Kommentar im Büro: „Sie sind ja nicht wiederzuerkennen, was ist geschehen?"

Größe:	168 cm	Gewicht:	59 kg	BMI:	20,9 kg/m²

Hormone in Speichel und Urin

Cortisol (8:00 h)	0,76	µg/dl	(0,5 – 1,5)	
Cortisol (12:00 h)	0,31	µg/dl	(0,08 – 0,57)	
Cortisol (20:00 h)	0,13	µg/dl	(0,03 – 0,3)	
DHEA (8:00 h)	356	pg/ml	(23 – 856)	
DHEA (20:00 h)	169	pg/ml	(19 – 562)	

Neuro-Transmitter / - Hormone (Urin)

Adrenalin	7,4	µg/g Kreatinin	
	Normbereiche: Frauen 4,0 – 10,0 Männer 5,0 – 13,0		
Noradrenalin	42	µg/g Kreatinin	
	Normbereiche: Frauen 32,0 – 58,0 Männer 25,0 – 75,0		
Quotient Noradrenalin/Adrenalin	5,7	µg/g Kreatinin	
	Normbereich: (3,0 – 6,0)		
Dopamin	178	µg/g Kreatinin	
	Normbereiche: Frauen 150 – 280 Männer 150 – 250		
Serotonin	194	µg/g Kreatinin	
	Normbereiche: Frauen 148 – 230 Männer 150 – 250		

Befund-Interpretation

Jetzt deutlich verbesserte und nahezu normale Synthesekapazität und zirkadiane Rhythmik der NNR-Funktion.
Erheblich verbesserte Balancierung der stimulatorischen und inhibitorischen Neurotransmitter-Systeme.

Therapievorschlag

Fortführung einer niedrig dosierten Neurotransmitter-Therapie zur längerfristigen Stabilisierung des erreichten Behandlungserfolges.

Neurostresskontrolle nach viermonatiger Behandlung.

10.5 Behandlungs- und Coachingbeispiele

Beate S.: Ziele und Prioritäten erkennen

Beate S., eine selbstständige, 48-jährige Unternehmerin, kann nachts nicht mehr schlafen. Tagsüber fühlt sie sich müde und ist rasch erschöpft. Die Motivation, ihr Unternehmen für die Zukunft zu gestalten, lässt nach. Sie hat außerdem Angst, teilweise sogar panische Angst: Ihr Vater ist mit 54 Jahren an einem plötzlichen Herztod verstorben, ihre Mutter, fast 80 Jahre alt, ist seit Jahren in der Obhut einer Dauerpflege wegen einer weit fortgeschrittenen Demenzerkrankung. Was, wenn sie selbst ernsthaft krank wird, wenn sie selbst einen Herzinfarkt erleidet oder ihre geistigen Fähigkeiten nachlassen? Anzeichen gibt es, einen hohen Blutdruck hat sie schon und was vergisst sie bereits alles! Im Gegensatz zu früher scheint sie ihr Gedächtnis immer wieder im Stich zu lassen. Sie macht sich Sorgen um ihre berufliche und persönliche Zukunft. Beate S. will Klarheit. Als Unternehmerin ist ihr der Umgang mit Problemen vertraut, warum sollte sie nicht ihre eigenen in den Griff bekommen.

Die medizinische Analyse (Medical Check) zeigt deutlich auf, dass Beate etwas ändern muss:

- Der Blutdruck ist zu hoch.
- Das Körpergewicht ebenfalls.
- Der Fettstoffwechsel ist beeinträchtigt und zeigt erhöhte Triglyzeridwerte bei einem erniedrigten HDL-Cholesterinwert.
- Der Nüchtern-Insulinspiegel ist erhöht und gilt als Zeichen einer sich anbahnenden Zuckerkrankheit.
- Die Risikofaktoren für eine Gefäßerkrankung, das Lipoprotein (a) sowie das Homocystein, sind stark bzw. mäßig erhöht, beide Halsschlagadern zeigen im Ultraschallbild eine verdickte Intima media und eine beginnende Plaquebildung.
- Das Neurostressprofil zeigt auffällige Veränderungen der Cortisol-Tagesrhythmik, ein hohes Noradrenalin, niedriges Dopamin und ein sehr niedriges Serotonin, alles Hinweise auf eine schlechte Stressverarbeitung bzw. chronischen Stress.
- Die weiblichen und männlichen Hormone sind erniedrigt und aus dem Gleichgewicht.
- Ein Vitamin-D_3- und ein Selen-Mangel signalisieren ein erhöhtes Risiko für Blutgefäße, Knochen, Immunsystem und Tumorabwehr.
- Außerdem raucht Beate S. viel zu viel, wie sie selbst weiß.

Der medizinische Gesamtbefund verdichtet sich zu einer klaren Botschaft: Wenn Beate S. so weitermacht wie bisher, fährt sie ihr Unternehmen *Körper* an die Wand. Die Wahrscheinlichkeit, dass sie in der zweiten Lebenshälfte an vorzeitigen Komplikationen wie Herzinfarkt, Schlaganfall, Diabetes oder Lungenkrebs/Emphysem erkrankt, ist sehr hoch. Dazu kommt der ausgeprägte Hormonmangel mit seinen ungünstigen Folgen wie klimakterischen Beschwerden, der beschleunigten Alterung von Gefäßen, Gehirn, Knochen und Haut. Die ausgeprägte Dysbalance im System der Stresshormone, der Neurotransmitter, macht Schlafstörungen, innere Unruhe, Müdigkeit und Erschöpfung, fehlende Motivation und Ängste nur allzu verständlich.

Gemeinsam stellen Beate S. und ihr Coach einen Zeitplan auf, was sie innerhalb der nächsten sechs Monate verändern will und was sich konkret und realistisch verändern lässt.

- Die bestehenden Defizite im Bereich der Mikronährstoffe (Vitamin D_3, Selen, B_6, B_{12}, Folsäure) auszugleichen, eine individuell zugeschnittene Hormonergänzung (den neuesten Erkenntnissen folgend mit niedrig dosierten, körperidentischen Wirkstoffen, die über die Haut bzw. Schleimhaut zugeführt werden) einzuleiten, die Balance der exzitatorischen und inhibitorischen Neurotransmitter durch eine gezielte Substitution von Aminosäuren in Verbindung mit Vitalstoffen wiederherzustellen, um die Bildung von Serotonin und Melatonin anzuregen und über eine verbesserte Dopaminaktivität die Motivation zu fördern, ist vergleichsweise einfach.
- Der Verzicht auf Nikotin wird von Beate S. als zwingend notwendig erkannt, kann aber wegen anstehender Probleme im Unternehmen, deren Lösung derzeit ihre ganze Kraft erforderlich machen, im Augenblick nicht umgesetzt werden. Sie ist sich aber des Risikos bewusst und nimmt sich vor, verantwortlicher mit dem Rauchen umzugehen. Hilfreich ist dabei ein Crosstrainer, der vor einem Fernseher steht. So oft als möglich vereinbart sie mit sich selbst, spätestens zur Tagesschau zu Hause zu sein und die 15 Minuten während der Abendnachrichten um 20.00 Uhr auf dem Crosstrainer zu verbringen – adäquater Stressabbau und zugleich Stärkung der körperlichen Fitness. Und Beate S. bemerkt dabei einen Nebeneffekt: Sie raucht an diesen Abenden weniger und trinkt auch weniger Alkohol.
- Sie geht daran, ihre Essgewohnheiten zu überprüfen. Als erster Schritt erscheint ihr ein Verzicht auf Brot, Kartoffeln, Nudeln, Reis oder Süßigkeiten am Abend machbar (Insulin-Trennkost).
- Dass körperliche Fitness als Ausgleich für ihre berufliche Belastung ein

Muss ist, sieht Beate S. ein. Sie denkt darüber nach, ob Sie zweimal wöchentlich zusätzlich einen personal Fitnesstrainer zu sich ins Unternehmen kommen lässt.

Zum ersten Mal in ihrem Leben setzt sich Beate S. mit sich selbst auseinander. Bisher war sie sich selbst nicht wichtig. Wichtig waren das Unternehmen, sicher auch die Familie – die gaben ihr Rückhalt und Unterstützung – aber sie selbst? Das Unternehmen war alles.

Beate S. weiß als erfahrene Unternehmerin, dass nach der Analyse eines Problems zur Lösung nur die Umsetzung in praktische Maßnahmen erfolgversprechend ist. Sie ahnt aber, dass sie das, wie sie es von ihrem Unternehmen her kennt, nicht alleine bewerkstelligen kann. Beate S. möchte deshalb eng mit ihrem Coach erarbeiten, wie sich die vorgeschlagenen medizinischen Maßnahmen alltagstauglich umsetzen lassen, aber auch im Sinn eines ganzheitlichen Ansatzes herausfinden:

- Wo liegen meine persönlichen Prioritäten?
- Wie erhöhe ich meine Stresstoleranz, meine Stresskompetenz?
- Wie gehe ich mit Fremdbestimmungen um?
- Wie löse ich den Konflikt Beruf – Familie – Freizeit?

Aber auch:
- Wie sieht mein Leben in 20 Jahren aus?

In den folgenden Wochen und Monaten bemerkt Beate S. Fortschritte: Der zu hohe Blutdruck normalisiert sich langsam, das Gewicht geht nach unten, sie fühlt sich insgesamt leistungsfähiger und durch die Veränderungen motiviert. Beruhigt sieht sie der nächsten medizinischen Kontrolle entgegen. Nach sechs Monaten gemeinsamer Arbeit mit ihrem Coach ist sich Beate S. sicher: Sie hat ganzheitlich die besten Voraussetzungen geschaffen, ihr Unternehmen *Körper* mit den vorhandenen Ressourcen unter optimalen Bedingungen langfristig zum Erfolg zu führen, trotz noch bestehender Risiken! Ihr Coach begleitet sie dabei.

Michael M.: Weichen für die Zukunft stellen

Michael M., 28 Jahre jung, ist ein Sprachtalent und extrem ehrgeizig. Er ist auf dem Sprung. Nach einem abgeschlossenen Studium der Volkswirtschaft und anschließender Promotion war Michael M. bereits als Trainee für ein deutsches Unternehmen über einen Zeitraum von zwei Jahren in Amerika und Asien. Nun hat er seinen Traumjob gefunden: eine internationale Karriere nimmt ihren Anfang. Seine Mutter ist ein wenig besorgt, denn er hatte als Kind und auch noch als Jugendlicher häufig fieberhafte Erkältungen. Sie weiß, dass Stress das Immunsystem schwächt und rät ihrem Sohn deshalb, sich gründlich medizinisch *durchchecken* zu lassen. Er soll sich sicher sein, dass er den Anforderungen, die auf ihn zukommen, physisch und psychisch gewachsen ist und dass er die Ressourcen, die ihm zur Verfügung stehen, optimal einsetzt.

Um herauszufinden, wie widerstandsfähig sein Organismus ist, stehen im medizinischen Bereich eine Reihe aussagekräftiger Untersuchungen zur Verfügung:

- gründliche internistisch-präventive Untersuchung und Risikoanalyse
- Immunstatus zur Überprüfung des Immunsystems
- Neurostressprofil zur Analyse der Neurotransmitter
- Vitalstoff-Check zur Überprüfung der Vitaminsituation
- oxidativer Stress-Status zur Analyse der Belastung des Organismus durch freie Radikale
- Belastungs-EKG zur Überprüfung der Herz-Kreislauf-Situation

Michael M. wird in den kommenden Jahren einen großen Teil seiner Zeit im Flugzeug verbringen und sich ständig zeitliche, klimatische und kulturelle Umstellungen zumuten. Von ihm werden hohe Flexibilität und hohe Stresstoleranz erwartet. Aufgrund der zeitlichen Beanspruchung und der ausgedehnten Reisen wird er nur schwer ein tragendes soziales Netzwerk aufbauen oder auch nur das bisher aufgebaute erhalten können. Außer seiner Familie werden ihm eher Funktionsfreunde zur Seite stehen. Michael M. braucht eine Bezugsperson, der er vertrauen und der er sich anvertrauen kann. Er sucht einen persönlichen Coach.

Wie eng miteinander verzahnt Stress, Bewegung und Ernährung im Hinblick auf die Gesundheit seines Organismus sind, hat Michael M. wiederholt in einschlägigen Lifestyle-Magazinen lesen können. Nun will er Näheres darüber erfahren. Gemeinsam mit seinem Coach entwickelt er Strategien, wie trotz der auf ihn zukommenden Belastungen ein Leben in Balance möglich ist. Im Vordergrund steht dabei der Aufbau einer nachhaltigen Stresskompetenz mit den Säulen der aktiven Lebensführung

- adäquater Stressabbau,
- körperliche Fitness,
- den Umständen angepasste Ernährung,
- ein starkes Immunsystem und
- ein ausgeglichener Gehirnstoffwechsel.

Adäquater Stressabbau
Michael M. lernt Entspannungsübungen kennen und entscheidet sich für eine Kombination von progressiver Muskelentspannung und Meditation; eine Maßnahme, die sich auf längeren Flügen unproblematisch umsetzen lässt. Wahrscheinlich wird er nicht immer ausreichend Schlaf bekommen. Auch die wünschenswerte Stunde Muße täglich wird nicht immer einzuhalten sein. Unverzichtbar, so wird er von seinem Coach bestärkt, ist ein jährlicher Regenerationsurlaub von drei Wochen. Michael M. lernt, wie wichtig es ist, auf den Körper zu hören. Schlafstörungen, Kopfschmerzen oder Konzentrationsstörungen und Aufmerksamkeitsdefizite sind Signale einer beginnenden Dysbalance. Sie sprechen in diesem Zusammenhang über die kurz-, mittel- und langfristige Wirkung von Drogen wie Koffein, Nikotin, Alkohol, aber auch über Antidepressiva, Tranquilizer wie Valium oder stimulierende Drogen wie Ritalin, das eine dem Kokain ähnliche chemische Struktur und Wirkung aufweist. Drogen, so erkennt er, sind kein adäquates Mittel zum Stressabbau, Drogen haben mehr unerwünschte Wirkungen als erwünschte, langfristig führen alle zu einer Schädigung des Gehirns. Er will lernen, seinen Perfektionismus in Schach zu halten und seinen überbordenden Ehrgeiz etwas zu zügeln.

Körperliche Fitness und angepasste Ernährung
Michael M. wird, trotz Zeitumstellung und langer Flugreisen, auf regelmäßige Mahlzeiten und eine ausreichende Flüssigkeitsmenge achten: mehr Fisch als Fleisch und nur gelegentlich Junkfood, Süßigkeiten möglichst meiden, viel Mineralwasser, wenig Alkohol oder koffeinhaltige Getränke. Bewegung ist überall möglich, Yogaübungen und Theraband gehören zur *Standardausrüstung.*

Starkes Immunsystem und ausgeglichener Gehirnstoffwechsel
Die medizinischen Untersuchungen stellen Michael M. ein durchwegs gutes Zeugnis aus, die biochemischen Marker weisen auf eine gute Stressverarbeitung hin. Damit das auch unter Belastung so bleibt, unterstützt er sein Immunsystem mit B-Vitaminen, Vitamin D, Selen und Zink. Die gezielte Zufuhr von Aminosäuren in Kombination mit Vitalstoffen sorgt dafür, dass die Bildungsfähigkeit und die Balance der Neurotransmitter erhalten bleiben. Einer vermehrten Produktion freier Radikale lässt sich durch natürliche Antioxidanzien vorbeugen.

Ohne Kontrolle und ohne Unterstützung geht es nicht, das weiß auch Michael M. Er vereinbart deshalb mit seinem Coach alle zwei Wochen zu einem festen Zeitpunkt eine kleine E-Mail-Konferenz, die Soll und Haben abgleicht. Eine

Neurostressanalyse zweimal jährlich und ein jährlicher medizinischer Check-up werden für einen längeren Zeitraum fester Bestandteil. Da er nun allein die Verantwortung für sich und seine Gesundheit übernehmen kann, startet er begeistert und hoch motiviert in seine Zukunft.

Christian L.: Umbruch als Chance

Das Leben von Christian L. droht aus den Fugen zu geraten. Er ist 53 Jahre alt und ein erfolgreicher Banker. Neben der auch seine Bank bedrohenden Finanzkrise baut sich eine zweite Krise auf: Seine Frau ist an Brustkrebs erkrankt. Wie er Bankenkrise und persönliche Lebenskrise parallel bewältigen soll, ist ihm ein Rätsel. Er braucht jemanden, dem er sich anvertrauen kann und der ihm begleitend zur Seite steht.

Beruflich steht Christian L. unter einem enormen Zeit- und Erfolgsdruck, auf der anderen Seite braucht ihn seine kranke Ehefrau. Er fühlt sich am Ende seiner körperlichen und psychischen Reserven. Mit den Symptomen Herzbeklemmungen, Herzstolpern, Durchschlafstörungen, Schweißausbrüchen am frühen Morgen und bleierner Müdigkeit bereits beim Aufstehen, mit Libido- und Potenzverlust, mit dem Gefühl von Hilflosigkeit und Kontrollverlust ist er auf dem besten Weg in ein Burn-out-Syndrom.

Welche Auswirkungen der permanent hohe Dauerstress auf ihn hat, zeigt das Neurostressprofil. Die hormonellen Reserven sind aufgebraucht, die Stresstoleranz ist extrem verringert:

- niedriges Noradrenalin, Adrenalin und Dopamin
- stark vermindertes Serotonin
- niedriges GABA, stark erhöhtes Glutamat
- Das Cortisol-Tagesprofil ist nahezu flach, die Tag-/Nacht-Rhythmik auf den Kopf gestellt (morgens niedrig, abends hoch).
- sehr niedriges bioaktives Testosteron
- DHEA-Reserven weitgehend erschöpft

Medizinisches Fazit
Es zeigt sich bei der beruflich und privat unter starkem Dauerstress stehenden Führungskraft „in den besten Jahren" ein erheblich erhöhtes Herz-Kreislauf- und Stoffwechselrisiko mit diversen Merkmalen des metabolischen Syndroms. Der erhöhte Nüchtern-Insulinspiegel in Verbindung mit der nicht mehr ausreichenden Blutzuckerkontrolle signalisiert einen bevorstehenden Diabetes. Die

Wahrscheinlichkeit, in den nächsten Jahren an einer vorzeitigen Komplikation wie Herzinfarkt, Schlaganfall, Diabetes oder Krebs zu erkranken, ist also enorm hoch. Zusätzlich besteht ein ausgeprägter Testosteronmangel, der ungünstige Auswirkungen auf das Leistungsvermögen, die Herz-Kreislauf-Funktionen, die Gehirnfunktion, den Stoffwechsel, das Bauchfett, die Sexualfunktionen, die Überlebenswahrscheinlichkeit und die Lebensqualität insgesamt hat. Nutzen und theoretisches Risiko einer Testosteronergänzung sind abzuwägen gegenüber dem möglichen, familiär erhöhten Risiko für ein Prostatakarzinom. Ganz im Vordergrund steht jedoch ein schweres psychophysisches Erschöpfungssyndrom mit allen Merkmalen des (Prä-)Burn-out, einschließlich der typischen und eindrucksvollen biochemischen Korrelate.

Strategische Intervention
Übergewicht, Bluthochdruck, Fettstoffwechselstörung, Prädiabetes und die Erhöhung zweier weiterer wichtiger Herz- und Gefäßrisikofaktoren (Homocystein, Lipoprotein (a)) bedürfen einer intensiven Kontrolle. Hierzu wird ein auf die persönlichen Belange und Möglichkeiten abgestimmtes Lifestyle-Konzept etabliert, mit Schwerpunkten auf Ernährungsoptimierung, Steigerung von Alltagsbewegung und Muskelkräftigung und Zeit-/Stress-Management. Zusätzlich kommen regelmäßige und intensive psychologische Maßnahmen, Schulungen zur Stressbewältigung, zur Führung der eigenen Person im Sinne eines Anti-Burn-out-Coachings zum Einsatz. Die bestehenden Mikronährstoffdefizite (Vitamin D_3, Selen, B_6, B_{12}, Folsäure) werden ausgeglichen und eine individuell adaptierte Testosteronergänzung unter regelmäßigen Kontrollen von Prostata und PSA-Wert eingeleitet. Zur Stützung der exzitatorischen und Balancierung der inhibitorischen Neurotransmitter werden konzentrierte Aminosäuren in Verbindung mit Cofaktoren eingesetzt, um die Nebennierenrindenfunktion zu unterstützen und die Wirkeffizienz der Monoamine einschließlich des Dopamins zu verbessern, jedoch unter vorsichtiger Stützung der inhibitorischen Neurotransmittersysteme (Serotonin, GABA-erge Aminosäuren wie Theanin, Taurin). Zur Wahrung einer guten Behandlungscompliance wird das Coaching zunächst engmaschig (2-mal/Woche), später in größer werdenden Abständen vereinbart.

Erfolgskontrolle und Neuausrichtung der Strategie
Die Gesamtbilanz dieser Maßnahmen nach 6 Monaten ist in Anbetracht der schwierigen Rahmenbedingungen und der ungünstigen Prognose des Burn-out-Syndroms akzeptabel bis gut: Der Banker berichtet über erheblich weniger körperliche Beschwerden, einen Zuwachs an Energie und Leistungsfähigkeit,

3 kg Gewichtsreduktion ohne intensivere Bewegung (zu der er sich nicht überwinden kann und keine Zeit findet), bessere sexuelle Aktivität und allgemein wieder mehr Zuversicht. Blutdruck, Fettstoffwechsel und Blutzuckerwerte haben sich günstig entwickelt und bedürfen weiterhin keiner medikamentösen Behandlung. Geblieben sind Zukunftsängste, Angst vor dem Versagen im beruflichen Umfeld, Schwierigkeiten im Umgang mit den zahlreichen Vorgaben, depressive Stimmungsphasen und Durchschlafstörungen. Allerdings seien diese Beschwerden weniger stark als früher. Der psychologische und ärztliche Coachingprozess wird kontinuierlich fortgeführt, dabei Bewegung und körperliche Fitness verstärkt in den Mittelpunkt gerückt. Die laufenden Maßnahmen der Neurotransmitter-Balancierung werden angepasst mit dem Ziel, die Müdigkeit, die Stressfähigkeit und die emotionale Labilität zu verbessern und die Dauer des zusammenhängenden, erholsamen Nachtschlafes zu fördern.

Zusammenfassung
In den ersten Coachinggesprächen wird Christian L. schnell klar, dass er vor einer Zerreißprobe steht und dass es an der Zeit ist, eine Lebensbilanz zu ziehen und Soll und Haben zu ermitteln. Zwei zentrale Fragen muss er für sich beantworten:

- Was bedeutet für mich Erfolg?
- Vor wem verantworte ich mein Tun?

Bei der Beschäftigung damit drängen sich weitere Fragen auf:

- Muss ich so viel wollen?
- Was ist mir wichtig?
- Was verliere ich, wenn ich etwas aufgebe?
- Wie sieht meine Zukunft aus?
- Wie sieht unsere Zukunft aus?
- Kann ich mich mit veränderten Rahmenbedingungen anfreunden?

Während der Coachinggespräche, die Christian L. zweimal wöchentlich mit seinem Trainer vereinbart, findet er Antworten auf die oben gestellten Fragen. Und er will, um der Zerreißprobe zu entkommen, seine Antworten in konkrete Ziele umsetzen.

Die Ausbalancierung der Stresshormone bzw. der Neurotransmitter durch eine entsprechende Ergänzung von Aminosäuren und Vitalstoffen sowie eine individuell ausgerichtete Anhebung des Testosteronspiegels unter Prostata- und

PSA-Wert-Kontrolle verschaffen Christian L. die notwendige Energie, die bevorstehenden Herausforderungen, die sich in der Zusammenarbeit mit seinem Coach immer deutlicher abzeichnen, zu meistern.

Zur Stärkung seiner Stresskompetenz entdeckt Christian L. die Meditation. Regelmäßige Coachinggespräche bestärken ihn in seinem Vorhaben, sich eine Auszeit von drei Monaten zu nehmen. Wie es danach weitergehen soll, weiß er noch nicht. Er fühlt sich aber stark genug, um gemeinsam mit seiner Frau einen Neuanfang zu wagen. Christian L. begreift den Umbruch als Chance.

10.6 Kurz zusammengefasst

Ganzheitliche Prävention

Nicht der Stress ist schädlich, sondern der Dauerstress, die Spannung ohne Entspannung. Stress hat immer dann negative Folgen für Gesundheit und Wohlbefinden, wenn die genetisch angelegte physiologische Stressreaktion als Antwort auf eine tatsächliche oder vermutete Bedrohung oder Herausforderung nicht oder nicht vollständig ablaufen kann. Wenn die zur Stressbewältigung bereitgestellten Energien nicht ausgenutzt werden oder wenn die anschließende Erholungsphase nicht ausreicht, verbrauchte Ressourcen rechtzeitig wieder zu regenerieren, destabilisiert sich nach und nach das für unsere Gesundheit unverzichtbare psychophysische Gleichgewicht.

Die damit einhergehenden gesundheitlichen Beeinträchtigungen betreffen auf längere Sicht immer die ganze Person, das körperliche ebenso wie das psychische Wohlbefinden und das intellektuelle Leistungsvermögen. Daher kann es auch kein für alle Menschen und alle Lebenssituationen in gleicher Weise taugliches Patentrezept geben. Wichtig ist vor allem, darauf zu achten, sämtliche Bereiche seines Lebens (Beruf, Familie, Freizeit) und sämtliche Aspekte der eigenen Person (körperliche Widerstandskraft, geistig-emotionale Ressourcen, Verhaltensgewohnheiten und soziale Bindungen) in die geplanten Veränderungsmaßnahmen mit einzubeziehen. Dies ist ein Prozess, der lebenslanges Lernen, lebenslange Veränderungsbereitschaft und damit immer auch ein hohes Maß an Gelassenheit sich selbst gegenüber erfordert.

Eigenverantwortung

Eigenverantwortung ist sowohl für Gesundheitsförderung als auch für Prävention unerlässliche Grundbedingung. Es existiert ein fundamentales Bedürfnis des Menschen nach Selbstbestimmung, Selbstverwirklichung und Einzigartigkeit. Eigenverantwortlich zu leben bedeutet in erster Linie nicht abzuwarten, bis Probleme entstehen, sondern das eigene Denken, Fühlen und Handeln zu reflektieren und gegebenenfalls zu korrigieren. Eigenverantwortung wird offensichtlich dann übernommen, wenn man Sinn in den jeweiligen Maßnahmen und Einschränkungen sieht, wenn man Selbstvertrauen und kompetentes, zielführendes Verhalten erlernt hat. *Kobasa* [Kobasa 1979] hat drei Merkmale unter dem Begriff „hardiness" zusammengefasst: Engagement und Selbstverpflichtung (neugierig auf das Leben sein und sein Bestes geben bei dem, was man tut), Kontrolle (sich selbst als einflussreich auf seine Lebensumstände erleben) und Herausforderung (Veränderungen als positive Chance erkennen und Ungewissheiten aushalten können). Unter dem Begriff *hardiness* versteht sie die Stärke und Widerstandskraft gegen die Belastungen durch Stress.

Medizinische Überprüfung

Burn-out ist eine Neurotransmittererkrankung. Die Symptome sind die eines eigenständigen Krankheitsbildes, das sich medizinisch-diagnostisch mit typischen Veränderungen nachweisen und – begleitend zur psychologisch-therapeutischen Intervention – auch erfolgreich behandeln lässt. Die Neurotransmitter- und Hormondiagnostik, die immer in Verbindung mit einer ausführlichen Erhebung der Vorgeschichte (Anamnese) erfolgen sollte, ist einfach, denn sie erfolgt aus Speichel- und Urinproben. Die Analyse sollte jedoch von einem erfahrenen Hormonspezialisten durchgeführt und beurteilt werden. Die medizinische Therapie bei Burn-out ist im Wesentlichen auf ein Ziel ausgerichtet: Die schrittweise Normalisierung der aus dem Gleichgewicht geratenen endokrinen Regulationssysteme bringt die Burn-out-Spirale zum Stillstand und schafft die Basis dafür, dass die nachhaltige psychosomatische Erschöpfung abklingen kann. Dadurch werden die massiven Ängste und Selbstzweifel gelindert, und das individuelle Motivationssystem kann sich wieder regenerieren.

Aktive Lebensführung

Gesundheit und Fitness sind Grundvoraussetzungen, um die unvermeidbaren Belastungen des Alltagslebens erfolgreich bewältigen zu können. Wer körperlich gesund und fit ist, bietet dem Alltagsstress weniger Angriffsflächen, wird sich nach Phasen der Anstrengung schneller erholen und in Zeiten intensiver Anforderungen langsamer ermüden. Körperliche Gesundheit und Fitness sind allerdings keine Waren, die man käuflich erwerben kann. Wer sich seine Leistungsfähigkeit auf Dauer erhalten will, muss selbst etwas dafür tun. Der hierfür notwendige Zeit- und Kraftaufwand ist in der Regel wesentlich geringer als wir meinen und er zahlt sich mehrfach aus. Wer konsequent alle Möglichkeiten zu körperlicher Bewegung nutzt, die sich ihm im Alltag bieten, zusätzlich ein regelmäßiges Bewegungstraining durchführt und sich bewusst ernährt, erhöht nicht nur seine individuelle Belastbarkeit und die Widerstandskraft seines Organismus. Er wird auch bald erleben, wie sein Selbstwertgefühl und seine positive Einstellung dem Leben gegenüber zunehmen.

Entspannung und Erholung

Wer sich über längere Zeit hinweg körperlich, geistig oder emotional verausgabt, bei dem finden Stressoren aller Art einen guten Nährboden. Es steigt nicht nur das persönliche Krankheitsrisiko und die Unzufriedenheit, auch Lebensfreude, Interesse an Umwelt und Mitmenschen schwinden. Regelmäßige Pausen im Arbeitsalltag, ausgleichende Freizeitaktivitäten, regelmäßiger ausreichender Schlaf und ein bewusst auf Erholung ausgerichteter Urlaub sollten deshalb fest eingeplant werden. Arbeitspausen, Freizeit und Urlaub lassen sich konsequent als stressfreie Zeitzonen nutzen. Einerseits regenerieren sich verbrauchte körperliche und psychische Kräfte, andererseits werden den oft sehr einseitigen Anforderungen des beruflichen Alltags ganz bewusst herausfordernde, anregende und entspannende Aktivitäten entgegengesetzt. Man sollte den Mut finden, sich den Anforderungen aus Beruf, Familie und Freizeit bewusst in wiederkehrenden Abständen zu entziehen, sich eine Auszeit zu nehmen, um mit sich allein zu sein.

Erhöhung der Stresstoleranz

Stresserleben kann sowohl durch objektiv vorhandene Bedrohungen als auch durch subjektive Interpretationen ausgelöst werden. Der Stress, unter dem wir heute vor allem leiden, entsteht nicht in erster Linie durch objektive Gegebenheiten in einer bestimmten Situation, sondern in unserem Kopf. Er ist das Ergebnis unserer persönlichen Bewertungen, Gedanken und Empfindungen. Für die Intensität des Stresserlebens spielt es keine Rolle, ob diese Selbsteinschätzung der Realität entspricht oder nicht. Wir müssen lernen, uns und unsere Grenzen zu erkennen, sie anzuerkennen und auch rechtzeitig Nein sagen zu können. Man sollte deshalb Ziele quantitativ und qualitativ auf Realisierbarkeit und Inhalt überprüfen. Selbstbestimmte Zielsetzungen und Wünsche, auch kleine realisierbare Ziele, außerhalb des täglichen fremdbestimmten Umfelds, schaffen Erfolgserlebnisse und erhöhen die Lebensfreude und damit gleichzeitig die Stresstoleranz.

Tue das, was Du tust

Tun Sie das, was Sie tun, überzeugt und selbstbestimmt. Leben Sie im Hier und Jetzt. Entwickeln Sie eine Sensibilität für den Augenblick. Trainieren Sie Ihre Wahrnehmungsfähigkeit. Hören Sie in Konfliktsituationen auf Ihre innere Stimme und vertrauen Sie Ihrer Intuition. Muße und Meditation fördern den Dialog zwischen Kopf und Bauch. So werden Sie authentisch und sind mit sich selbst im Reinen. Handeln Sie bewusst im Beruf, in sozialen Aktivitäten, in der Freizeit, in Ihrer Familie. Realisieren Sie so weit wie möglich selbstbestimmte Ziele. Nehmen Sie vorrangig Aufgaben an, die Sie herausfordern, befriedigen und die für Sie wertvoll sind. Trainieren Sie Ihre Fähigkeit zur Selbstmotivation. Das bedeutet, Ihre eigenen Bedürfnisse, Wünsche und Gefühle auszudrücken, ohne sich rechtfertigen zu müssen. Versuchen Sie, Misserfolge, Krisen und Konflikte zur geistigen Neubesinnung zu nutzen.

Kompetenzen und Ressourcen

Wir erleben Stress, weil wir wissen oder vermuten, dass unsere persönlichen Einwirkungs- und Kontrollmöglichkeiten, unsere persönlichen Kompetenzen und Handlungsalternativen nicht ausreichen, die bedrohliche Situation erfolgreich zu bewältigen. Ob wir die Anforderungen unseres Alltagslebens als krankmachende Belastung oder als zu bewältigende Herausforderung erleben, hängt somit ganz wesentlich von uns selbst ab, von unseren körperlichen und psychischen Ressourcen. Dazu gehört die Bereitschaft, sich nüchtern und realistisch die Anforderungen zu verdeutlichen und diesen eine ehrliche, ungeschönte Bilanz der eigenen Fähigkeiten, Kompetenzen, Ressourcen, Potenziale gegenüberzustellen. Im zweiten Schritt geht es dann darum, vorhandene Wissenslücken, Kompetenzmängel, persönliche Schwächen und Defizite oder auch zu hohe, nicht erfüllbare Ansprüche an sich selbst zu korrigieren.

Soziale Netzwerke

Die Überzeugung, es sei ein Zeichen persönlicher Stärke, mit Problemen und Krisen selbst fertig zu werden, erweist sich meistens als folgenschwerer Irrtum: Wer im täglichen Umgang mit anderen Menschen soziale Unterstützung annimmt und gibt, bleibt gegenüber den schädigenden Folgen von Stress weitgehend immun. Es wird ihm auch leichter gelingen, Krisen in seinem beruflichen oder privaten Alltag zu bewältigen oder drohende Überforderungen erfolgreich abzuwenden. Wichtig ist, dass man – möglichst schon bevor man in schwierige Situationen, in Überforderung und Stress gerät – sicher sein sollte, im Notfall Menschen zu haben, denen man bedingungslos vertrauen kann. Der sicherste Weg zu effektiver sozialer Unterstützung ist, das eigene Misstrauen, die eigene Scheu zu überwinden, offen und vorbehaltlos auf Familienangehörige, Freunde, Mitarbeiter und Kollegen zuzugehen und ihnen Anerkennung, Ermutigung, sachliche Kritik und Anregung anzubieten.

Positiv-optimistische Grundeinstellung

Nahezu alle Situationen unseres Alltags lassen sich sowohl positiv als auch negativ betrachten und beurteilen – das Weinglas ist sowohl halb leer als auch halb voll. Viele Menschen leiden vor allem deshalb so stark unter den vielfältigen Anforderungen ihres beruflichen und privaten Lebens, weil sie sich im Laufe der Jahre eine resignativ-negative Grundstimmung zu eigen gemacht haben. Sie sind zu Pessimisten geworden, die bei allen Ereignissen zunächst immer nur die Gefahren eines persönlichen Scheiterns sehen und sich oft völlig unbegründet über mögliche Stresssituationen beunruhigen. Wenn wir uns ernsthaft dazu überwinden, schwierige Situationen auch einmal bewusst von ihrer positiven Seite zu sehen, bedrohlichen Ereignissen lohnende Ziele gegenüberzustellen, unser Misstrauen gegenüber der Loyalität anderer Menschen zumindest bis zum Beweis des Gegenteils zurückzustellen, werden wir erfahren, dass ein großer Teil der Anforderungen unseres Alltagslebens seine Bedrohlichkeit verliert. Eine positiv-optimistische Grundeinstellung zu sich selbst und den eigenen Lebensmöglichkeiten ist die Voraussetzung dafür, auch unabwendbare Anforderungen wieder als motivierende und zu bewältigende Herausforderung erleben zu können.

Literatur

Allenspach M, Brechbühler A (2005) Stress am Arbeitsplatz. Huber, Bern
Allmer H (1996) Erholung und Gesundheit. Grundlagen, Ergebnisse und Maßnahmen. Hogrefe, Göttingen
Antonovsky A (1997) Salutogenese. Dgvt, Tübingen
Bamberger CM (2007) Stress-Intelligenz. Droemer-Knaur, München
Barthmann U (2005) Laufen und Joggen für die Psyche. Ein Weg zur seelischen Ausgeglichenheit. Dgvt, Tübingen
Benkert O (2005) Stressdepression. Die neue Volkskrankheit und was man dagegen tun kann. Beck, München
Bergner TMH (2006) Burnout bei Ärzten. Schattauer, Stuttgart
Burisch M (1994) Das Burnout-Syndrom. Theorie der inneren Erschöpfung. Springer, Berlin
Cherniss C (1999) Jenseits von Burnout und Praxisschock. Beltz, Weinheim
Cobaugh HM, Schwerdtfeger S (2005) Work Life Balance. Verlag Moderne Industrie, Landsberg
Conen H (2005) Sei gut zu dir, wir brauchen dich. Campus, Frankfurt
Corssen J (2004) Der Selbstentwickler. Das Corssen Seminar. Marix, Wiesbaden
Czikszentmihalyi M, Charpentier A (2008) Flow: Das Geheimnis des Glücks. Klett-Cotta, Stuttgart
Ehrenberg A (2004): Das erschöpfte Selbst. Frankfurter Beiträge zur Soziologie und Sozialphilosophie, Band 6. Verlag für Sozialwissenschaften, Wiesbaden
Ernst H (1988) Herz und Stress. In: Arbeit: Die seelischen Kosten. Beltz, Weinheim
Eppel H (2007) Stress als Risiko und Chance. Kohlhammer, Stuttgart
Flasnoecker M (2006) Ernährung als persönliche Führungsaufgabe. In: Hofmann L, Linneweh K, Streich RK (Hrsg) Erfolgsfaktor Persönlichkeit – Managementerfolg durch Persönlichkeitsentwicklung. Dtv, Munchen, 98–111
Freudenberger H (1974) Staff burn-outs. Journal of Social Issues 30: 159–165
Freudenberger H, Richelson G, (1983) Burn out. The high cost of high achievement. Bantam, New York
Friczewski F (1988) Sozialökologie des Herzinfarktes. Wissenschaftszentrum, Berlin
Friedman W, Rosenman RH (1982) Der A-Typ und der B-Typ. Rowohlt, Reinbeck
Geißler KA (2005): Wart mal schnell. Herder, Freiburg
Greif S, Bamberg E, Semmer N (Hrsg) (2002) Psychischer Stress am Arbeitsplatz. Hogrefe, Göttingen
Grönemeyer D (2006) Lebe mit Herz und Seele. Sieben Haltungen zur Lebenskunst. Herder, Freiburg
Hillert A, Marwitz M (2006) Die Burnout Epidemie oder: Brennt die Leistungsgesellschaft aus? Beck, München, S. 32, S. 178 ff
Hofmann L, Linneweh K, Streich RK (Hrsg) (2006) Erfolgsfaktor Persönlichkeit – Managementerfolg durch Persönlichkeitsentwicklung. Dtv, München
Hollmann W, Rost R, Dufanz B, Lisen H (1983) Prävention und Rehabilation von Herz-Kreislauf-Erkrankungen durch körperliches Training. Hippokrates, Stuttgart
Jund R, Birk M, Heufelder A (2007) Das 1x1 der Prävention. Riva, München
Kaluza G (2004) Stressbewältigung. Springer, Berlin
Kastner M (Hrsg) (2004) Die Zukunft der Work Life Balance. Asanger, Kröning

Kernen H (1999) Burnout-Prophylaxe im Management. Paul Haupt, Bern
Kernen H, Meier G (2008) Achtung Burn-out! Paul Haupt, Bern
Knapp Th, Burki A, Lüthi A, Zanetti D (2006) Burnout – In den Krallen des Raubvogels. Textwerkstatt, Olten
Kobasa SC (1979) Stress for life events, personality and health: An inquiry to hardiness. Journal of personality and social psychology 37: 1–11
Kolitzus H (2006) Das Anti-Burnout Erfolgsprogramm. Dtv, München
Kypta G (2006) Burnout erkennen, überwinden, vermeiden. Carl Auer, Heidelberg
Labour Statistics (2000) www.ilo.org/statistics
Laws-Hofmann J (2006) Fitnesslust – Fitnessfrust? Bausteine zum persönlichen Wohlbefinden und zum beruflichen Erfolg. In: Hofmann L, Linneweh K, Streich RK (Hrsg) Erfolgsfaktor Persönlichkeit – Managementerfolg durch Persönlichkeitsentwicklung. Dtv, München, 67–94
LeShan L (1987) Meditation als Lebenshilfe. Luebbe, Bergisch-Gladbach
Linneweh K (2002) Stresskompetenz. Beltz, Weinheim
Linneweh K (1991) Bevor es mich zerreißt – Strategien für erfolgreiches Selbstmanagement. Econ, Düsseldorf
Linneweh K (2006) Life-Leadership. In: Hofmann L, Linneweh K, Streich RK (Hrsg) Erfolgsfaktor Persönlichkeit – Managementerfolg durch Persönlichkeitsentwicklung. Dtv, München
Litzke SV, Schuh H (2007) Stress, Mobbing und Burnout am Arbeitsplatz. Springer, Berlin
Löhner M (1997) Ethik und beruflicher Erfolg. In: Hofmann L, Linneweh K, Streich RK (Hrsg) Erfolgsfaktor Persönlichkeit – Managementerfolg durch Persönlichkeitsentwicklung. Dtv, München
Lugger B, Miketta G, Wegner J (2001) Entspannung durch kreatives Nichtstun. Focus 31: 87–96
Mees U (1999) Psychologie des Ärgers. Hogrefe, Göttingen
Merg K, Knödler T (2007) Überleben im Job. Redline, Frankfurt
Oechsle M, (2002) Keine Zeit – (k)ein deutsches Problem. In: Hochschild AR (Hrsg) Keine Zeit. Vs Verlag, Opladen
Pape D, Schwarz R, Gillessen H (2003) Satt, schlank, gesund. Deutscher Ärzte-Verlag, Köln
Pape D, Schwarz R, Trunz-Carlisi E, Gillessen H (2006) Schlank im Schlaf. Gräfe und Unzer, München
Ragland DR, Brand RJ (1988) Type A behavoir and mortality from coronary disease. New England Journal of Medicine 318: 2
Richter P, Hacker W (1988) Belastung und Beanspruchung – Stress, Ermüdung und Burnout im Arbeitsleben. Asanger, Heidelberg, S. 19
Roche (2003) Lexikon der Medizin. Urban & Fischer bei Elsevier, München
Rosch P (1995) Die Kunst des Müßiggangs. Psychologie Heute 10: 29–31
Rothlin P, Werder PR (2007) Diagnose Boreout – Warum Unterforderung im Job krank macht. Redline, Heidelberg
Schaarschmidt U, Fischer AW (2001) Bewältigungsmuster im Beruf. Persönlichkeitsunterschiede in der Auseinandersetzung mit der Arbeitsbelastung. Vandenhoeck & Ruprecht, Göttingen
Schmelcher J (2003) Erfolg kommt nicht von ungefähr. In 7 Schritten zur Life Excellence. Gabler, Wiesbaden
Schmidbauer W (2002) Helfersyndrom und Burnout-Gefahr. Urban & Fischer bei Elsevier, Jena

Schönpflug W (1987) Beanspruchung und Belastung bei der Arbeit – Konzepte und Theorien. In: Kleinbeck U, Rutefranz J (Hrsg) Arbeitspsychologie. Enzyklopädie der Psychologie. Hogrefe, Göttingen, 130–184

Schonert-Hirz S: Meine Stressbalance. Campus, Frankfurt

Schröder J-P (2006) Wege aus dem Burnout. Möglichkeiten einer nachhaltigen Veränderung. Cornelsen, Berlin

Schultz JH (2003) Das Autogene Training. Thieme, Stuttgart

Seiwert L, Scholz HM (2004) Das Bumerang Prinzip: Mehr Zeit fürs Glück. Dtv, München

Seiwert L (2008) Wenn du es eilig hast, gehe langsam. Mehr Zeit in einer beschleunigten Welt. Campus, Frankfurt

Selby J (2004) Arbeiten ohne auszubrennen. Dtv, München

Selye H (1957) Stress beherrscht unser Leben. Econ, Düsseldorf

Steiner M (2004) Work-Life-Balance als Motor für wirtschaftliches Wachstum. Prognos trendletter 1

Streich RK (1994) Managerleben. Beck, München

Streich RK (2006) Work Life Balance. In: Hofmann L, Linneweh K, Streich RK (Hrsg) Erfolgsfaktor Persönlichkeit – Managementerfolg durch Persönlichkeitsentwicklung. Dtv, München

Titze M (2003) Balanceakt auf der Karriereleiter. management & training 11: 38–39

Von Münchhausen M (2004) So zähmen Sie Ihren inneren Schweinehund. Vom ärgsten Feind zum besten Freund. Piper, Frankfurt

Von Thadden E (2004) Der Souverän dankt ab. Zeit 42

Wagner-Link A (2005) Verhaltenstraining zur Streßbewältigung. Klett-Cotta, Stuttgart

Wilson P (2007) Das große Buch der inneren Balance. Wie Sie Ihrem Leben die richtige Richtung geben und Zeit und Raum für alle wichtigen Dinge schaffen, Heyne, München

Zebroff K (2006) Yoga, Übungen für jeden Tag. Fischer, Frankfurt

Das Autorenteam

Prof. Dr. Klaus Linneweh

Wirtschafts- und Sozialpsychologe, gründete 1974 das Institut für Systematische Innovation und war bis 2007 Professor für Angewandte Sozialpsychologie in Hannover. Auszeichnungen: 2002 „Coach mit Spitzenqualität", Volkswagen AG; 2003 „Teaching Award in Gold", ZfU Schweiz. Er ist Leiter des Linneweh Instituts in München (www.linneweh-institut.com). Seine praktischen Erfahrungen des persönlichen und innerbetrieblichen Selbstmanagements hat Professor Linneweh in vielen Seminaren und Veröffentlichungen weitergegeben.

Prof. Dr. med. Armin Heufelder

Internist mit den Schwerpunkten Endokrinologie, Diabetologie und Rheumatologie. Als außerplanmäßiger Professor für Innere Medizin und Endokrinologie lehrt er an der Medizinischen Fakultät der Technischen Universität München. Seine Ausbildung absolvierte er an renommierten Universitätskliniken im In- und Ausland, unter anderem an der Mayo Clinic in den USA. Er erhielt zahlreiche nationale und internationale Wissenschaftspreise und Auszeichnungen. Seine Spezialgebiete sind Hormon- und Stoffwechsel- sowie Autoimmunerkrankungen. Früherkennung von Risiken und wirksame Prävention sind Professor Heufelder ein besonderes Anliegen. Er ist Präsident der Akademie für Gesundheitsförderung und Prävention (AGeP).

Dr. med. Monika Flasnoecker

Ärztin für Innere Medizin, Arbeits- und Sozialmedizin. Jahrelange selbstständige Praxistätigkeit und Führungsverantwortung in medizinischen Fachverlagen. Schwerpunkte: Gesundheitscoaching, individuelle Prävention, Burn-out-Prophylaxe und -Therapie, Ernährungsberatung, Begleitung von Veränderungsprozessen.